아이리스

A MEMOIR OF IRIS MURDOCH

존 베일리 지음
김설자 옮김

소피아

아이리스
2004년 2월 27일 1판 1쇄 펴냄

지은이 | 존 베일리
옮긴이 | 김설자
펴낸이 | 김명준
펴낸곳 | 도서출판 소피아

출판등록 1995년 9월 22일(제1-1932호)
주소 서울시 중구 남산동 3가 31-2 영진빌딩 6층
전화 (02) 778-2031 팩스 (02) 778-2032
e메일 esophia@hanmir.com

책값 9,000원

한국어판 ⓒ 김설자, 2004
Printed in Seoul, Korea
ISBN 89-89080-18-5 03840

IRIS A Memoir of Iris Murdoch
by JOHN BAYLEY

Korean Translation Copyright ⓒ 2004 Sul Ja Kim
Copyright ⓒ 1998 John Bayley
All rights reserved.

This Korean edition was published with the permission of the Author.
이 책의 한국어판은 저자의 허락에 의해 도서출판 소피아에서 출판했습니다. 무단 전재와 무단 복제를 금합니다.

아이리스

A MEMOIR OF IRIS MURDOCH

1부
그때 11

2부
지금 245

존 베일리를 놀라게 한 아이리스의 집중력. "그녀는 꼼짝도 하지 않고 지쳐 쓰러질 때까지 연구에만 전념했다."

아이리스의 아버지, W. J. H. 머독, 에드워드 1세 기병대 부관 시절, 1918년.

사촌, 어머니 르네, 그리고 아이리스. 1933년경.

1954년경의 아이리스.

자신에게 수여된 '대임' 칭호를 받기 위해 기념식장으로 어머니를 모시고 가는 아이리스.

1959년 씨더럿지에서. 아이리스는 꽃을 바라보면서 깊은 생각에 잠기곤 했다.

스티플 애스턴의 씨더럿지.

피터 콘라디와 제임스 오닐에게

그대

1

 더운 날이다. 생기가 없고 눅눅하다. 정상적인 영국 날씨에 비한다면 정말 덥다. 참을 수 없이 덥다. 영국에 더 이상 날씨의 기준이 존재하지 않는다는 말이 아니다. 의심할 바도 없이 전세계적인 온난화 현상 때문이다. 그러나 늙어가는 데에는 더 이상 아무 기준도 존재하지 않는 것 같다고 흔히들 이야기한다. 삼복더위. 모든 것이 다 영락하여 초라해 보인다.
 유쾌한 짧은 여행에서 아니면 과거에는 늘 유쾌했던 여행에서 가지게 되는 생각치고는 우울하기 짝이 없다. 여러 해 동안 몹시 더운 여름날이면 우리는 늘 집에서 매우 즐기는 일을 할 수 있었다. 우리는 옥스퍼드에서 우회로를 따라 2, 3킬로미터 가량 차를 몰아가다가 갑자기 길 가장자리로 방향을 틀었는데, 그것은 매우 빠르게 달리는 자동차들이 바로 뒤에 있는 것을 생각하면 솜씨 있는 묘기였다. 속력을 내며 달리다가 갑자기 브레이크를 밟아야 했던 차들이 때로는 소리 지르고 야유하기도 하지만, 그때쯤이면 우리는 덜커덩 소리를 내며 풀이 무성한 곳에 멈추어 서서 차를 잠그고는 생나무 울타리 틈새로 기어들어 갔다.

우리가 처음으로 그렇게 했던 때를 나는 기억한다. 거의 45년 전이었다. 그때 우리는 자전거를 탔고, 손질되지 않은 길에는 차들이 별로 없었다. 우리는 강이 어디 있는지 정확하게 알지도 못했다. 그저 거기 어딘가에 강이 있을 것이라고 생각했을 뿐이었다. 비교적 젊은이다운 열정으로 강, 적어도 강의 한 지류를 만나게 될 때까지 무성한 풀과 사초 사이로 우리는 기어들어 갔다. 갈대를 은신처 삼아서 몸을 구부리고 급히 옷을 벗고는 마치 물쥐처럼 물 속으로 미끄러져 들어갔다. 거무스름한 빛깔로 유유히 흐르는 물 속에 소리 없이 누워 있을 때 물총새가 빛을 반사하며 코앞을 스쳐갔다. 강에서 기어 나와서 아이리스의 짧은 속치마로 젖은 몸을 닦기 시작하자마자 강둑에서 불과 1미터도 되지 않는 거리에서 커다란 유람선 한 척이 부우웅 고동 소리를 내며 지나갔다. 하얀 모자를 쓴 항해사는 열심히 앞을 바라보았다. 여송연 냄새가 키 큰 갈대의 뿌리에서 물 냄새와 섞였다.

나는 아직도 그 짧은 속치마를 가지고 있다. 진흙 가루가 말라붙어서 뻣뻣해지고 둘둘 말린 채 서랍 뒤쪽에 있는 그 속치마를 나는 그저께 다시 발견했다. 그 속치마는 누렇게 색이 바랬고, 한때는 푸른색이었던 가장자리 장식 리본은 구겨져 있었다. 어떤 사람이, 후에 나의 아내가 된 사람이 한때 정말로 그런 옷을 입을 수 있었을까? 그것은 마치 마리 앙투와네트의 옷장에 보관되었던 옷처럼 보인다. 나는 그때 이후 그것을 아이리스에게 돌려주지 않았고, 그녀도 그것을 까맣게 잊고 있었으리라.

어쨌든 우리는 그 날 매우 분주하게 지냈다. 점심 약속이 있었기 때문에 약속 시간에 맞춰서 돌아와야 했다. 자전거를 타고 옥스퍼드로 돌아와 우드스톡 로드를 달려 내려갈 때 우리는 매우 더웠다. 그 날 아침 일찍 빽빽한 초록색 덤불을 헤집고 기어들어 가서 강물을 발견하기 전만큼이나 더웠다. 여전히 땀을 뻘뻘 흘리며, 우리는 차림을 단정히 하려고 머리와 옷을 대강대강 매만지면서 벨사이어 코트에 있는 한 아파트의 벨을 눌렀다. 기다리는 동안 무표정하게 서로를 바라보다가, 우리는 소리 없이 낄낄웃음을 동시에 터뜨렸다.

우리를 초대한 사람은 점심을 준비하는 중이었는지 시간이 좀 지나서야 문으로 나왔다. 그의 이름은 모리스 찰턴이었는데, 초록색 눈을 가진 명석한 젊은 의사였다. 더 젊었을 때 그는 허트퍼드 칼리지의 고전 학생감이었고, 옥스퍼드 대학교에서 가장 훌륭한 학생감 중 한 사람으로 인정받았다. 참으로 그는 대단히 유능한 사람이어서 3년 후에는 그 일을 그만두고 의학으로 전향했다. 그때 그는 레드클리프 병원의 연구원이었다. 추측컨대 그는 아이리스를 매우 사랑했다. 그래서 그녀를 점심에 초대한 것이었다. 아이리스는 그에게 그 날 오전에 나와 함께 자전거를 타고 캐싱턴 교회를 구경하러 간다고 이야기하고, 그러니 점심 초대에 함께 가도 되겠느냐고 물었었다.

모리스는 그것을 흔쾌히 받아들였다. 그는 맛있는 점심을 준비하였다. 그 아파트는 그의 소유가 아니고 그보다 나이가 많은 밸리올 칼리지의 부유한 학생감의 아파트였다. 그가 그 부유한 학생감과 애매 모호한 관계를 가졌는지 어쩐지 나는 알지 못한다. 그는 어느 때고 필요하면 그 아파트를 빌릴 수 있는 듯했다. 그의 친구는 이탈리아나 그리스에 가 있지 않을 때는 대부분 칼리지에서 생활했기 때문이다.

약 50년 전에는 대학교에서 생활하는 것이 지금보다 좀더 갑갑하고 딱딱하였지만, 동시에 더 편안하고 느긋했다. 그 당시 우리들에게 모순되는 것은 없었다. 우리는 개인적인 삶을 살아 나가면서 거의 무의식적으로 대중적인 기준과 이슈을 지켰다. 우리는 아주 열심히 일했다. 적어도 아이리스는 그랬다. 나는 천성적으로 좀 게으른 편이었다.

아마도 모리스 찰턴은 우리 둘을 합한 것보다 더 열심히 일했을 것이다. 그러나 그는 여유 만만했고 초록색 눈은 반짝였으며, 우리를 보자마자 자신이 해오고 있었던 일이나 우리가 하고 있었던 일 등을 가지고 공모라도 하 듯이 즐거운 분위기를 만들어 냈다. 마치 우리가 어느 순간에라도 함께 장난꾸러기 아이들이 될 수 있을 것 같은 이러한 친밀감은 희귀한 책들과 좋은 가구 그리고 유리잔들이 가득한 아파트의 엄숙하고 품위 있는 분위기로 인해 더욱 커졌다. 나는 긴 굽이 달린 초록색과 백색의 포도주 잔들을 아직도 기억한다. 우리는 그 잔으로 차가운 라인 포도주를 상당히 많이 마셨다. 그것은 그 당시 사람들이 흔히 마시던 백포도주였다고 생각된다.

찰턴은 나와 아이리스가 함께 무언가를 했다는 사실을 확실히 알았을 텐데도 그것을 편안하게 받아들였을 뿐 아니라, 어떻게 해서든 나와 아이리스가 함께 했던 것을 자신과 공유하며 즐기도록 우리를 부추겼다. 그의 그런 태도에 나는 지금도 감탄한다. 우리는 너무너무 더워 캐싱턴 교회에는 결국 가지 못했다고 말했다. 더위에 지쳐서 자전거를 타고 돌아왔는데 여기에서 시원하게 포도주를 마시니 아주 기분이 좋다고 했다. 아이리스와 나는 서로 쳐다보지도 않고 이런 투의 말을 했다. 아이리스는 벌떡 일어나 모리스 찰턴에게 다가가서 키스를 했는데, 그것은 꼭 알맞고 자연스럽게 보였으며 우리 셋을 다 웃게 만들었다. 아이리스는 마치 일련의 새로운 모험의 문턱에 서 있는 이상한 나라의 앨리스처럼 어둡고 신비스럽기도 한 훌륭한 아파트를 둘러보면서 즐거운 웃음을 지었는데, 그런 그녀를 보며 우리 두 남자는 웃었다.

웃음꽃을 피우며 앉아서 먹을 때에 – 나는 바다가재와 주인이 만들었던 맛있는 마늘 넣은 마요네즈를 기억한다 – 나는 둘둘 말린 아이리스의 속옷이 들어 있는 나의 젖은 바지 주머니를 의식하게 되었다. 다마스크 천으로 되어 있는 식탁의 의자로 물기가 번지지 않기를 나는 바랐다. 점심 식사가 신나게 진행되면서 우리는 점점 더 한가족처럼 느껴졌다. 나를 황홀하게 해주는 라인 포도주에 취해서 나는 아이리스가 두 남자 형제들을 좋아하며, 그들에게 똑같이 가까운 친절한 누이라는 느낌이 들었다. 모리스도 형제 같은 분위기였지만 그는 식탁의 윗자리에서 자비롭게 싱긋이 웃는 가장같이 보였다.

내가 알기로는 모리스 찰턴은 20여 년 전 많지 않은 나이에 암으로 세상을 떠났다. 그는 결혼한 적이 없다고 생각되는데 내가 잘못 알고 있는지도 모르겠다. 찰턴은 초록색 눈으로 아이리스를 바라보았는데, 틀림없이 그녀를 매우 좋아하는 것 같았다. 그는 어떤 특별한 목적을 가지고 그 아파트를 빌리고 점심을 준비했는데, 내가 거기에 참석함으로써 그 날 오후 그의 계획이 빗나갔을 수도 있다. 그렇다면 이렇게 세월이 많이 지난 이 시점에서 나는 그의 행동을 더욱 더 찬양할 수밖에 없다. 그는 자기에게 좌절감을 주었을 상황을 완벽하게 잘 감당해 냈던 것이다.

모리스 찰턴과 함께 했던 점심 식사, 그리고 아이리스와 내가 처음으로 함께 수영을 했던 그 매력적인 아침에 대해 언급하는 것은 그 자체가 매우 중요해서가 아니라 내가 그 일을 아주 선명하게 기억하고 있기 때문이다. 비록 내가 찰턴을 몇 번 더 만난 적이 있고 그를 존경하지만, 우리의 유일한 사교적 만남은 그 점심 식사뿐이었을 것이다. 그는 옥스퍼드에서 계속 일을 하고 있었으나 우리 사이에 연락이 끊겼기 때문에, 나는 그가 사망할 당시 저명한 인사였다는 것 외에는 그에게 어떤 일들이 일어났는지 알지 못한다. 나는 아이리스가 사귀고 있었던 다른 사람들에 대해서, 또한 그들이 그녀에게 얼마나 중요한 사람들인지 거의 알지 못했는데, 이것이 그 당시 나와 아이리스사이 관계의 특징이었다. 그것은 아마도 생전 처음 사랑의 황홀경에 빠진 나의 이기심 때문일 수도 있다. 그 당시 나는 젊지 않았지만 그것은 나의 첫사랑이었다. 아이리스는 34세였고, 모리스 찰턴도 비슷한 나이였다. 나는 28세였다. 학교에 다닐 때는 상당히 의미가 있지만 그 후엔 별 의미가 없는 나이 차이는 그 점심 파티에서 단지 분위기의 일부에 불과했다. 그때 우리는 한가족처럼 보였는데 가족은 나이 차이를 당연한 것으로 받아들인다.

그러나 단언하거니와 나는 여전히 아이리스가 사귀는 사람들에 대해서 혹은 그들이 그녀에게 얼마나 소중한지를 거의 알지 못했다. 아이리스의 입장에서 볼 때 그것은 고의였다기보다 본능적인 것이었다고 나는 생각한다. 그 당시는 이곳저곳에 많은 사생활이 있었다. 지금 우리는 모두가 좀더 계급 없는 민주적인 존재로 향상되도록 하기 위해서 '열린' 사회를 지향한다. 혹은 그렇게 한다고 말한다. 나는 50년대에 우리가 의식적으로 비민주적이었다고 생각하지는 않지만, 우리는 사생활을 당연한 것으로 받아들였다. 옥스퍼드에서는 특히 그러했다. 옥스퍼드는 아직도 학자들의 사회였으며, 거기에서 우리는 여러 사람들과 좋은 관계를 가질 수 있었고, 대부분 그들을 칼리지에서, 식당에서 식사할 때, 아니면 강의실이나 실험실에서 만났지만, 그들이 가정적으로, 사회적으로, 혹은 성적으로 어떤 상황에 처해 있는지는 알 수 없었다. 다른 사람들의 삶은 호기심을 자극하는 듯이 보일 수도 있었는데, 그것이 사생활에 대한 흥미였다. 그러나 다른 사람들의 사생활은 대체로 무관심한 공간으로 남겨졌다.

사랑한다는 감정적인 모순이 적어도 처음에는 나로 하여금 이러한 사적인 공간에 관심을 가지게 하기보다 오히려 더 무관심하게 만들었다. 여섯 달 전 처음 보았던 아이리스는 내겐 멋있고 외로운 존재였다. 그때 그녀는 내가 살고 있던 세인트 앤소니 칼리지의 창 밖을 자전거를 타고 좀 힘겹게 천천히 지나쳐 가고 있었다. 일하려고 애쓰면서 부질없이 우드스톡 로드를 – 지금은 차량이 참을 수 없을 정도로 가득 차 있지만, 그때는 비교적 조용한 큰길이었다 – 지나쳐 가는 한 숙녀의 모습을 내다보았을 때, 나는 자전거를 타고 가는 그 숙녀를(그녀는 내게 소녀라기보다 숙녀처럼 보였다) 눈여겨보며 누구일까, 혹시 언제 만나게 될 수 있을까 하고 생각했다. 아마도 나는 사랑에 빠졌었나 보다. 내가 순간적인 환상, 즉 그녀에게 아무 일도 일어나지 않았다고, 그리고 그녀는 자전거를 타고 이리저리 다니며 내가 도착하기를 기다리고 있다는 환상에 빠져들게 된 것은 확실히 사랑의 순결함 때문이었다. 그녀는 과거를 지닌, 그리고 알 수 없는 현재를 지닌 여인이 아니었다.

그녀는 불만에 차 마음을 잃어버린 것처럼 보였다. 아마도 습하고 가랑비가 내리는 날씨 때문이었을 것이다. 어쩌면 자전거가 낡았고 삐걱거리며 앞으로 나아가기가 힘들었기 때문일 수도 있다. 혹시 아직 나를 만나지 못해서였을까? 그녀는 마치 감정적인 혹은 지적인 어떤 목적을 향해 달려가는 사람처럼 머리를 숙이고 생각에 잠겨 있었다. 어떤 친구가 아이리스를 처음 만난 후 농담조로 그러나 약간 심술궂게 "아이리스는 작은 황소 같다"라고 한 말이 기억난다.

물론 아이리스를 객관적으로 본 적이 없기 때문에 그녀의 그런 점을 결코 발견한 적은 없지만, 어떤 의미에서 그 말은 사실이다. 만일 우리 각자가 우리의 개성을 나타내 주는 동물적 표상이 되는 어떤 동물이나 새로 비유될 수 있다면, 내가 보기에도 아이리스는 정말 작은 황소로 표현될 수 있겠다. 당신을 향해서 머리를 숙이고 걸어오는 작은 황소, 이마를 내려뜨리고 생각에 잠겨 있지만 한편으론 잔뜩 경계하는 작은 황소, 그리고 악의는 없지만 단호하고 예측할 수 없는 작은 황소 말이다.

출판된 아이리스의 첫 번째 소설 《그물 아래서(Under the Net)》에는 여주인공이 어느 친구에게도 자신이 그들 모두에게 얼마나 가까운지를 알리지 않는다는 언급이 있다. 그 여주인공의 친구들은 거의 서로 알지 못한다. 아이리스의 경우도 그랬다. 당연히 그것은 그 여주인공에게는 상당히 중요한 것이었으나 아이리스에게는 결코 그렇지 않았다. 아이리스는 항상 그녀에게 편지를 보낸 독자에게 답장하곤 했다. 그것은 어떤 한 사람의 독자에게가 아니라 한 개인에게 주는 지적인 긴 편지였다. 비록 그녀가 답장을 받는 사람을 실제로 한 번도 만난 적이 없고, 아마 결코 만나지 못할지도 모르지만, 그 편지들은 진실한 편지였다. 나는 이제 그녀의 독자들에게 답장을 쓰기 위해 노력해야 한다. 그런데 당연히 나는 아이리스처럼 쓸 수가 없다. 독자들의 편지에서, 또 사모하는 작가에 대한 독자들의 태도에서, 그들 중 어떤 사람이 아이리스에게서 편지를 받은 후 답장을 하면서 왜 곧바로 '일생지기'가 된 듯이 느꼈다고 했는지 이해는 하지만 말이다.

우리의 감정이 어느 정도 그런 것처럼, 사랑의 이기심도 비록 감동적이긴 하지만 뭔가 불합리한 데가 있다. 나 자신은 시침떼고 방황하고 음모를 꾸미고 계획하는 것을 당연시하면서도, 아이리스는 전혀 그러지 않을 것이라 여겼다. 그녀는 오로지 철학과 자신의 일에 전념하면서 칼리지에 있는 자신의 작은 방에서 수녀처럼 살아가는 정신적인 존재라고 그 당시 나는 생각하였는데, 이것은 확실히 말도 안 되는 일이다. 그녀는 뛰어난 존재였고, 빼어난 수재들은 나와 같은 마음을 지니지 않음을 나는 알고 있었다.

게다가 그녀가 자전거를 타고 창밖을 지나치는 것을 본 후, 내가 실제로 그녀를 만나게 된 데에는 거의 무언가 초자연적인 것이 있었다. 그 다음날 나는 대학 강의가 행해지던 시험학교 밖의 거리에서 그리피스 양을 만났다. 자그마한 몸집의 그녀는 세인트 앤 칼리지에 있는 숙소로 돌아가기 위해서 자전거에 올라타려고 물결치는 검은 가운을 벗고 있었다. 그녀는 〈베오울프〉(역주: 고대 영어로 쓰인 8세기 초의 서사시) 강의를 담당하고 있었다. 그리피스 양은 내가 비바(얼굴을 대면하고 보는 구술 시험)을 본 이후로 나에게 상냥하게 대해 주었다. 그 시험을 치를 때 그녀는 초서의 〈기사 이야기〉에 대해 쓴 내 논문을 두고 잘 썼다고 칭찬했다. 그러나 나는 앵글로 색슨 문장론에 관한 사소한 질문에서 그녀에게 걸려들었다. 내가 학위를 받은 후에 그녀는, 이를테면 선의의 관심을 가지고 나의 생애를 지켜보았는데, 이제 내가 지나쳐 가자 내 팔을 잡고서 어떻게 지내느냐고 말을 걸었다. 실상 내 직업 전선에는 별 진전이 없었다. 나는 직업다운 직업을 가지지 못했고, 새로 생긴 세인트 앤소니 칼리지의 관용으로 거기에 머무르고 있었다. 나는 그 곳에서 과학이나 정치학을 공부하러 온 열정이 넘치는 몇몇 프랑스 학생들과 미국인들을 개별적으로 지도하기로 되어 있었다.

그 당시에 세인트 앤소니는 내겐 서재 같은 곳이었지만, 지금 그리고 내 기억에서 나의 주 관심사는 그것이 세인트 앤 칼리지와 가깝다는 것이었다. 그 당시 세인트 앤은 오로지 여학생들만을 위해 창설된 칼리지였다. 이제는 대부분의 다른 칼리지들처럼 남녀 공학이 되었지만 말이다. 나이가 많고 나보다 선배인 영문과 교수에 대한 존경심에서 나는 그 날 아침 그리피스 양과 함께 잠시 걸었다. 그녀는 자전거를 타고 떠날 기미를 보이지 않았다. 나는 그녀가 잠시 문법 시험과 비바를 즐겁게 회고하고 싶어한다고 - 대부분의 학생감처럼 그녀도 시험에서 자신이 이룬 업적과 기교에 대해서 자랑스러워했다 - 생각했다. 내 초서 논문의 훌륭한 점을 알아볼 수 있었던 자신의 식별력을 흡족히 여기고, 자신이 더 훌륭한 지식을 지녔기 때문에 나의 고대 영어 문법의 오류를 잡아낼 수 있었다는 것을 내게 알리고 싶어한다고 생각했다. 그런 것들을 다 거친 후 그녀는 불쑥 그 날 저녁 한잔하러 세인트 앤의 자신의 방으로 오지 않겠느냐고 내게 물었다. 나는 그 초대에 기꺼이 응했다.

세인트 앤 칼리지는 바로 세인트 앤소니에서 길을 건너기만 하면 되는 곳에 있었지만 나는 한 번도 그 곳에 들어가 본 적이 없었다. 나는 세인트 앤은 사실상 금남 지역이며, 오로지 여인들만의 영역이라고 여겼다. 이 점에 대해서 내가 전적으로 틀린 것은 아니었다. 오늘날엔 믿을 수 없는 사실처럼 여겨지겠지만, 그때에는 이런 여성의 요새를 방문할 수 있는 용기나 만용을 지닌 남성들의 행동을 다스리는 규율이 있었는데, 상당히 엄격했다. 남자들은 칼리지의 공공 장소에만 머물러야 했고, 여학생들은 자기 방에서 남성들을 맞는 것이 허용되지 않았다. 어쨌든 그 문제는 내게 관심거리가 아니었다. 전쟁이 끝날 무렵에 군대에 있었던 나와 같은 학생들은 새로운 대학생 세대보다 나이가 더 많았으며, 전쟁 후 교사의 부족으로 때로는 대학생들을 가르치도록 임시로 고용되기도 했다. 그 당시 옥스퍼드는 내게는 고등학교처럼 보였다. 나는 그들 몇 사람을 가르치는 일 외에는 옥스퍼드의 젊은 거주자들을 무시했다. 영화관이 나의 기분 전환처요 피난처였다. 그리고 그 당시 영화관은 역시 영화관이었다. 오후의 영화관은 담배 연기가 자욱한 교회 같은 공간이었는데, 타오르는 담배 끝의 불빛에 때때로 쌍쌍이 혹은 홀로 온 예배자들이 그 모습을 드러냈다.

 체구가 작고 얼굴이 쭈글쭈글한 익살맞은 그리피스 양과 한잔한다는 생각은 확실히 유쾌한 것이었다. 나는 그녀가 갓 마흔을 넘었다고 짐작한다. 그러나 내가 그녀의 나이에 대해 조금이라도 생각했다면, 그것은 그녀의 나이가 경계선을 넘었다는 생각이었다. 그 당시 영화관은 영화관일 뿐이었듯이 술은 역시 술이었다. 그리고 나는 그리피스 양이 – 후에는 그녀를 '일레인'으로 부르게 되었는데 – 아주 독한 진을 좋아한다고 들었다. 그밖에도 내가 장차 속하기를 열망하는 영문과 교수진의 연장자 한 사람과 사교적 관계를 갖는다는 것은 유익한 일일 수밖에 없었다.

 그런 모든 신중한 생각들은 그 날 저녁 6시에 그 곳에 갔을 때 사라져 버렸다. 그리피스 양은 개별 지도를 막 끝내는 참이었고, 내가 노크를 하자 학생 가운을 입은 한 젊은 소녀가 나와서 웬 남자가 문에 있는 것을 보고는 얌전한 체 눈길을 떨어뜨렸다. 나는 그 소녀에게는 거의 시선을 돌리지 않았다. 바로 자전거를 타고 가던 사람이 - 그 여인? 그 소녀? 그 숙녀? - 찰랑찰랑한 술잔을 손에 들고 서서, 내게는 보이지 않는 어떤 사람에게 말을 건네는 것을 열려진 문을 통해 보았기 때문이었다.

그녀는 자전거를 타고 가던 숙녀와는 다른 사람인 듯이 보였다. 여기는 사교 모임이었으며, 그녀는 낡은 비옷을 입고 있지 않았다. 빗질이 잘 되지 않아 이마 주위를 아무렇게나 덮고 있었던 그녀의 짧은 금발 머리는, 지금도 그런 것처럼 그때에도 건강하고 윤기가 났다. 후에 나는 이따금 그녀의 머리를 자르고 감기고 했다. 그때 그녀는 거의 머리에 신경을 쓰지 않았다. 그 당시 여인들은 - 분명히 학문을 하는 여인들 - 허수아비같이 보일 수도 있는 오늘날의 여인들과는 다르게, 외모에 그다지 신경을 쓰지 않았고 단지 확고한 목적만을 가지고 있었다는 것이 나의 느낌이다. 그 당시 대학 사회에서는 적어도 몸차림이 단정치 않다는 것은 진지하다는 것과 거의 같은 의미로 여겨졌다. 그렇지만 여자들이 바지를 입는 일은 매우 드물었다. 아이리스는 낡은 트위드 천으로 된 좀 길고 볼품 없는 스커트를 입고 있었다. 갈색 면 스타킹을 신은 그녀의 다리는 짧고 건장해 보였다. 50년대 초반까지 나일론 스타킹은 그리 흔하지 않았었다.

그녀는 매우 심각해 보였다. 분명히 자전거를 타고 나의 창 앞을 지나가던 숙녀였는데, 나는 그녀가 어떤 종류의 학문에 종사하는 사람이라는 생각이 들었다. 그 생각 때문에 나는 곧바로 의기가 소침해졌다. 내가 그녀를 처음 보았을 때 그녀에겐 다른 사람들과의 과거도, 또 나 없는 미래도 없다는 환상을 가졌던 것과 똑같이, 나는 그녀가 아주 평범한 칼리지의 학생감 정도일 수도 있다는 반갑지 않은 느낌을 가졌다. 그것은 그녀를 평가하는 것이었다. 그런데 내가 평가하는 것이라도 그녀가 평가받아야 한다는 생각이 싫었다. 동시에 그녀의 외모에는 전반적으로 그 당시 내가 성적 매력이라고 생각했던 요소가 전혀 없다는 것이 내게 용기를 주었다. 이 여성에게는 그런 관습적인 구석이 하나도 없었다. 그녀는 '소녀'가 아니었으며, 소녀다운 매력이 하나도 없었다. 그런 점 때문에 나는 그녀와 사랑에 빠진 것에 더욱 신이 났다. 내가 즉시 깨달았던 것처럼 상당히 보잘것없는 이유로 해서, 즉 매우 두드러지는 여성적 매력을 지니지 않았기 때문에 그녀가 다른 남성들에게 매력적으로 보일 것 같지 않아서 그녀와 사랑에 빠진 것이 매우 만족스럽게 보였다.

처음 보았을 때 무엇 때문에 아이리스에게 성적 매력이 전혀 없다고 확신했는지는 여전히 나에게 수수께끼이다. 다른 남성과 여성들은 모두 그렇게 생각하지 않았다. 그녀가 내게만 매력을 지녔을 뿐 다른 어느 누구에게도 그렇지 못하다는 나의 소박하고도 설명할 수 없는 억설 때문에, 나는 그녀가 다른 사람에게 거의 마술적으로 얼마나 매력적인지를 알아채지 못했던 것이다. 그들은 그런 것에 대해 나보다 더 잘 알았을 것이라고 나는 생각한다.

"아, 오셨군요, 존. 존이라고 불러도 될까요?" 그리피스 양은 그녀만의 독특한 웃음을 작은 소리로 낄낄거리며 웃었다. "애디 양과 머독 양을 만나세요. 아이리스, 이 사람은 영문과에서 전도가 창창한 젊은이 중 한 분이세요. 학기말에 매우 좋은 성적을 받았지요. 그의 취약한 부분이라고 생각되는 고대 영어 문법상의 오류를 내가 잡아내기는 했지만, 〈기사

이야기〉에 대해서 매우 훌륭한 에세이를 썼어요."

그 지겨운 〈기사 이야기〉… 그 이야기를 계속 들어야 하나? 아이리스 머독은 상냥한 시선을 내게 보내며 "안녕하세요" 하고는 애디 양과 이야기를 계속했다. 그리피스 양은 내게 술잔을 건넸으며, 나는 즉석에서 필사적으로 술을 꿀꺽꿀꺽 마셨다. 나는 기침을 했고 얼굴이 달아오르는 것을 느꼈다. 술은 매우 강한 진과 프렌치인 영국식 아메리칸 마티니였다. 그 당시는 물론 얼음도 없었다. 이미 나는 군대에 있었을 때 독한 술에 익숙했었다. 그러나 학교 시절에는 독한 술을 거의 입에 대지도 않았다. 나는 그 맛을 잊었으며, 게다가 그것은 너무 값이 비쌌다. 아이리스와 그녀의 친구는 진과 프렌치를 많이 마셨다. 나도 그 후 여러 잔을 더 마셨다.

나는 그리피스 양이 나를 두고 영문과에 있는 '젊은이' 중 하나라고 지칭한 것이 못마땅했다. 나는 특히 젊지도 않았었다. 이 여자들은 그렇게도 나이가 많단 말인가? 나는 당황해하였지만, 방안에 남자라고는 유일하게 나뿐이라는 것을 깨달았기 때문에 곧 어느 정도 기분이 좋아졌다. 그 파티에는 네다섯 명의 여인들이 있었는데, 내가 어리둥절해하고 기침을 해대었기 때문에 그들은 모두 상냥하게 나를 쳐다보았다. 그들은 확실히 내가 우둔한 사람이라는 것과 세련된 대학 세계의 여인들로서 내게 친절할 필요가 있다는 것을 당연하게 받아들였다.

그러나 그들 모두 아이리스와 대화하기를 원하는 것 같았다. 그래서 나는 그리피스 양과 같이 있게 되었다. 그리피스 양은 동경하는 표정으로 아이리스를 바라보고 있었는데, 그것은 내가 당황스러워 했던 그 순간에도 나를 놀라게 했다.

그 당시 세인트 앤 칼리지가 감정의 온상이었음을 나는 전혀 생각하지 못했던 것이다. 말하자면 학감들은 소위 전문적인 레즈비언들은 아니었다. 많은 학감들이 결혼했거나 결혼한 경험이 있었다. 그들은 학교 생활과 가정 생활을 함께 영위했다. 그들은 교양 있고 영리하며 열심히 일하고 양심적인 학생감다운 여성들이었지만, 그들의 내면에는 많은 감정이 흐르고 있었다. 그들이 마치 세균이나 유행처럼 서로 서로에게서 그러한 격렬한 감정에 전염되는 것처럼 보인다는 것이 그 후에 계속해서 내가 받은 인상이었다. 얼마 후에 나는 아이리스의 절친한 친구가 된 소설가 엘리자베스 보언이 한 지인을 가리켜 '가장 고상한 구식 레즈비언'으로 묘사하는 것을 들었다. 엘리자베스 보언이 여성 동성애자의 첫 자인 'L'자를 매우 더듬거리며 발음하는 것이 이 말을 당당하고 코믹한 말로 들리게 했다. 세인트 앤 칼리지의 숙녀들은 정확히 말하자면 당당하지는 않지만 고도의 지성을 지닌 건전한 유형의 숙녀들이었다고 나는 확신한다. 그들이 서로 어떤 감정을 느끼던지 그것은 결코 학생들에게 전달되지 않았으며, 그들은 결코 그들의 학생을 유혹하지도 않았다. 훨씬 후에 아이리스가 그런 것에 대해서 하는 이야기를 나는 들었다. 누가 자신이 돌보는 학생 중 한 명에게 추파를 던졌거나, 자신들 중 어느 누구에게 학생이 매혹되도록 부추겼다는 어떤 암시에도 사람들은 대체로 눈살을 찌푸렸다는 것이다.

어쨌든 그 당시 나는 성에 관한 한 극단적으로 단순한 생각을 가졌다. 누구나 다 이것 아니면 저것일 것이라 생각했다. 그 파티가 끝난 후 얼마 안 되어서 그들 모두가 아이리스를 사랑하는 것같이 보였다는 생각이 떠올랐을 때 나는 실망감을 느꼈다. 만일 그들이 그녀에게 그런 감정을 가졌다면 그녀도 그들에게 똑같은 감정을 가질 수도 있다는 말이 아닐까? 적어도 한두 사람에게는? 후에 깨달은 것인데 아이리스는 친구들에게 너무나 친절해서 애정을 단념하게 하지는 못했지만, 어떤 여자 친구가 애정을 지나치게 육체적으로 표현하는 데는 선을 긋는 경향이 있었다. 아이리스는 결코 그녀의 동료 누구와도, 사실 다른 어느 여인하고도 잠자리를 같이 하지 않았다. 소설가 브리지드 브로피가 그녀를 설득하려고 매우 열심히 노력했지만 말이다. 그런 일은 우리가 결혼하기 전에도, 또 결혼 후에도 있었다.

그리피스 양은 폴란드 성을 가진, 이름이 널리 알려진 영문과 여성 동료 한 사람을 붙잡아서 내게 소개시키고는, 고맙게도 아이리스 주위에 있는 작은 무리에 합세하려고 갔다. 나는 머리색이 짙고 눈이 아름다운 숫기 좋은 애디 양이 무언가를, 아마 자신들의 수업에 관한 것을 아이리스에게 강조하기 위해서 장난스럽게 팔꿈치로 그녀를 건드리는 것을 보았다. 왜냐하면 나중에 알게 되었지만 애디 양은 정치와 경제를 가르쳤고 아이리스는 철학을 강의하였기 때문이다. 진홍색 안감을 댄 검은 외투를 입었고, 폴란드 이름처럼 들리는 성명의 숙녀는 숫기 좋게 나에게 다가와 강렬하고도 이국적인 어조로 나의 '연구'에 관해 심각한 질문을 해서 파티의 즐겁고, 가벼운 분위기를 벗어나게 했다. 나는 스스로에게도 확신을 주지 못하는 대답을 하였는데, 아마 그녀에게도 그런 것 같았다. 그녀의 시선은 관대해 보였지만 나를 약간 책망하는 듯한 느낌을 받았다.

사랑에 빠진 사람과 이야기하는 대신, 아니 아이리스를 정식으로 만나지도 못한 채, 하늘이 마련해 준 그리피스 양의 초대로 인해 나는 단지 선배 교수 중 또 다른 사람에게 확실히 별볼일 없는 인물이라는 인상을 남기게 될 운명인 것 같았다. 그리피스 양의 동료는 학생과 동료들 사이에 엄격한 분위기로 잘 알려져 있지만, 실은 친절하고 헌신적인 교수이며, 전쟁 중에 폴란드 장교와 결혼했다는 것을 나는 후에 알게 되었다. 그녀 자신은 요크셔 출신으로 사이드보삼 같은 딱딱한 이름을 지녔지만 지금은 실종된 그녀의 남편에게서 얻은 좀더 낭만적인 성을 그대로 지니는 쪽을 택하였다.

나는 그 파티에서 아이리스와 이야기할 기회가 결코 없었다. 파티 후반에 두세 명의 남자들이 더 왔는데, 나는 헛되이 아이리스의 주위를 맴돌면서 거기에 있는 그녀 이외의 다른 사람들하고만 대화를 나누는 것 같았다. 한두 잔의 진과 프렌치를 마신 후 나는 좋은 인상을 줄 수 있다고 느꼈으나 말 붙일 기회가 오지 않았고, 아이리스는 사람들이 떠나기 훨씬 전에 대단히 유쾌한 분위기에서 실례를 구하고 떠나 버렸다.

그러나 기회의 신은 오래 참으시는 듯했다. 기회의 신이 주선한 예기치 않은 우연에서 내가 아무런 결과도 얻어내지 못한 것을 본 후에, 그는 인내심을 가지고 다시 또 다음 일을 준비했다. 내가 여러 해 동안 만나지 못했던 친구와 안면이 있는 부부가 3주 후에 저녁 초대를 하였을 때, 나는 나 외에에 유일하게 초대를 받은 손님이 아이리스라는 것을 알게 되었다. 그러나 나는 곧 또다시 실패하고 있다는 느낌이 들었다. 친절하고 조금도 부끄러워하지는 않지만, 아이리스는 도움을 주는 대화 상대는 아니었다. 나는 내 대화 방식이 흥미롭기를 바라며 말문을 열었고 문제점을 제기했으나, 그녀는 친절히 미소를 짓고는 별다른 반응을 보이지 않았다. 많은 옥스퍼드의 철학자들처럼 그녀는 사려 깊고 거의 예언적인 침묵을 지키며 언급된 것을 사고하는 습관이 있었다. 그녀는 나의 하찮은 논쟁점을 마치 정확하게 이것이 무슨 뜻인가라고 의문하듯이 이리저리 깊이 생각했다. 그리고 그것이 별 의미가 없다고 생각하더라도, 매우 겸손하여서 그렇다고 이야기하지는 않았다. 서로의 열심은 아무런 열띤 대화도 이끌어 내지 못했다. 우리를 초대한 활발한 성격의 법률가도 아이리스로 하여금 현대 철학의 주제와 풍조에 대해 이야기하도록 하려고 분명히 애썼으나, 나보다 더 잘 해내지도 못한 것을 보고 나는 위로를 받았다. 동시에 그가 아이리스를 매우 잘 알기 때문에 종종 그들이 공유하는 농담이나 생각들, 혹은 그녀가 그와 그의 가족들과 함께 했던 즐거운 시간에 호소할 수 있는 그 분위기 때문에 나는 화가 났다. 홀로 자전거 타던 나의 여인이 이 사람들과 함께 휴가를 가서 행복했을 리가 없다고 나는 느꼈다. 그 후 여러 달 동안 나는 그때를 되돌아보며 질투를 느꼈다. 나는 자신이 그녀를 알지 못했던 여러 해 동안 아이리스가 행했고 행했음직한 많은 것들이 있음을 알기 시작했다. 그것들은 내 환상 속에서 주제넘게 내가 형성했던 그녀의 이미지에 걸맞지 않은, 내가 인정할 수 없었던 것들이었다.

매우 갑작스럽게 그리고 일찌감치 아이리스는 집에 가야만 한다고 말했다. 주인은 실망하는 눈치였다. 처음으로 나는 기회를 잡을 수 있었고, 그래서 나 역시 유감스럽게도 가야만 한다고 말했다. 주인은 내게는 좀 더 냉정한 듯이 보였다. 그들이 머물기를 원하는 쪽은, 꼭 더 있었으면 하고 욕심스럽게 바라는 것은 아이리스였기 때문이다. 나는 그러한 사실에 놀랐다. 비록 그녀가 기분 내키지 않는 것 같은 선의와 친절의 분위기를 가장하고 있기는 했으나, 아이리스는 별로 손님으로서 노력하는 것 같지 않았기 때문이다. 그녀는 그 법률가 친구의 감언, 그의 생각에 그녀가 흥미를 가지도록 또 그녀 자신의 생각을 말하도록 설득하려는 시도에 도무지 열렬한 반응을 보이지 않았다. 이런 광경을 보고 나는 적이 만족스러웠다.

작별 인사를 하고, 앞문이 닫혔다. 우리는 자전거를 풀어서 습기 찬 옥스퍼드 주의 온화한 밤 속으로 출발했다. 내 자전거 전조등은 정상이었다. 그녀의 전조등은 어두웠고, 마침내 꺼지려고 깜박거렸다. 나는 정중하게 그녀를 설득하여 안쪽으로 자전거를 달리도록 그리고 가능한 한 내 전조등에 가깝게 달리도록 했다. 그리고 나서 우리는 아무 말 없이 자전거를 달렸다. 그녀가 내게 소설을 쓸 생각을 해본 적이 있느냐고 친근하게 물은 것은 침묵을 깨트리기 위해서였다고 나는 생각한다. 전혀 예기치 못한 질문이었으나 나의 답은 준비되어 있었다. 그렇다. 생각한 적이 있다. 사실 그 순간 나는 소설을 쓰고 있었다. 아니면 쓰려고 하고 있었다.

그것은 정확하게 말하면 사실은 아니었으나 거의 사실에 가까웠다. 나는 그 날 밤 바로 그 곳에서 자전거를 달리며 그것을 사실로 만들겠다는 결심을 하게 됐다. 대단히 유명한 비평가의 딸이며, 나의 담당 교수의 상냥하고 겁 많은 부인이 약 한 달 전 똑같은 질문을 내게 했다. 나는 그녀에게 똑같이 정직하지 못한 대답을 했었다. 그녀는 나를 격려해 줄 양으로 온화한 미소를 지으며 우리 두 사람 다 소설을 쓰기 위해 노력해야 한다고 제안했었다. 내 담당 교수의 부인은 자신이 먼저 시도해도 좋다고 했다. 깔깔 웃으면서 우리는 누가 먼저 끝마치나 보자고 약속했었다. 그 후로 나는 몇 가지 구상을 시도했고, 첫 장의 첫 문장을 생각했지만 아무것도 쓰지는 못했다.

　그런데 왜 머독 양이 내게 소설에 관해 물었을까? 분명히 그녀는 철학자로서 소설에는 아무런 흥미가 없기 때문에, 나를 즐겁게 하고 나 자신에 대해서 이야기하게 하려고 그랬음에 틀림없었다. 아마도 그녀는 소설을 결코 읽지 않을 것 같았다. 그보다 더 지고한 것을 연구하느라고 너무 바쁘니까. 나는 이런 요지로 비난조의 말을 했다. 그런데 다음 순간 나는 자신의 귀를 의심하지 않을 수 없었다. 머독 양은 자신이 소설을 한 권 썼으며, 곧 출판될 것이라고 말했다.

　나는 경외심과 찬탄으로 압도되었다. 그래 이 비범한 사람이 철학을 가르치고 연구하는 바쁜 생활의 막간을 이용하여 마치 대단치 않은 듯이 소설을 써서 던졌구나. 그 소설은 무엇에 대한 것이었을까? 나는 감히 그녀에게 물었다. "아무한테도 얘기하면 안 돼요." 자전거를 멈추고 한 발을 땅에 딛으며 그녀는 말했다. 그녀는 나를 똑바로 바라보며, 가볍게 그러나 심각한 어조로 말했다. "아무도 알기를 원치 않아요."

　나는 경건히 그러겠노라고 약속했다. 그녀의 비밀을 아무에게도 누설치 않겠다고. 내 마음은 그녀가 내게 이러한 비밀을 털어놓을 수 있었다는 기쁨으로 가득 찼다. 비록 이제 우리가 막 만난 사이였지만, 그녀는 어떤 특별한 이유로서 나를 완전히 그리고 전적으로 신뢰할 수 있는 사람일 뿐 아니라 내가 그 사실을 알아야 할 바람직한 사람이라고, 반드시 알아야 할 사람이라고 재빠르고 능란한 결정을 내렸음이 틀림없었다. 왜 그랬을까? 나는 오로지 경이로웠고, 감사와 기쁨으로 가슴이 요동침을 의식했다. 물론 사랑도 내 가슴에서 요동쳤다. 어두운 길에서 우리가 반은 자전거에 탄 채 반은 자전거에서 내린 채 엉거주춤하게 서 있었을 때에, 나는 이 놀랍게도 직관적이며 명쾌한 사람이 나의 내부를 들여다보고 내 내부에서 본 것을 좋아했으며, 그것을 자신이 전적으로 신뢰할 가치가 있다고 판단했음을 느꼈다. 어쩌면 그녀는 거기에서 본 것을 사랑하기까지 했을까? 내가 그녀를 사랑한다는 것을 알고서 철학자다운 이성과 훌륭한 지각을 근거로 해서 그녀 역시 나를 사랑한다고 마음을 정할 수 있었을까?

그녀를 알게 되면서 실상은 그녀가 이 소설에 관한 비밀을 상당히 여러 사람들에게 누설한 것은 아니었을까 하는 생각이 내게 떠올랐다. 모리스 찰턴은 그 소설에 대해서 알고 있는 듯했다. 법률가와 그 아내 존슨 부부도 그랬다. 틀림없이 런던에 있는 그녀의 많은 친구들 중 대부분이 역시 그 소설에 대해 알고 있었다. 더욱이 그들 중 몇몇은 아이리스가 손수 쓴 원고로 읽기까지 했다. 존슨 부부는 내가 아이리스와 친해지는 것을 보고, 또 내가 그녀를 그들 집 이외의 다른 곳에서도 만나는 것을 알고는 그 소설을 읽었노라고 애써 나에게 알렸다. 왜냐하면 우리 친구 중 한 사람이 우리에게 이야기하지도 않고 다른 친구를 사귀는 것은, 라 로쉬푸코가 말했던 것처럼, 상당히 불쾌한 일이기 때문이다.

이 점에서 아이리스의 천성은 기본적으로 매우 상냥한 편이었다. 그녀는 친구들을 따로따로 알기를 원했다. 그녀는 그들도 자신을 똑같이 순수하게 알기를 원했다. 아이리스는 어떤 그룹이나 동아리를 만드는 것을 원치 않았다. 두 사람이 제삼자를 비교하는 쪽지를 나누지도 않았다. 이처럼 자신의 친구 관계 하나 하나가 특별하고 독자적이며 에덴 동산에서처럼 순수해야만 한다는 아이리스의 소망은 그녀에게 매우 중요한 것이었다. 그녀가 친구 각자에 대해서 느꼈던 것은 전적으로 진솔하고 속임수가 없어서, 그것은 다른 사람과는 아무런 관련이 없었다. 그녀는 우정에 등급을 매기지도 않았고 비교도 하지 않았다. 우정은 각각 다 그 자체로 완전했다.

실상 나는 그녀를 오해했다. 의심할 바도 없이 그녀를 사랑했기 때문이었다. 모든 연인들처럼 매우 적절하지 못한 의미에서 나만은 예외적인 경우이기를 바랐다고 생각한다. '유일한' 사람이 되고 싶었다. 어떤 다른 사람도 그 소설의 존재에 대해 알기를 원치 않는다고 내게 말함으로써 나는 그녀가 나를 특별히 발탁했다고 느꼈다. 그러나 실상 그것은 일상적으로 조심하는 것, 거의 공식적인 것이었다. 그녀의 친구들은 그 사실을 알 수 있었고, 반드시 알아야만 했다. 그러나 그녀는 친구들 사이에서 혹은 더 넓은 범위에서 그 일이 이야기되는 것을 원치 않았다.

자연히 그런 조심은 고차원에서만 제구실을 했다. 실제적으로 효과적인 조처는 아니었다. 아이리스를 아는 사람들이 그 소설에 대해 이야기하는 것을 깨달았을 때에 나는 그 사실을 명백히 알게 되었다. 나는 그 사실에 화를 내지 않았으며 조금도 환멸을 느끼지 않았다. 그녀를 매우 사랑했기 때문에 – 내 자신에게 그렇다고 말했다 – 아이리스가 나를 전혀 사랑하지 않는다는 것을 분명히 그리고 실망하지 않고 이해했다. 내가 그런 것에 관심을 가졌다는 것을 알았기 때문에 그녀는 친절하게 그녀의 소설에 대해 나에게 이야기 한 것이었다. 그녀는 나를 사랑해서나 사랑하기 시작해서가 아니라, 엄밀히 말해서 나를 사랑하지 않았기 때문에 자신의 소설에 대해 내게 이야기한 것이었다. 우리는 친구가 된 것이었다. 그것이 전부였다.

우정이란 아이리스에게 매우 중요한 것이었다. 그녀가 친구들을 따로

따로 사귀었던 것은 그녀가 친구들을 얼마나 소중하게 생각하는지를 나타내는 증거였다. 내겐 우정은 아무 것도 아니었다. 별 의미가 없었다. 내게 우정이란 심리학자들이 생각하듯이 전후 관계에 의해 맺어지는 것이었다. 나는 학교에서 또 군대에서 그때 그곳에서 유쾌하게 함께 지낼 수 있는 사람들을 만났었다. 내가 그들을 친구로서 얼마나 소중하게 여기는지를 자문할 생각은 거의 떠오르지 않았다. 상황이 바뀌면 나의 친구들도 바뀌었고, 그래서 나는 소위 '오랜 친구'라고 할 수 있는 친구를 지니지 못했다. 아이리스가 나를 그녀의 친구 중 한 사람으로 여기고 싶어한다던가, 적어도 그럴 준비가 되었다는 생각은 내게 조금도 매력적이지 못했다.

그러나 우리의 교제는 필연적으로 친구라는 형식으로 될 수밖에 없었다. 우리는 약 보름에 한 번씩 만났다. 우리 두 사람 다 전화를 싫어했다. 그것은 내가 일찍이 그녀에 대해 발견한 사실이었다. 그래서 우리는 짧은 편지로 연락했다. 그러한 편지들은 소위 비둘기 전령으로 알려진 칼리지의 배달부가 전달했다. 나는 술집을 싫어했지만, 우리는 선술집에서 만나야만 했다. 선술집을 대신할 다른 대책이 없었기 때문이다. 나는 곧 아이리스가 선술집을 좋아한다는 것과, 그녀가 좋아하는 선술집이 있다는 사실을 알게 되었다. 나는 또한 외식하는 것을 싫어했는데, 그 당시 옥스퍼드에서 보잘것없는 나의 수입에 비해 외식 비용이 비쌌고 또한 내용도 좋지 않았기 때문이다. 우리는 때로는 카페나 간이 식당에서 먹었다. 나는 그런 곳들의 단점을 감식하는 음울한 사람이 되어갔다.

우리는 서로를 알게 되었다고 생각한다. 그리고 상당히 많은 대화를 나누었는데, 무엇에 대해 이야기했는지는 기억이 나지 않는다. 우리가 자전거를 멈추고 어둠 속에서 마주보며 아이리스가 자신이 소설을 썼다는 것을 언급하지 말라고 했을 때만큼 그렇게 전율적인 순간은 결코 없었음을 나는 기억하고 있다. 우리가 다시 자전거에 올라타고 서서히 달렸을 때 나는 수줍게 그 소설의 내용에 대해 물었다. 무엇에 관한 소설이고, 어떻게 해서 그 소설을 쓰게 되었느냐고 물었다. 그녀는 직접적인 대답은 하지 않았지만 상당히 흥분된 어조로, 어떤 소설이던지 모든 사람에게 무언가를 줄 수 있는 것이 얼마나 중요한 것인지를 강조했다. 이것은 그녀가 발견한 것이었다. 나는 그 생각의 단순함에, 그리고 그녀가 생각에 잠겨서 천천히 그것을 말하는 그 힘에 놀라고 감동했다.

"약간은 셰익스피어 같군요."

나는 넌지시 말을 꺼냈다.

"아마도 그럴 거예요. 맞아요."

나는 그 순간에 대해서 곰곰이 생각해 왔다. 그녀의 말들이 실상 어떤 의미를 지니고 있었는지, 아니면 그 말들이 내게는 사랑의 열정의 일부를 이루는 별 의미 없는 말이었는지를 종종 숙고해 왔다. 말하자면 내가 사랑에 빠진 때문이었는지 말이다. 그녀에게는 그 말들은 명백했고, 여전히 그렇다. 그 말들은 엄숙했고 과장이 없었으며 진실이었다. 아이리스는 자신의 소설이 갖가지의 수단과 방법을 통해서 모든 가능한 독자들에게 다가가기를 원했다. 그녀의 신나는 이야기, 이야기의 속도, 이야기가 지닌 익살스러움을 통해서, 소설의 사상과 철학적인 의미를 통해서, 그녀가 독창적으로 창조한 세계의 - 그녀가 소설이라는 예술에 첫발을 내딛을 것을 생각하고 계획했을 때 힐끗 보았음에 틀림없는 세계 - 신비스런 분위기를 통해서 가능한 모든 독자에게 다가가기를 원했다.

*

초여름에 세인트 앤소니 칼리지에서는 조촐한 댄스 파티가 있었다. 파티는 여름 학기가 끝난 후에 열려서, 밤새도록 계속되는 '졸업 무도회' 라 불리는 칼리지의 큰 댄스 파티보다는 훨씬 소박한 행사였다. 그 당시 졸업 무도회처럼 성대한 행사에 참여할 수 있는 2인용 티켓은 자그마치 30파운드는 되었는데 지금은 훨씬 더 비쌀 것이다. 세인트 앤소니의 댄스 파티 티켓은 약 2파운드 정도였다. 기질적으로나 교육받은 것으로나 나는 댄스를 좋아하는 사람은 아니었지만, 파티에 가기로 결정하고 아이리스에게 함께 가기를 청하기로 작정했다. 나는 불필요하면 다시 팔 수도 있다는 생각을 하며 티켓을 샀다. 그러나 꼭 기쁘다고 할 순 없지만 놀랍게도 아이리스는 재빠르게 그 초대에 응했다. 이것이 내 마음을 더욱 복잡하게 했다. 또한 그 댄스 파티에서 일어날 수도 있는 실제적인 문제들도 있었다. 세인트 앤소니의 내 동료들이 그녀에게 춤추자고 요청할 수도 있었고, 그리고 그들 중 한 사람이 그녀를 사랑하게 된다면, 그리고 그녀도 그를 사랑하게 된다면…? (마찬가지로 거기에 온 소녀들 중 한 사람을 그녀가 사랑하게 될지도 모른다는 생각은 그때 내게 전혀 떠오르지 않았다.)

그보다 더 시급히 고려해야 할 다른 실제적인 사항들이 있었다. 댄스 파티는 9시부터 12시까지 진행되는 행사라 그 전에는 어느 곳에서 그녀에게 저녁을 대접해야 하는가 하는 문제가 생겼다. 나는 별로 금전적인 여유가 없었다. 그러나 저녁을 먹을 곳은 선술집이나 간이 식당이 아니고 그래도 좀 '괜찮은' 곳이어야 한다고 느꼈다. 드디어 나는 《옥스퍼드

메일〉에 '옥스퍼드 주에서 가장 훌륭한 음식' 을 제공한다는 광고를 내는 리전시 레스토랑을 선택했다. 만약 그 광고에 대해 생각해 보았다 하더라도 이 권위 있는 견해를 거의 의심할 수는 없었지만, 나는 당연히 거기에 대해 생각해 보지 않았다. 나는 6시 30분에 아이리스를 데리러 그녀의 방으로 갔고, 노크를 한 후 밖에서 기다렸다. 안에서 잠깐 기다리라는 소리가 들렸다. 기다리는 동안 나는 그녀가 어떤 모습일까, 어떤 옷을 입었을까 궁금했다. 나는 여전히 그녀가 성숙한 사람, 꾸밈없는 성격을 지닌 사람이라고 추측하고 희망하고 있었는데, 그녀가 그런 사람에게 어울리는 진한 색, 될 수 있으면 검정색 옷을 입을 것이라고 추측했고 또 희망했다. 자전거를 타고 가는 것을 처음 보았을 때 그녀에게 강하게 끌렸던 것은 바로 내가 상상했던 이러한 요소들 때문이 아니었을까?

문이 열렸다. 불타는 듯한 색깔의 천으로 된 옷을 입은 사람이 내 앞에 서 있었다. 나는 어쩐지 모욕당한 느낌이었다. 눈이 부셨지만 동시에 질겁을 했다. 나의 모든 백일몽들, 내가 그 여인에 - 소녀? 아니면 숙녀? - 대해 가졌던 환상과 선입관이 갈가리 찢어지는 듯했고, 내게 선택의 여지가 있다면 아직도 훨씬 더 머물고 싶은 과거 속으로 사라지고 싶었다. 그러나 내게는 선택의 여지가 없었다. 내 앞에 있는 여인은 자전거를 타던 여인과 한치의 틀림도 없이 동일한 여인이었다. 윤곽이 무뚝뚝하고 코가 넓적한 강렬한 얼굴이라고 할지라도, 관습적인 의미에서 예쁘다거나 매력적이라고 할 수는 없다고 해도, 나는 여전히 그 얼굴이 소박하고 다정하다고 생각했다. 그리고 그 얼굴은 항상 내게 신비스러웠다. 그러나 나는 그 얼굴을 다른 사람들이 보듯이 보고 있었다. 비록 그 얼굴 자체는 어느 모로 보나 진부하지 않았지만, 말하자면 지금 그녀의 차림새는 관습적이었다. 그녀의 차림새는 슬프게도 나를 실망시켰다. 그녀는 어느 여자라도 입을 수 있을 종류의 차림새를 하고 있었다. 옷을 주의 깊게 선택할 만한 취향을 지니지 못한 어리석은 여자가 입음직한 것이었다.

그런데 어찌할 도리가 없었다. 아이리스는 여념이 없어 보였다. 어쩌면 그녀의 생각은 분바른 얼굴이나 아니면 머리, 아니면 엉킨 내복에 온통 쏠리고 있었나 보다. 그녀는 마치 드레스 안에 입은 속옷이 익숙하지 않아서 불편한 듯이 드레스를 불안하게 이리저리 잡아당기며 꾸무럭댔다. 아니면 그녀는 다른 곳에서 다른 친구들과 어떤 일을 했을까를 생각하느라고 여념이 없었을지도 모른다. 나를 제외한 모든 다른 것에 마음을 빼앗기고 있는 것 같았다. 자전거를 타고 내 창 아래로 지나쳐갔을 때만큼이나 나를 의식하지 않는 것 같이 보였다. 나를 바라다보지는 않았지만 자신의 거처인 세인트 앤 칼리지의 현관으로 나갈 때에 그녀는 부지중에 내 손을 잡았다. 그것은 그녀가 마치 매우 불편하고 익숙지 않은 것을 입은 것처럼 어색한 동작을 하는 것만큼이나 나를 기쁘게 했다. 그녀의 어색한 행동은 어쩌면 코르셋 때문이었을지도 모른다.

그 식당을 선택한 것은 참으로 잘못된 것이었다. 우리가 무엇을 먹었는지 잊었지만, 음식은 매우 메스꺼웠고 웨이터는 침울하고 건방졌다. 마치 아이리스가 자신의 방 문 앞에서 나를 만났을 때 그녀가 나보다 다른 일에 정신이 팔려 있는 것처럼 보였던 것과 똑같이, 그 웨이터는 우리를 제외한 다른 것에 정신을 쏟고 있는 것 같았다. 우리가 마신 적포도주조차 맛이 없었고 고약했다. 그러나 따분한 저녁 식사가 진행되면서 – 식당에는 거의 다른 손님들이 없었다 – 어쩐지 우리의 기분은 굉장히 좋아지는 것 같았다. 우리는 낄낄거리며 유령처럼 보이는 다른 몇 명의 손님들에 대해서 속삭이기 시작했다. 식사가 끝날 무렵 아이리스는 실례를 구하고 화장실로 가서 내가 돈을 지불하도록 내버려두었다. 나는 음식값을 지불하고 상당히 많은 팁을 놓았는데, 웨이터는 그 팁에 전혀 주의를 기울이지 않았다. 나는 실망했다. 어떤 방식이던지 다정한 말, 어디에 가는 길이냐는 정도의 친절한 질문을 해주기를 바라고 있었기 때문이다. 그 침울한 웨이터는 언제나 그랬던 것처럼 멍하니 다른 일에 열중해서 건성으로 돈을 집어 들고 가버렸다. 아마도 그의 아내가 금방 그를 떠났나 싶을 정도로 집중력이 없었다. 리전시 레스토랑이 옥스퍼드에서 '설령' 가장 훌륭한 음식을 낸다 할지라도 그 식당의 서비스는 분명히 최악이었다.

나는 혼자 앉아서 그 당시에 유행하던 초록색과 흰색 줄무늬가 있는 벽지를 감상하게 되었는데, 그 이래로 나는 그 벽지를 싫어하게 되었다. 아이리스는 한참 동안 나타나지 않았다. 드디어 여자 화장실에서 다시 나타났을 때, 그녀는 다시 한번 변신했다. 이제 그녀는 인형처럼 보였다. 어울리지 않는 여학생식 머리를 한 와토 도자기 인형처럼 보였다. 그녀는 입술에 립스틱을 비누 거품처럼 발랐는데, 그때 그녀는 핸드백에서 꺼낸 종이 조각을 어설프게 입술에 대었다. 나는 그 종이에 손으로 쓴 글씨가 있는 것을 보았는데, 그것이 연애 편지, 어떤 숭배자로부터 온 절박한 편지가 아닐까 하고 생각했다. 그러나 그녀는 그것을 다시 핸드백에 넣지 않고 구겨서 테이블 위에 버려 버렸다.

밖에는 가랑비가 내렸다. 내가 간신히 택시를 잡았을 때는 9시 30분이 훨씬 지나서였다. 우리가 세인트 앤소니에 도착했을 때 댄스 파티는 한창이었다.

나는 그때 체념하면서 아이리스와 매우 다른 어떤 여자를 댄스에 데려가고 있다고 느꼈다. 빛나는 빨간 입술을 가진 여자, 입술을 두텁고 보기 싫게 만드는 물질로 서투르게 칠한 여자를 말이다. 무엇보다도 그 입술을 내가 특별히 눈여겨보았다는 뜻은 아니다. 이 이상한 여자는 의심할 바 없이 나의 세인트 앤소니 동료들과 그들의 친구들의 마음에 들 것이었다. 나는 그녀와 춤추며 그 저녁을 보내고 싶은 마음은 없었기 때문에 여하튼 그것은 괜찮은 일이라 생각했다. 이제 나의 유일한 소망은 이 행사가 가능한 한 빨리 끝나는 것이었고, 그래서 춤추기가 12시 이후까지 연장되지 않았을 때 대단히 반가웠다. 나는 진정으로 파티가 연장되지 않기를 바랐다.

세인트 앤소니는 1870년경에 건축된, 예전에는 성공회 수녀원이었던 건물이었다. 가파른 돌계단을 내려가면 수녀들의 채플 아래에 있는 예배용 지하실에 다다르는데, 그 곳은 도서관으로 쓰이고 있었고, 거기에서 댄스 파티가 열리도록 되어 있었다. 우리가 내려갈 때에 아이리스는 자신의 긴 드레스를 밟았다. 그녀는 발을 헛디뎌서 뒤뚱거리며 몇 계단을 미끄러져 엉덩방아를 찧었다. 우리의 앞뒤에서 내려오던 사람들이 그녀를 도와 일으키려고 하는 나를 도우려고 달려왔다. 나는 그녀가 발목을 삐었을 수도 있다는 비열한 생각을 하는 자신을 발견했다. 몹시 삐지는 않았더라도, 그 날 저녁에 춤을 출 수 없을 정도로 말이다. 그녀는 구경만 하기를 원하지 않을 수도 있겠고, 그러면 나는 그녀를 집에다 데려다 줄 수 있을 것이었다. 어쩌면 우리는 그녀의 방에서 이야기를 계속 할 수 있을 것이었다.

그러나 아이리스는 조금도 다치지 않았다. 그녀는 일어나서 미소지었고, 다른 사람들은 웃으며 농담하며 그녀를 털어 주었다. 춤추는 동료들에 관한 한 긴장은 이미 풀렸다. 우리를 향해서, 또 자기들끼리 잡담하는 것처럼 보이는 군중들이 모여 있는 춤추는 마루를 향해 우리는 이동했다. 나는 몇 사람에게 아이리스를 소개했다. 그녀는 이미 새 친구들을 사귄 것같아 보였다. 그녀의 태도는 더 이상 조용하거나 빼지 않았다. 나는 춤을 청하는 자신 없는 몸짓을 했고, 우리는 반쯤 포옹하는 자세를 취했다.

나는 정말로 춤에 자신이 없었다. 나이트 클럽에서, 혹은 군 복무 시절 가끔 주말에 술이 좀 취하여 익살스럽게 춤추는 식으로 춤을 즐겼을 뿐이었다. 그런데 아이리스와 내가 춤추며 움직일 때에 우리의 손발은 서로 제각각 따로 노는 것 같았다. 아이리스는 격려의 미소를 내게 보냈으나, 곧 혼자서 팔을 빙빙 돌리고 아라베스크를 추기 시작했다. 그녀의 모습은 볼품이 없었고 상당히 뽐내는 듯이 보였지만, 동시에 감동을 줄 만큼 소박해 보였다. 그녀가 둘이 추는 춤을 나만큼이나 잘 추지 못한다는 것은 명백한 것 같았다. 그러나 몇 초 후 우리가 춤추는 한 쌍을 우연히 스쳤을 때에 그 남자가 웃으며 그녀를 붙잡았다. 그녀는 당장 그에게로 갔는데 두 사람은 완전히 조화를 이루며 춤추었다. 그 남자와 함께 있었던 여자는 그다지 유쾌해 보이지 않았으나, 그녀와 내가 어떤 식으로든 돌아가기 시작했을 때 그녀 역시 내게 미소짓는 수밖에 없었다. 댄스는 이미 내게 불리하게 전개되고 있었다. 나는 어떤 요소로 성공이 이루어지던 그 성공은 이미 돌이킬 수 없이 지나가 버렸다고 느꼈다.

화려한 곡조로 연주한 후 밴드는 멈추었다. 아이리스는 행복하고 편안한 모습으로 내게 돌아왔다. 그녀는 아직 가보지 못한 세인트 앤소니 칼리지의 내 방에 관해서 물었다. 나는 그 날 아침에 산 두 개의 유리잔과 함께 찬장에 넣어둔 샴페인 병을 생각하면서 잠깐 그 곳에 올라가 보겠느냐고 물었다. 그녀는 무척 가보고 싶다고 했다. 나는 그녀가 또 다시 넘어질까 봐 그녀의 팔을 잡고 올라갔다. 내 방은 작고 간소했다. 침대, 찬장, 테이블과 나무 의자가 있었다. 그리고 가스 난로가 있었는데 나는 그것을 켰다. 나는 찬장에서 술병과 잔을 꺼냈다. 그것들을 테이블에 놓을 때 우리는 서로 포옹했다.

층계를 올라올 때 내가 그녀의 팔을 잡았던 것이나, 우리가 세인트 앤의 그녀 방을 떠날 때 한순간 손을 잡았던 것만큼이나 우리의 포옹은 자연스럽게 보였다. 우리는 댄스 파티로 돌아가지 않고 내 방에 새벽 2시까지 앉아 있었다. 우리는 쉬지 않고 이야기를 했다. 내가 그처럼 이야기를 할 수 있는지 나 자신도 몰랐다. 그리고 그녀도 자신이 그렇다는 것을 결코 알지 못했었다고 나는 확신한다. 우리는 얼굴을 마주 대고 아이들처럼 끝없이 조잘거렸다. 나는 아이리스가 말을 숙고하고, 멈추고, 바꾸며, 곰곰이 생각하면서 말하는 것, 말하자면 정식으로 말하는 것에 익숙해 왔다고 생각한다. 철학자 혹은 교사처럼 말이다. 지금 그녀는 아이처럼 재잘거렸다. 나도 그랬다. 키스하고 코를 비비며 - 나는 그녀의 넓적코를 매우 좋아한다고 이야기했다 - 서로의 팔에 안기어 우리는 그 자리에서 우리 자신들만의 어린애 같은 말들을 지어내듯이 계속 두서 없이 말했다. 그녀는 때때로 고개를 뒤로 젖히고 의아한 표정으로 나를 보고 웃어댔다. 나는 우리 두 사람 다 의아하게 느꼈다고 생각한다. 아이리스는 그녀가 전혀 의식하지 못했던 어떤 깊은 욕구에 굴복하는 듯했다. 지적 경쟁이나 지적 책략뿐 아니라 어른들의 사랑에 존재하는 감정적인 두려움과 매혹, 세력 투쟁과 포기 등을 던져 버리고자 하는 욕구 말이다.

그녀는 나의 어린 시절에 대해 끝없이 물었고, 그녀의 어린 시절 이야기를 들려주었다. 그녀는 양친을 똑같이 사랑하는 행복한 아이였다. 나는 그녀의 부모들이 그녀를 매우 애지중지했는데, 아주 현명하게 그렇게 한 것 같다는 것을 알았다. 벨파스트 출신의 그녀의 부친은 하급 공무원이었는데, 이제는 거의 은퇴할 때가 되었다. 그의 봉급은 항상 매우 적었고, 그래서 그녀가 장학금을 받아도 그는 돈을 빌리지 않고는 아이리스를 좋은 학교에 보낼 여유가 없었다. 조심성 있고 신중한 사람이었지만, 그는 교육에 대해서는 사자처럼 용감했다. 그녀의 교육을 위해서 희생한 부모에 대해 이야기하는 아이리스의 눈에는 눈물이 고였다. 그러나 우리는 오랫동안 어린 시절의 사실에 대해서만 이야기하기에는 너무나 행복하고 순진했다. 우리가 갑자기 함께 호흡하는 것처럼 보이게 했던 것은 어린 시절의 분위기였다. 우리는 서로의 존재를 통해서 어린 시절을 기적적으로 재발견했기 때문이다. 댄스 파티, 춤추기, 우리가 함께 먹었던 저녁 식사 등은 우리가 뒤로 떠나보낸 우스꽝스러운 어른들의 행동처럼 보였다.

나는 그녀의 벗은 팔에 내 코와 입술을 비비고 싶었다. 그녀도 내게 그렇게 할 수 있도록 나에게 웃옷을 벗게 했다.

"만약 우리가 결혼했다면 항상 이렇게 할 수 있을 텐데."

나는 우스꽝스럽게 말했다.

"거의 항상 그렇게 할 수 있겠지요."

그녀는 대답했다.

"그래요, 그러나 만약…."

그녀는 정식으로 내게 키스함으로써 내 말을 막았다. 우리는 오랫동안 포옹하고 있었다. 테이블 위의 샴페인 병은 열리지도 않은 채 그대로 놓여 있었다.

아주 오랜 세월이 지난 후에 나는 출판사에서 요청한 것을 찾기 위해서 아이리스의 원고들과 서류들을 살펴보았다. 소설을 쓰기 위한 기록들이 담겨 있는 연습장의 뒤쪽에 기록으로 보이는 것들이 몇 개 있었다. 어떤 것에는 날짜가 있었고, 어떤 것들은 두서 없이 관찰한 기록이거나 책, 철학자, 머리글자만 적힌 그녀의 지인들에 대한 언급이었다. 어떤 것은 학생에 관한 것이었고, 학생들의 숙제에서 그녀에게 인상적이었던 것들에 관한 것도 있었다. 1954년 6월 3일이라 적힌 한 기록에는 "세인트 앤소니의 댄스 파티. 층계에서 넘어졌다. J를 사랑하게 된 것 같다. 우리는 별로 춤을 추지 않았다"라고 쓰여 있었다.

존 베일리와 아이리스, 1954년 6월 세인트 앤소니에서, 《〈그물 아래서〉》를 출판한 직후.

"1956년 8월 14일, 존과 결혼하다." 씨더럿지에서 베일리와 아이리스 머독.

레이놀즈 스토운, 1960년경 스티플 애스턴의 연못에서. 그는 언제나 조용하고 생각이 깊었으며, 강, 호수 그리고 바다를 사랑했다.

존 베일리의 모자를 쓰고 있는 제닛 스토운. 그녀는 치장하기를 좋아했으며 에드워드 풍의 의상을 즐겨 입었다.

1965년 이탈리아의 빌라 세르벨로니에서.

불교도들과 함께. 아이리스는 언제나 그들에게 감탄했다.

1969년 앙드레 듀랑이 그린 엘리자베스 보언의 초상화(국립 초상화 전시관).

2

　우리는 강을 향해서 넓은 들판을 느릿느릿 맥없이 걸었다. 구름에 가려진 태양이 그 날 이른 아침처럼 그렇게 강렬하게 내려 쪼이지는 않았지만, 열기는 어느 때보다 더 심한 듯했다. 들에는 한참 전에 건초 다발이 치워졌고, 그래서 갈색으로 단단하게 굳어진 대지는 어울리지 않게 두더지 굴로 덮여 있었다. 두더지 굴 속의 흙은 회색 가루 같았는데, 나는 두더지들이 그 굴 속을 기어다니며 도대체 어떻게 먹이를 찾을 수 있는지 알 수 없었다. 우리가 강둑에 다가갈 때에 한 쌍의 까마귀가 느긋하게 날개를 치며 날아갔다. 사람들은 까마귀가 오래 산다고 하는데, 나는 그 까마귀들이 여러 해 전 수영하러 갔을 때 보았던 것들과 똑같은 까마귀일까 하는 부질없는 생각을 했다.
　건초를 베기 이전에 좀더 일찍 온 들판에 체꽃, 흰 천사장, 소눈 데이지 등의 들꽃들이 풀 속에 가득 펼쳐 있었을 때 우리가 올 수 있었더라면 좋았을 것이라고 나는 생각했다. 그 곳은 풀이 무성하게 자라는 강변의 들판이 아니었다. 아마도 지표 바로 밑에 자갈이 깔려 있었기 때문일 것이다. 거기서 멀지 않은 곳에 있는 큰 길 옆에 자갈로 된 커다란 연못이 있었다. 하지만 이 들판은 식물과 새의 서식처로 일종의 보호 지역이었다. 그러나 물고기를 보호하는 곳은 아니어서 때때로 몇몇 낚시꾼이 근처에 있었는데, 그들은 눈에 뜨이지 않게 갈대 속에 각자 홀로 있었다.

그러나 우리의 작은 후미진 곳을 찾는 사람은 거의 없어서 늘 오늘처럼 비어 있었다. 옛날 같으면 맨 처음 우리가 그랬었던 것처럼 가능한 한 빨리 옷을 벗고 조용히 물 속으로 미끄러져 들어갔을 것이다. 지금은 아이리스의 옷을 벗기느라고 나는 대단한 씨름을 해야 한다. 나는 출발하기 전 집에서 아이리스에게 수영복을 입힐 수 있었다. 요즈음 그녀의 본능은 될 수 있는 한 옷을 벗지 않는 것인 것 같다. 이처럼 끔찍이 더운 일기에도 잠자리에 들기 전 바지와 스웨터를 벗도록 그녀를 설득하기가 쉽지 않다.

아이리스는 내가 그녀의 겉옷을 벗기려 할 때 점잖게 그러나 힘차게 반항한다. 낡고 초라한 원피스 수영복 - 실은 스커트와 윗도리가 분리된 투피스인데 - 차림의 아이리스는 양말이 복사뼈까지 흘러내린 어눌하고 걱정스러워 보이는 모습이다. 양말을 벗지 않으려고 완강하게 버텨서 나는 싸움을 포기했다. 유람선이 통통 소리내며 유유히 지나갔다. 갑판에는 비키니 차림의 우아한 젊은 여인이 있었고, 흰색 반바지를 입은 남자가 배를 조종하고 있었다. 두 사람 다 고개를 돌려서 좀처럼 믿기지 않는다는 표정으로 우리를 바라보았다. 그들이 버릇없이 웃음을 터트렸다 해도 나는 놀라지 않았을 것이다. 우리는 분명히 우스꽝스러운 광경을 연출하고 있었으니까. 한 나이 든 남자가 피부가 희고 아직도 어울리지 않게 금발머리를 한 늙은 숙녀의 옷을 벗기려고 씨름하는 장면을 말이다.

알츠하이머병 환자가 항상 점잖은 것은 아니다. 나는 그것을 안다. 그러나 아이리스는 여러 면에서 옛날의 그녀와 같다. 집중력은 사라졌다. 일관성 있게 문장을 구성하는 능력도 없어졌다. 자신이 어디에 있는지, 어디에 있었는지도 기억하지 못한다. 그녀는 자신이 27권의 탁월한 소설을 쓴 사실도, 철학에 관한 책을 쓴 것도 모른다. 여러 저명한 대학에서 명예 박사 학위를 받은 것도, 대영제국의 작위를 받은 것 등도 모른다. 그녀를 숭배하는 어떤 사람이나 친구가 그녀 소설에 사인을 해달라고 요청하면, 그녀는 즐겁고도 놀란 표정으로 그 책을 바라보고 힘들여서 그녀의 이름을 쓰고, 그리고 할 수 있을 때면 '조지나 스미스를 위해서' '사랑하는 레지를 위해서' 등 그들의 이름을 쓴다. 시간이 걸리지만 조심스럽게 글자들이 쓰여지고 그 글자들은 초현실적으로 그녀의 옛 필적과 유사하다. 그녀는 항상 기꺼이 베풀려고 한다. 그리고 그녀의 옛 온화함이 그대로 남아 있다.

일단 물속에 들어가니 아이리스는 좀 명랑해진다. 물은 너무나 따뜻해서 거의 시원하다고는 할 수 없었다. 그렇지만 예전처럼 갈색으로 서서히 흐르는 재미는 여전해서 우리는 조용히 앞뒤로 개헤엄을 치면서 서로 바라보고 즐겁게 미소짓는다. 통통한 노란 꽃을 지닌 수련 잎들이 유람선이 지나가는 바람에 이따금 조용히 흔들린다. 그 꽃들 위로 옅은 푸른색의 작은 잠자리들이 그 자리에서 맴돈다. 우리가 강둑에서 움직여 나가니 물은 깊어지고 더 시원해진다. 그러나 우리는 멀리 나가지 않는다. 내려다보니 진흙으로 엉긴 아이리스의 양말 신은 발이 깊은 갈색 물

속에서 움직이는 것이 보인다. 작은 물고기들이 호기심에 차서 아이리스를 자세히 보고 있으며, 그 물고기들이 나의 맨 살을 부드럽게 스쳐지나가서 그들이 내 주위에 있는 것을 나 자신도 느낄 수 있다.

예전에는 강에 배가 별로 없으면 우리는 강을 가로질러서 수백 미터를 갔다 오곤 했었다. 이제 그렇게 한다는 것은 너무나 힘든 일이고, 아마도 그렇게 하게 되면, 언제나 알츠하이머병 환자에게 끝없이 나타나는 불안감을 초래할 것이고, 그 환자를 돌보는 사람에게까지 불안감을 전염시킬 것이다. 그렇게 하는 것이 위험스럽다는 것은 아니다. 아직도 아이리스는 물고기처럼 자연스럽게 헤엄친다. 44년 전 우리가 함께 처음 이 물에 들어온 후 우리는 바다, 호수, 강, 수영장, 연못 등 어디에 있게 되던지 할 수 있을 때마다 수영을 했다.

나는 그때 오스트레일리아의 퍼스에서 우리가 지냈던 한때를 회상했다. 그 당시 우리는 교통량이 많은 간선 도로에서 완만한 경사가 진 비탈길을 기어 내려가 스완 강 속으로 들어갈 수 있었다. 강이 넓게 굽이치는 곳에 바로 그 유명한 스완 양조장이 있었다. 우리를 지나쳐 가는 강물은 색달랐지만 우리는 수영을 즐겼다. 자동차를 타고 우리 위로 지나쳐 가는 사람들이 놀라워했고, 어쩌면 그들은 우리를 비난했을 수도 있다. 실상 대학에서 우리를 머물게 해준 호텔에는 수영장이 있었지만 그 수영장이 이 강물과 같지는 않았을 것이다. 수영장 주변에는 언제나 햇볕을 쪼이는 오스트레일리아 사람들이 있었다. 우리는 그 수영장을 이용한 적이 없었는데, 우리가 너무 수줍어했다고 나는 생각한다.

아이리스는 결코 수영 그 자체에 열중하지는 않았다. 그녀는 한 번도 빠른 속도로 소리내며 수영하지도 않았고 색다르게 수영한 적도 없었다.

그녀는 물속에 잠겨 있는 것을 좋아했다. 아이리스는 두 번이나 익사할 뻔했는데, 우리 두 사람의 삶 속으로 침투해 들어온 근심에 잠겨서 이제 물 밖으로 기어 나오기 위해 강둑으로 다가가면서 나는 그 일을 회상했다. 강둑으로 기어 나오는 것은 강물 속으로 미끄러져 들어가는 것보다 항상 더 어렵고 볼품없는 행동이었지만, 그것이 과거에는 우리를 괴롭히지 않았었다. 강은 둑 자체가 물살에 깎여서 둑 가까운 곳도 강 한가운데만큼 깊었다. 우리가 있는 곳에서 강은 완만한 경사를 이루었고, 부드러운 흙에는 때때로 물을 마셨던 가축들의 발자국이 찍혀 있었다. 먼저 나온 나는 아이리스를 돕기 위해서 돌아섰다. 그녀가 내 손을 잡을 때에 요즘 그녀의 얼굴에 그렇게도 자주 나타나서 나 역시 걱정과 근심으로 가득 차게 만드는, 어린 아이와 같은 두려움의 표정이 그녀 얼굴에 떠올랐다. 가령 그녀의 팔 근육이 제대로 듣지 않아서 깊은 물 속으로 다시 미끄러져 들어가고, 그녀가 수영하는 법을 잊어서 내게 소리 없는 호소를 하느라고 입을 벌릴 때 그 입 속으로 물이 쏟아져 들어가게 된다면? 나는 바로 그 곳에서 우리가 결코 다시는 이 곳으로 수영하러 오지 말아야 함을 깨달았다.

공포의 순간은 지나갔다. 그러나 그러한 공포의 순간은 10년 아니 15년 전 우리가 도셋 주의 체실 뱅크 밖에서 친구인 미술가 레이놀즈 스턴과 수영을 했을 때, 나나 아이리스에게 결코 존재하지 않았던 것이다. 스턴 부부는 그 곳에서 몇 마일 떨어진 내륙에 살았는데, 여름이면 우리는 바다로 가곤 했었다. 포트랜드 빌에서 브릿포트와 라임 레지스에 이르는 커다란 곡선을 이루는 해안가로 가곤 했다. 그 곳에는 파도로 인해서 거대한 회색빛 자갈둑이 생겼는데, 마치 손으로 등급을 매긴 것처럼 포트랜드 끝 쪽에서는 커다랗고 반들반들한 돌들이 그 곳에서 서쪽으로 19킬로미터쯤 가면 자잘한 조약돌로 바뀌어진다. 바다가 요동칠 때는 위험한 곳이었다. 잔잔한 날씨일 때도 기슭에서 되돌아가는 물결로 인한 파도와 빨아들이는 힘 때문에 바다로 들어가기가 힘든 해변이다. 겁이 없고 상냥하며 건망증이 심한 레이놀즈는 위험에 대해 이야기한 적도 없었으며, 분명히 위험을 의식하지도 못했다. 우리는 항상 웃고 이야기하면서 함께 물 속으로 들어갔는데, 한번은 우리를 자갈 있는 곳으로 몰아갔던 파도의 박자를 놓쳐서 아이리스가 되돌아가는 그 파도에 다시 빨려 들어갔다. 레이놀즈는 자신이 가장 숭배하는 화가인 피에로와 세잔에 대해서 이야기하느라고 아무 것도 보지 못했다. 나도 그랬다. 그의 말에 귀를 기울이며 우리의 옷이 있는 곳으로 즐겁게 걸어 나오다가 나는 그의 대화에 아이리스를 참여시키려고 고개를 돌렸다. 그러나 그녀는 거기에 없었다. 그러나 잠시 후 그녀가 거기에 보였다. 레이놀즈가 점잖게 서서 이야기하는 동안 나는 아이리스가 자갈 위로 걷는 것을 도와주었다.

한참 후에야 아이리스는 잔잔한 바다 밑으로 자신이 끌려 들어가는 것을 느꼈던 순간의 믿을 수 없는 공포와 전율을 내게 말해 주었다. 머리까지 물에 잠겼지만, 본능적으로 입을 꼭 다물었고 다음 순간 다음 파도가 그녀를 해안가로 밀어왔던 것이다. 만약 그녀가 겁에 질려서 물을 먹었더라면 되돌아가는 교활한 다음 파도에 실려 바다 쪽으로 더 멀리, 더 깊은 곳으로 실려 갔을 것이고, 그렇게 되면, 비록 그녀가 수영을 잘 하지만 그녀는 몇 초 안에 익사할 수도 있었을 것이다.

아이리스는 그 날 밤 잠자리에 들기까지는 아무 말도 하지 않았다. 그때 그녀는 겁에 질리지는 않았었고, 호기심에 가득 차서 나와 그러한 흥분을 함께 나누기를 원했다. 아이리스는 "나는 그 경험을 다음 소설에 쓰겠어요" 하고 말했는데, 그녀는 그렇게 했다.

그녀가 유명해진 후 아이리스는 대중 앞에서 자신이 쓰고 있는 소설에 대해 전혀 언급하지 않았다. 친구들에게도 이야기하지 않는 것 같았고, 내게도 거의 이야기하지 않았다. 내가 물었다면 대답했을 것이지만, 나의 질문 습관은 곧 사라졌다. 결혼 생활의 진정한 기쁨 중 하나는 고독이다. 그것은 또한 가장 깊은 위안이 되는 것이기도 하다. 나는 대학교에서 영어를 가르치며, 때때로 비평을 쓰면서 나 자신의 일을 계속했다. 곧 아이리스는 세인트 앤 칼리지에서 가르치는 일을 그만두었다. 아마도 그녀가 사직한 것은 그 사회에서의 정서적 압력 때문이었을 수도 있다. 그래서 그녀는 자신만의 경이로운 창작과 지적인 드라마의 세계, 명상과 단순한 문학적 기쁨을 즐기는 세계 속으로 빠져 들어갔다. 실상 모든 사람에게 무언가를 주는 그런 일, 우리가 그 늦은 저녁 그 장소에서 자전거 옆에 서서 이야기했던 바로 그 일을 시작하였던 것이다.

때때로 아이리스는 소설을 쓰기 위해 그녀가 알고 싶은 세세한 기술적인 문제에 관해서 내게 질문하곤 했다. 어떤 때 그녀는 자동 권총에 대해 물었는데, 나는 옛날 군대에서 받은 훈련 덕택에 쉽게 대답할 수 있었다. 어떤 때는 자동차나 포도주에 대해서, 어떤 인물이 어떤 음식을 먹는 것이 적절한지를 물었다. 말하자면 《바다여! 바다여(The Sea, the Sea)》의 주인공은 대단히 특별한 음식을 먹을 필요가 있었다. 나는 그 주인공이 각별히 좋아할 수도 있는 귀리 겨, 삶은 양파, 기름에 튀긴 마늘, 정어리, 통조림 망고, 치즈 등 잘 배합될 것 같지 않은 온갖 종류의 음식물들을 제안하며 재미있어 했다. 이들 중 어떤 것은 소설에 쓰였다.

《바다여! 바다여》가 바라고 바라던 부커 상(역주: 그 해에 영어로 출판된 현대 소설 중 가장 대표적인 작품에 수상되는 세계적인 권위를 가진 상)을 수상하였을 때, 심사 위원 중 한 사람이었던 저명한 철학자 A. J. 에이어는 수상식 연설에서 "음식을 제외한" 소설의 모든 것을 대단히 즐겼다고 평했다.

아이리스의 소설 중에서 내 자신이 자그마한 기여를 했던 것은 단지 한 권이었고, 그것도 오래 전 일이었다. 그것은 그녀가 네 번째로 출판한 소설 《종(The Bell)》이었다. 이유는 잊었지만, 아이리스는 내게 첫 번째 장을 읽어 달라고 부탁했다. 그 장의 첫 부분은 그녀 소설에서 가장 예언적이고 간결한 말로 시작된다. 그녀는 타자기를 전혀 사용하지 않았다. 그런데 그녀가 처음 손으로 쓴 부분은 다음과 같다. "도라 그린필드는 그녀의 남편이 두려워서 그를 떠났다. 1년 후 그녀는 똑같은 이유로 그에게 다시 돌아왔다." 나는 이 긴박한 간결함에 감격했다. 이 문장은 내가 여기 인용한 상태 거의 그대로이기 때문에 그 후 독자들도 이 긴박한 간결함에 틀림없이 감격했을 것이다. 그러나 읽어내려 가면서 이 첫 부분에서 별로 잘 드러나지 않는 도라 그린필드와 그녀의 남편에 대해서 나는 곧바로 호기심이 생기는 것을 느꼈다. 소설에 나오는 인물로서 그들 부부가 어찌나 매력적이던지 나는 그들 둘을 당장 좀더 알고 싶었다. 그들의 일이 앞으로 어떻게 진행될 것인가를 볼 수 있는 실마리를 얻고 싶었다. 나는 대강 그런 내용의 말을 아이리스에게 했더니, 그녀는 "그렇다면 좋아요. 나를 위해서 뭔가를 쓰세요"라고 했다. 내가 독자로서 느끼고 있는 것을 그녀 자신이 이미 느끼고 있었을 것이라고 나는 생각한다. 우리의 공감과 통찰력이 자동적으로 융화되었던 것이다.

그 당시 나는 후에 《사랑하는 인물들》이라는 제목을 가지게 된 연구 논문 쓰기를 시도하고 있었다. 자신이 쓰고 있는 소설에 나오는 한 숙녀에 대해서 이미 '엄청난 조사'를 했다고 그의 친구에게 이야기한 헨리 제임스에게 나는 매료되었었다. 제임스는 그런 인물에 대해서 작가는 미리 알려 주는 것, 즉 '일찌감치 전망을 제시하는 것'이 필요하다고 말했다. 이러한 제임스의 말을 염두에 두고, 아이리스가 넌지시 던진 말에 흡족해져서 나는 어떻게 전개될 것인지에 대해 전혀 알지 못하기에 그 소설의 일부로 사용되지 않을 수도 있겠지만, 도라와 그 남편에게 일어날 수도 있는 일에 대한 내 생각을 내놓기 시작했다.

내 생각으로는 도라의 남편은, 그러한 사실을 반드시 의식하고 있는 것은 아니라 하더라도 아이 갖기를 심각하게 원하는 반면에, 남편보다 훨씬 젊은 도라는 그렇지 않다는 것이었다. 그럼에도 불구하고 도라는 '민첩한, 독단적인 어머니'가 되려는 생각을 가지고 있으며, 그것이 그들의 결혼에서 도라가 남편 폴을 두려워하지 않고 그에게 맞서는 유일한 방법이라고 나는 제안했다. 실상 수동적인 태도를 지닌 도라는 임신을 피할 어떤 방법도 취하지 않았지만, 그녀는 '두 사람이 된다'는 가능성에 매우 놀랐었다. 사실 도라는 걱정스러워하는 몽유병자처럼 여전히 '마치 작은 동물처럼 휙 떠나 버릴 수' 있는 자신의 능력에 무의식적으로 의지하면서 남편에게 돌아왔다. 동시에 그녀는 남편을 두려워하고, 또 남편이 그녀의 두려움을 가라앉히는 힘을 가졌다는 것을 알았기 때문에 그를 원했다.

나는 대체로 이런 요지의 말을 했고, 그 결과는 이 소설의 초판 10페이지에 긴 문단으로 실렸다. 이 부분은 추종을 불허하는 아이리스의 독창성 속으로 잘 섞여 들어간다기보다 좀 지나치게 제임스적인 스타일이 드러난다. 그렇긴 해도 이 부분은 이 소설의 범위나 의도 면에서 다루기를 원치 않을 수도 있는 열린 공간과 대안들을 제시하는 기능을 지녔다. 이 소설의 주제는 영적인 삶을 갈망하며 추구하는 것이다. 그 추구 방법이 진실된 것이든 거짓된 것이든 간에 말이다. 어떤 사람들이 무엇을 갈망하며, 그 결과로 어떤 행동을 하는지에 대해 아이리스가 가지고 있는 훌륭한 감수성에 보탬이 될 만한 것은 어떠한 것도 나는 지니지 못했다. 나는 정말이지 영적인 삶에 대해서 잘 이해하지 못했다. 그러나 그것이 내가 아이리스의 소설을 열정적으로 좋아하는 것을 가로막지는 못했다. 나는 그녀의 소설들을 출판 후에야 읽었다. 그러나 《종》의 첫 번째 부분은 예외였다.

내가 아이리스의 생각을 이해하거나 그 생각 속으로 들어갈 수 없다는 무력감을 느낀 것과 함께 그녀의 마음속에 가지고 있는 생각이나 그녀가 생각하는 것에 공감하는 것은 확실히 매우 일찍부터 생겼음에 틀림없다. 《종》의 첫 부분을 놓고 함께 이야기를 나누었을 때 우리에게 필요했던 유일한 것이 이러한 공감이었다. 그리고 나는 그때 내가 예기치 않게 그것을 감지했던 것을 선명히 기억한다. 그것은 우리의 결혼 생활에서 마치 공기나 물처럼 당연한 것으로 내가 자연스럽게 받아들였던 그런 것이었다. 우리는 이미 오스트레일리아의 시인 A. D. 호프가 말한 것처럼, 부부가 '더욱 가까이 다가가고, 가까운 가운데 서로 따로따로인' 그런 이상하고도 유익한 과정을 시작하고 있었다. 서로 따로따로라는 것은 친밀함의 일부로서 필경 그 친밀함을 인식하는 것이다. 분명히 그 친밀함을 완전히 이해한다는 표시이다. 그러한 이해에는 위협적이거나 감독적인 요소는 없다. 부부가 "나의 남편/아내가 나를 이해하지 못하는 것이 문제"라고 그들의 상담자나 믿을 만한 친구에게 고백하는 그런 요소는 조금도 찾을 수 없다. 이렇게 털어놓는 말은 대개 부부 혹은 그 중 한 편이 다른 편을 너무나 잘 이해하지만 그렇게 이해하는 데서는 아무런 즐거움도 얻지 못한다는 것을 의미한다.

부부가 그처럼 서로 따로따로라고 하는 것은 프랑스 사람들이 '두 사람만의 고독'이라 부르는 것, 부부가 결혼 생활 이외의 모든 것에서 내적으로 소외되어 있는 것과는 전혀 다르다. 결혼에서 내가 즐긴 고독은, 내일 혹은 잠시 후 내가 아이리스와 함께 산책하리라는 것, 아니면 나 혼자 또 다시 산책하리라는 것을 알면서 홀로 걷는 것과 약간 비슷하다. 나는 아이리스도 나와 같은 생각을 가졌다고 생각한다. 그것은 또한 결혼 생활 외부에 있는 어느 것도 제외시키지 않는 것, 외부 세계의 사물이나 사람들과 가질 수 있는 친밀한 감각을 더욱 돈독하게 해주는 고독이기도 하다.

그러나 그처럼 각각이면서도 공감대가 형성되는 데는 시간이 걸릴 뿐 아니라, 그것은 사랑의 기쁨으로 인해서 불가사의하게 상대방에 열중하는 것과는 성질상 매우 다르다. 우리 교제의 초기에 내가 아이리스를 점점 더 '알게' 될수록, 정상적인 의미에서 나는 그녀를 더 이해할 수 없었다. 사실 나는 곧 아이리스를 이해하고 싶어하지 않게 되었다. 그 당시 너무나 여념이 없어서 그 유사함을 생각하지 못했지만, 나는 마치 사악한 뉘앙스가 있는, 항상 행복하게 끝나지는 않는 동화 속에 사는 것 같았다. 그 동화 속에서는 젊은 남자가 한 아름다운 처녀를 사랑하는데, 그 처녀는 그 남자의 사랑에 대응하지만 항상 알지 못할 신비스러운 세계로 사라지며, 그녀는 그 세계에 대해 아무 것도 밝히지 않는다. 드디어 그 남자는 어떤 끔찍한 실수를 저지르고 그녀는 영원히 사라진다. 이 시점에서 보니 그 비교는 좀 환상적이긴 하지만 어느 정도는 진실인 것 같다. 아이리스는 그녀의 친구들을 '만나러 가기 위해' 항상 사라지곤 했다. (나는 '만나러 간다' 라는 말이 무슨 뜻을 의미할 수 있는지 일찍부터 궁금했고 두려웠다.) 아이리스는 동화 속의 소녀와 달리 그녀의 친구들에 관해서 항상 공개적이었다. 나는 그들의 이름을 알았다. 나는 그들을 머릿속에 떠올려 보았지만 한 번도 만난 적은 없었다.

그런데 아이리스는 친구들이 매우 많은 것 같았다. 그들은 어떤 의미에서 나와 같은 입장의 사람들이다. 의심할 바도 없이 아이리스는 각기 다른 방식으로 그들 모두에게 깊고 은밀한 애정을 가졌다. 나는 단지 그녀가 나와 함께 어린애처럼 수다를 떨고 키스하는 그런 방식으로 다른 사람들에게 말하지 않기를 바랄 뿐이었다. 아이처럼 수다떨고 키스하는 아이리스는 내가 보았던 자전거 타던 엄숙한 아이리스나 공공 장소에서 파티가 열렸을 때의 아이리스와는 너무나 달라서, 나는 때때로 내가 그 때 사랑에 빠졌다고 생각했던 그 자전거 타던 여자는 어떻게 되었나 싶었다. 어리석게도 우리가 함께 하는 미래도 어쩐지 똑같이 엄숙하고 매우 진지한 것이며, 물론 오로지 우리 두 사람만의 일이라고 나는 상상했었다. 우리 두 사람에게 약간의 관심을 가졌거나 관심을 가질 만한 사람은 이 세상에 아무도 없었을 것이기 때문이다. 우리는 오로지 서로에게 도움이 될 것이었고, 그런 토대 위에 존재할 것이었다.

나와 함께 있을 때 행복한 어린아이 같은 소녀나 여성이 되는 아이리스는 매력적이었지만 또한 – 슬프게도 내가 이런 생각을 때때로 멈출 수 없었는데 – 동화 속의 소녀처럼 근본적으로 비현실적인 여자였다. 이 여인은 진짜 아이리스일 수 없었다. 그러나 되돌아보니 동화와 비슷한 점을 역시 알 수 있는 지금 나는 자신도 모르게 아이리스가 필요로 했던 다른 인물의 역할을 그녀에게 제공하고 있었다는 것을 느낄 수 있다. 아이리스 자신도 원하거나 필요로 한다는 것을 전혀 몰랐었던, 무책임하고 '도피자' 이기까지 한 다른 인물의 역할 말이다. (그 당시 '도피주의자' 라는 말은 비난투로 고개를 흔드는 고갯짓과 함께 쓰이던 단어였다.) 나 역시 그러한 역할을 그녀에게 제공한다는 것을 알지 못했다. 나는 그녀를 사랑한다고 느꼈고, 사실상 나는 그 사랑을 확신했다. 그리고 순진하게도 우리 두 사람에게 그 사랑이 가장 중요한 것임에 틀림없음을 나는 확신했다. 비록 아이리스가 자신도 그렇게 생각한다는 표시를 전혀 하지는 않았지만 말이다. 나와 우스개 말을 하며 장난치는 아이리스, 그런 유희에 기쁘게 참여하는 그 여인은 매력적이었다. 그럼에도 불구하고 그녀는 내가 처음 보았던, 그리고 점찍었던 그런 여인은 아니었다. 그녀는 다른 사람들이 쳐다보고 칭송하는, 열심히 일하는 책임감 있는 여인, 그 '진짜' 아이리스 머독은 아니었다.

    우리 관계가 좀더 진지해진 후에, 예견하거나 내다볼 수 없는 이별이나 해결 쪽을 향해 우리가 불가피하게 달려가고 있다는 것을 의식하게 되었을 때, 아이리스는 한두 번 프로테우스의 신화를 언급했다. 그녀를 이해할 수 없다고 하는 데 대한, 그녀와 어쩔 도리 없이 엉클어져 있는 것 같은 많은 사람들에게는 다른 사람이 되는 그녀를 이해할 수 없다고 내가 절망적으로 말한 데 대한 응답이었다. 아이리스는 "프로테우스를 기억하세요"라고 말하곤 했다. "나를 꼭 잡으세요. 그러면 괜찮을 거예요." 프로테우스는 사자, 뱀, 괴물, 물고기 등 자신이 원하는 어떤 형태로든지 변신을 할 수 있는 능력이 있었다. 그러나 헤라클레스가 이러한 그의 변신 과정 내내 그를 꽉 붙잡았기 때문에 드디어 그는 항복하여 그 자신의 온당한 모습으로 돌아가지 않을 수 없었다.

나는 헤라클레스가 가진 근육의 힘과 집중력을 가지지 못했으니 헤라클레스가 아니라고 우울하게 대답하곤 했다. 그러면 우리는 웃어댔고 그 순간은 오래 전 우리들이 그랬듯이 비밀스러운 아이들같이 되곤 했다. 우리가 처음으로 덤불 속을 기어서 강물 속으로 소리 없이 미끄러져 들어갔을 때 그랬던 것처럼 말이다.

그 강물 속으로 조용히 미끄러져 들어갔던 때가 우리 관계의 전환기였음이 명백하다. 비록 그때에는 내가 그 사실을 이해하지 못했고, 아주 한참 뒤에까지 그것이 명료하게 나타나지는 않았지만 말이다. 실상 그날 아이리스는 모리스 찰턴에게 그 자신과 아이리스를 위해 계획했던 점심에 나를 포함시킬 수 있느냐고 요청함으로써 그녀의 다른 우정에 처음으로 나를 개입시켰던 것이다. 나는 이것을 전혀 몰랐고 또 내가 말했듯이 찰턴 자신이 보여 주었음에 틀림없는 그의 찬탄할 만한 좋은 성격을 알지 못했다. 실망했을는지 모르지만 그는 그런 기색을 조금도 나타내지 않았다. 내가 그들 두 사람과 함께 있었기 때문에 나는 그가 연적이라는 것을 의식하지 못했고, 오히려 나와 아이리스의 관계 속에 찰턴이 즉각적으로 포함된 것처럼 보였던 면에 대해서 나는 조금도 신경을 쓰지 않았다. 모든 것이 적절했고 매우 자연스러웠다.

나는 아이리스에게 어떻게 해서 내가 그 일행에 포함되었는지 결코 묻지 않았다. 질문을 할 생각이 떠오르지도 않았을 것이다. 말할 것도 없이 이제는 너무 늦었다. 아이리스는 그 점심도 자전거 탔던 것도 아침 수영도 모리스 찰턴도 기억하지 못한다. 나는 가끔 그때 일을 말했는데, 내가 하는 말에 아이리스가 평상적이고 감동적일 만큼 열심히 관심을 보이는 것 이상의 기억을 환기시킬 수 없었다. 그렇지만 만약 그 시절의 친구들이나 모리스 찰턴이 실제로 그녀 앞에 나타난다면 그들을 알아볼 수 있으리라고 나는 생각한다. 기억력은 기억하는 기능을 완전히 잃을 수도 있겠지만, 알츠하이머병이 오랫동안 자리 잡은 후에라도 알아볼 수 있는 어떤 신비스러운 원리는 유지된다.

나는 한 여인을 때때로 만나는데 그녀의 남편 역시 알츠하이머병 환자이다. 한번은 서로가 겪은 것을 활발하게 교환해 보자고 그녀가 내게 말했다. "마치 시체에 쇠사슬로 묶여 있는 것 같지요?"라고 그녀는 명랑하게 말했다. 나는 똑같이 명랑한 기분으로, 그러나 그 특별한 비유를 마지못해 인정하는 것을 느끼며 서둘러 동의했다. "아, 물론 무척 사랑하는 시체이지요"라고 그녀는 고쳐 말했다. 마치 우리들 입장에서 우리가 지키는 일반적인 예의 범절을 그녀의 면전에서는 지키지 않아도 된다는 것을 내가 감사히 여긴다고 암시하듯이 약간 장난스러운 시선을 보내면서 말이다.

그러나 나는 전혀 감사하지 않았다. 나는 아이리스의 고통이 이 명랑한 여인의 남편의 고통과 공통점을 지닐 수 있는 것처럼 암시하는 것이 역겨웠다. 그러지 않을 수 없었다. 그녀는 의심할 여지없이 열녀였다. 그러나 그녀 자신의 스타일로 열녀가 되게 하라지. 우리들의 경우가 어떻게 비교되랴. 아이리스는 아이리스였다.

고통이 반드시 사람들을 가깝게 만드는 것은 아니다. 나는 도무지 우리의 동질성을 느낄 수 없었다. 이 부인은 자신의 입장을 극화하기를 원했고, 극화할 필요를 느꼈으며 내게 동료 배우가 되도록 요청했다. 나는 예절상 겉으로는 그런 척했지만 그 생각에는 동조할 수 없었다. 나의 입장은 그녀의 입장과 상당히 다르다고 느꼈다. 그것은 알츠하이머병 환자의 배우자들 가운데 흔히 있는 반응이라는 것을 나는 깨닫게 되었다. 우리는 병리적 상황의 일반적인 증상 때문에 우리 배우자의 독특한 개성이 사라지는 것은 아님을 느낄 필요가 있다.

그러나 그 여인의 그 비유는 계속 나를 엄습했다. 그녀가 말한 시체와 쇠사슬의 이미지는 아직도 내게 남아 있다. 토마스 하디가 분명히 즐기면서 쓴, 진지하지만 아이로니컬한 이야기 가운데 〈서부 순회 재판에서〉라는 단편이 있다. 이 이야기의 내용은 다음과 같다. 한 젊은 법정 변호사가 순회 판사의 순회에 참여하는 동안 어떤 시골 처녀를 만난다. 그들은 사랑하게 되고, 마침내 그녀는 임신하게 된다. 그 처녀는 글을 쓸 줄 몰랐기 때문에 자신이 하녀로 일하는 집의 마음씨 좋은 마님에게 자신을 위해서 그 젊은이에게 편지를 써 달라고 간청한다. 그녀의 마님은 그렇게 했고, 그 결과로 그 주인 마님 자신이 그 젊은이를 사랑하게 된다. 반면에 그 젊은이는 자신이 처음에 의도했던 대로 자신의 곤경에서 도망치는 대신 그 소녀의 재치 있는, 사랑 어린 편지에 너무나 매료되어서 그녀와 결혼하기로 작정한다. 그 결과는 하디의 작품에서 우리가 예견할 수 있는 것이고, 하디만의 특징적인 것이긴 하지만 감동적이다. 런던에서 결혼식이 치러지고 결혼식에 참석했던 그 소녀의 주인 마님이 그녀 자신의 외롭고 초라한 웨섹스의 결혼 생활로 돌아가기 전에 그 젊은이와 갖는 유일한 만남에서 그 남자는 그들 사이에 본의 아닌 친밀함이 어떻게 생기게 되었는지를 알게 된다. 그녀가 그 남자에게 쓴 연애 편지는 남자로 하여금 그 소녀가 아닌 그 주인 마님을 사랑하게 만들었다. 그는 그 소녀에게 결혼 손님 중 한 분에게 감사 편지를 쓰라고 청했고, 그 가련한 소녀는 남편이 그녀의 속임수를 발견했기 때문에 마음이 산란해진다. 그리고 그 변호사는 마치 노예선에 묶인 두 노예처럼 선택하지 않은 배우자에게 족쇄가 채워진 자신의 미래를 앞두고 있다. 의심할 바 없이 하디의 심각한 은유는 그 자신과 그의 남자 주인공 모두에게 매우 적절해 보였다.

나는 그 여인이 이야기하는 동안 하디의 그 단편을 머리에 떠올렸다. 우리 입장이 하디 단편에 나오는 그 젊은 남자와 여자의 경우와 똑같다고 가정할 수는 없다. 운명이 우리를 속이지는 않았다. 우리는 여러 해 동안 서로 배우자를 동등한 자로서 알아 왔으며 의사 소통이 덜 빈번해지고 더듬거려지고 멈춘 것이나 다름없게 될 때까지 우리의 배우자와 이야기하고 경청하고 함께 대화해 왔었다. 이제는 더 이상 편지도 말도 없다. 알츠하이머병 환자는 보통 근심스러운 질문을 되풀이하는 많은 문장을 시작하지만, 그 문장을 끝맺지 못하고 그들이 원하는 것도 표현하지 못한다. 대체로 그 질문은 예견할 수 있는 것들이고, 또 쉽사리 만족시킬 수 있는 것이지만, 아이리스는 매일 "그 사람, 알지요?" 혹은 그저 "그"라고 하는 표현을 쓰는 질문을 많이 했고, 그것을 알아내는 데는 많은 시간과 노력이 들었다. 때로는 그들의 정체를 도무지 알 수 없었는데, 그들은 과거에 알았던 확인할 수 없는 남녀로서 마치 어제 만나기라도 한 것처럼 아이리스의 의식 표면 위로 떠오른 사람들이었다. 그럴 때면 나는 마치 나 자신의 지력과 기억력이 그것들이 미칠 수 있는 범위나 관행을 훨씬 벗어난 곳에서 작용하도록 요청받기나 한 것처럼 말을 더듬거리는 것을 느낀다.

계속 농담을 함으로써 그런 순간들을 넘길 수 있다. 유머는 어떤 상황에서도 살아남을 수 있는 것 같다. 한때는 사랑스럽게 주고받았던 웃음 터뜨리기, 엉터리 시 한 구절, 노래 등의 짓궂고 실없는 의식적 행사들이 갑자기 행복한 반응을 불러일으키고, 과거에 탐험가와 야만인 사이에 있었던 순간들, 즉 탐험가의 다소 광대 같은 무언극이 종종 야만인의 즉각적인 이해와 즐거움을 불러일으켰던 순간들과 유사하게 느닷없이 빛나는 미소를 일깨운다. 마실 것을 들고서 혹은 차 속에서 명랑할 때에, 아이리스는 활발한 의사소통이 있었다고 자신 만만하고 행복하게 확신하며 알 수 없는 말들을 지껄인다. 그런 때면 나는 나 자신의 의식의 흐름, 실없는 문장이나 엉망이 된 인용문들을 내가 읊조리는 것을 발견한다. 나는 "쉬로네즈의 폭군은 자유의 가장 훌륭한, 그리고 가장 용감한 친구"라고 외우며 아이리스를 안심시키고 의미 심장한 시선을 그녀에게 던진다. 그러면 아이리스는 엄숙하게 고개를 끄덕이고 공모자의 미소를 보낸다. 마치 〈그리스의 섬〉에 나오는 바이런의 이 시 구절의 힘차고 명확한 확신이 그녀에게도 상당히 중요하다는 듯이 말이다.

우리의 의사 소통 형태는 마치 수중 음향 탐지기 같아서 각자 상대방의 파동을 되돌아오게 하고서 우리는 그 메아리를 경청한다. 고맙게도 아이리스는 알츠하이머병 환자가 보통 보이는 분노에 찬 좌절감을 결코 보이지 않지만, 아이리스가 무엇에 관해, 누구에 관해, 어떤 것에 대해 이야기하는지 알 수 없는 당혹스런 순간들, 눈물과 걱정을 자아낼 수 있는 그런 순간들은 종종 무기력함을 농담조로 비꼬아 말하고, 우리 둘이다 무기력하다는 것을 보이려고 노력함으로써 떨쳐 버릴 수 있다. 우리 둘 다 할 말을 잃음으로써 말이다.

행복한 순간에는 아이리스가 나보다 더 쉽게 말을 찾는 것 같다. 우리가 시골에 살았을 때의 제비들처럼. 우리 침실 창 밖의 전화줄에 한 줄로 앉아서 제비들은 서로 활기차게 대화를 나누곤 했다. 그 제비들의 지저귐은 항상 말끝이 올라가는 투의 흔한 구애의 표시로서 우리들에게는 '웨더비' 처럼 들리는 지저귐으로 표현되는 듯했다. 우리는 그들을 '웨더비들' 이라 부르곤 했다. 나는 아이리스에게 "당신은 꼭 웨더비처럼 지저귀고 있어요"라며 짓궂게 군다. 그녀는 놀림 받는 것을 좋아하지만, 내가 "당신 이야기 듣는 것을 좋아해요"라는 사랑의 놀림을 할 때 그녀의 얼굴은 어두워진다. 아이리스는 언제나 무책임한 농담, 즉 오로지 놀리는 것과 아무리 진지하고 진실된 것이라 해도 늘 믿음직스럽게 들리지 않는 '관심' 혹은 '사랑에 찬 배려' 의 어조를 구별할 수 있다.

이런 말들은 모두 즐겁게 들린다. 그러나 대부분의 날들은 그녀에게는 일종의 절망이다. 비록 절망이란 의식적이고 긍정적인 상태를 암시하고, 그녀를 두렵게 하는 것은 그 특징이 없는 공허함이긴 하지만 말이다. 그녀는 "나는 바보야" "왜 내가 그러지 않았을까"라던가 "나는 …해야만 해" 등을 중얼거리고 나는 편지를 부쳐야 한다, 이번 블록을 돌아가야 한다, 차를 타고 시장에 가야 한다 등을 재빠르게 제안하면서 그 걱정을 설명하려고 하는 듯 하다. 제인 오스틴 시대의 자애로운 목사인 시드니 스미스는 그에게 도와 달라고 호소하는 의기 소침한 교구인들에게 "인생을 짧은 안목으로 보세요. 결코 점심이나 저녁 이후에 대해서는 생각하지 마세요"라고 말하곤 했다. 나는 걱정이 시작되었을 때, 마치 알기 쉽게 따를 수 있는 묘책을 추천하듯이 이 말을 아이리스에게 인용하곤 했다. 이제 나는 그 말을 때때로 주문이나 농담으로서 되풀이한다. 그 말을 하며 '짧은 안목'을 택한다는 생생한 무언극을 재미있게 행할 때에는 아이리스의 웃음을 자아낼 수도 있다. 이제 그 말이 합리적으로 받아들여지기를 바라지는 않지만 어쨌든 그 말은 미소를 자아낸다.

이 말은 항상 시도할 만한 것이다. 이 말은 그녀의 얼굴을 변화시키고, 예전의 그녀 얼굴로 되돌아가게 한다. 그녀의 얼굴이 홍조를 띠게 되면 거의 초자연적인 것처럼 보인다. 알츠하이머병 환자의 얼굴은 임상적으로 '사자 얼굴'로 묘사된다. 분명히 이상한 비유이지만 실상 매우 적절한 비유이다. 알츠하이머병 환자의 이목구비들은 사자 같은 무감각한 모양으로 자리 잡아서 우리로 하여금 동물의 왕을, 그리고 그림이나 조각에 재현되는 식으로 넓적한 무표정한 사자의 얼굴을 상기케 한다. 알츠하이머병 환자의 얼굴은 다른 형태의 치매에서 나타날 수 있는, 슬프거나 기뻐 보이는 얼굴이 아니다. 그런 얼굴은 인간성과 감정이 가장 왜곡된 형태로 나타나는 것을 암시하는 얼굴일 것이다. 알츠하이머병 환자의 얼굴은 오로지 부재를 나타낸다. 그 얼굴은 문자 그대로 마스크이다.

그렇기 때문에 얼굴에 갑작스럽게 나타나는 미소가 그렇게나 특별한 것이다. 사자 얼굴은 성모 마리아의 얼굴이 된다. 그렇게 갑자기 나타나는 미소에 심오한 의미를 부여하는, 엄숙함을 지닌 조각이나 회화에 나타나는 평온한 성모 마리아 상의 얼굴 말이다. 농담만이 살아남는다. 두뇌가 쇠퇴하였을 때, 최후에 의식 속으로 찾아 들어갈 수 있는 것은 농담이다. 결국 성모 마리아는 수많은 농담 중에서 가장 위대한 농담을 지배하고 있다. 만들어지고 잘 다듬어져서 전 세계에서 되풀이되고 있는 홀

류한 우화를 지배하고 있다. 성모가 미소짓고 있는 것도 놀랄게 못 된다.

　가장 최근에 아이리스의 얼굴에 나타난 미소는 또 다른 메리(마리아)와의 교제에서 온 듯하다. 그녀의 기분을 북돋으려고 애쓰면서 어느 날 나는 오랫동안 잊었던 유치한 어린 시절의 동요를 생각해 냈다.

　　메리(마리아)에게 곰 한 마리 있었네
　　아주 사랑스럽고 아주 상냥한
　　메리(마리아)가 어디를 가든지
　　메리(마리아) 뒤에는 곰이 있었네

　아이리스는 미소지었을 뿐 아니라 그녀의 얼굴 표정은 약싹 빠르고 집중하는 듯이 보였다. 어딘가 두뇌의 버려진 부분에서 신경들이 연결되고 옛 접속점들과 충동들이 가동되었다. 어떤 의미가 그 모습을 드러내었는데 그 의미는 단지 농담, 특히 어리석은 농담이 있을 때만 작동되는 것 같다. 그러한 어리석은 농담들은 정신이 말짱했을 때는 미소로서 받아들여졌겠지만 약간 당황한 듯한 인내심을 띤 미소였을 것이다. 아이리스는 언제나 소위 약간 천박한, 의심스러운 농담을 싫어했다. 아마도 곰 동요의 천진 난만함이 아이리스를 기쁘게 했나 보다. 곰 동요처럼 유아적이지만 감동적이기도 한 것이 아이리스의 마음속에 과거의 어떤 예민한 느낌이나 분별력을 환기시킬 수 있는지 누가 알 수 있겠는가? 기억하고 싶지 않은 내 의식의 소망에도 불구하고 나의 기억력은 그 동요를 계속 기억해 왔는데 그런 일은 자주 일어난다. 나는 예의상 그렇게 말하지는 못했지만 속으로 역겹게 생각했던 학교 시절의 작은 소년이 나에게

히트칠 것이라고 확신하면서 자신이 영리하다는 자기 만족에 사로잡혀 내게 이 동요를 말해 준 것을 기억한다. 나는 그 자리에서 그것을 잊어버리기로 작정했다. 그러나 그 동요는 지금 다시 되살아났다.

마라톤 전투의 승리자이며 쉬로네즈의 폭군인 그리스의 노영웅 밀티아데스에 관한, 확실히 좀처럼 잊혀지지 않는 바이런의 시 구절을 인용했을 때에 나는 자신도 모르는 사이에 모리스 찰턴과 함께 한 그 더운 여름날의 매력적인 점심을 또 다시 회상하였다. 의사가 되기 전에 모리스 찰턴은 환상적인 젊은 그리스어 학자였다. 아이리스는 모든 수준 높은 재능과 학식을 칭송했었기 때문에 의심할 바 없이 모리스를 칭송했다. 그 더운 오후에 그는 아이리스를 유혹하려는 시도를 꾀했을까? 내가 함께 가도 되느냐는 아이리스의 제안을 예의상 받아들임으로써 그의 시도는 좌절된 것이 아었던가? 나는 거기에 대해 전혀 몰랐고 지금도 모른다. 여전히 단서는 없으나 그때쯤 해서 나는 아이리스가 종종 같은 시기에 몇 명의 애인을 가졌다는 것을 알았다. 또한 그녀가 대개 숭배와 존경심에서 호의를 베풀었다는 것, 그녀를 쫓아다니는 남자들이 지닌 관습적인 매력이나 성적인 면보다는 신 같은 면에 호의를 보였다는 것을 나는 직감했다. 내가 어떻게 그것을 직감했는지는 모르지만 그것은 정확했다. 그녀에게 신과 같은 남자들은 또한 그녀에게 에로틱한 존재였다. 그러나 그녀는 성이란 목적 그 자체가 아니라 무언가 별로 중요하지 않은 것이라 여겼다.

3

　나는 자신이 신 같은 사람이라는 환상은 가지지 않았다. 내가 깨닫게 된 것은 우리가 마치 다시 어린이가 된 듯이 나와 함께 있는 것을 아이리스가 좋아했으며, 내가 얼마나 아이와 같은 열망으로 그녀를 원하게 되었는지를 알았을 때 그녀가 내게 다정 다감하다는 것이었다. 아이리스는 내가 애무하는 데 너무나 서투름을 알아차렸다. (지금은 그 모든 것이 얼마나 불합리한 구식으로 보이는가!) 그 더운 여름날 수영 모험을 하기 직전에 그녀는 활발하게 응석을 부리는 투로 "우리가 사랑을 나눌 때가 되었어요"라고 말했다. 나에게 콘돔이 없었기 때문에 사랑을 깊이 나누도록 허용하지 않았지만, 아이리스는 사랑을 어떻게 하는 것인지 내게 보여 주었다. (그 당시 콘돔은 프랑스어로 알려져 있었으며, 상당한 죄의식과 은밀한 분위기 속에서 공급되고 사용되었다.) 우리는 그 후 한두 번 그보다는 농익은 사랑을 나누었다. 그러나 진정으로 사랑하는 사람과 행하는 이러한 이상하고 코믹한 행동, 이 익숙지 않은 매력적인 과정에 조금도 흠집이 되지 않도록 오로지 가볍고 유쾌한 방식으로 우리는 사랑을 나누었다. 이 패러독스 그 자체는 전혀 우울하지 않았고 코믹했다.

나를 약간 우울하게 했던 것은 그녀가 아마도 때때로 가지는 이러한 사랑의 대상으로 나 자신이 유일한 사람은 아니라고 하는 사실을 점차로 알게 된 것이다. 그녀는 몹시 바쁘고 다른 많은 일에 관심을 가지고 있어서 이런 사랑을, 습관적으로 하지는 않았다. 그러나 그 당시 아이리스는 알려지지 않은 신 같은 늙은 남자들의 무관심한 뜻에 지배당하는 것처럼 보였다. 그녀는 때때로 그들의 사정에 맞추어서 겸손하게 그들을 '만나러' 갔다. 그녀의 창조적 상상력이 여기에 있었고, 그녀가 내게는 가학적으로 보이는 런던 여행을 하곤 했던 것은 이러한 상상력을 채우기 위한 것이었음을 나는 어렴풋이 알아채기 시작했다. 그녀는 주로 햄스테드로 갔는데, 내게 그 곳은 악신들이 거주하는 곳이요 그들의 본부였다.

그녀와 더 가까워지면서 나는 어리석게도 그 모든 일들을 꺼림칙한 기분으로 보았다. 실제로 아이리스가 만나러 가는 사람들은 신이나 악마가 아니라 지식인, 작가, 미술가, 공무원들이었는데, 그들 대부분은 유태인이었고 또 주로 피난민이었다. 그들은 서로서로 아는 사이였고, 느슨하게 동아리를 형성하고 그들 나름대로 적수 관계, 질투, 세력 다툼을 겪고 있었다. 아이리스는 그들의 관심의 초점에서 멀리 떨어진 평범한 학계에서 살며 가르치기 때문에 외부인이긴 했지만, 그들은 아이리스를 자신들 중의 한 사람으로 받아들이고 사랑했다. 시간이 지나면서 나는 그들 대부분을 만났고, 그들과 잘 어울렸으며, 그들이 한때 내 마음속에 일으켰던 격정적인 두려움과 감정들을 되돌아볼 때 나는 재미있었고 놀라왔다. 그녀의 훌륭한 소설에서 그 사람들을 이상하고 독특한 인물들로 창조하고 계속 키워간 것은 어떤 면에서는 아이리스 자신의 상상력이었다. 이런 소설 중 두 번째인 1955년에 출판된 《마술사로부터의 도피 (The Flight from the Enchanter)》에서 나는 처음으로 아이리스의 천재적 상상력이 어떻게 작용하는지를 볼 수 있었다. 이후에 나온 그녀의 소설이 온갖 복합적 다양성으로 가득 찬 것은 신비스런 방식으로 이러한 강박 관념과 매력이라는 증류기에서 계속 정수를 뽑아낸 결과였다.

그러나 모리스 찰턴은 매우 달랐다. 내가 그를 만났을 때 그는 마치 마술의 수혜자인 것처럼 둔중하게 빛나는 나이프, 포크, 스푼 들과 초록색 베니스식 와인 잔들로 둘러싸인 듯이 보였던 어두운 이국적인 아파트에 살았다. 그는 덥지만 결코 음침하지는 않은 옥스퍼드의 여름을 정신적인 고향으로 가지고 있는 밝은 인물이었다. 첫사랑을 할 때, 우리는 사방에서 자신을 돌보아주는 것처럼, 예기치 않았던 어울리지 않는 사랑의 상징들이 우리를 밀어 주는 듯한 느낌을 갖는다. 그 당시에는 깨닫지 못했지만, 그 아침은 나를 향한 아이리스의 태도가 일변하는 전환기였다. 나는 그 점심과 강 때문에 너무나 기쁘고 즐거워서 그것을 알아채지 못했지만, 아이리스는 나를 그녀의 사교 생활의 또 다른 부분에 포함시켰을 뿐 아니라, 공공연하게 계속될 생활에서 내가 어떤 역할을 담당한다는 것, 그 역할은 시시때때로 우리 사이에 은밀히 생겼다가 내버려지는 것이 아니라는 것을 제삼자에게 보여 주고 있었다. 케케묵은 의미에서 내가 그녀의 공식적인 '청년'이 되는 것과는 거리가 멀었지만, 세상의 눈에 나는 단순히 아이리스의 지인이라는 범위를 벗어나는 어떤 위치를 지닌 것으로 보이게 되었다.

명석한 고전학자뿐 아니라 탁월한 의사가 되게 해준 지각력을 지닌 모리스 찰턴이 명랑하고 활기차지만, 그러나 무표정한 초록빛 눈동자로 우리를 살펴보았을 때, 어떤 의미에서 그는 이 모든 것을 알아차렸을지도 모른다. 그는 어떤 점에서는 내게 위대한 프랜켈 교수를 생각나게 했다. 나는 그때 존경할 만한, 거의 도깨비 같은 인물인 그 교수가 강의나 강연 후 혼란스러울 정도로 밝고 젊은 눈으로 세상을 훑어보면서 하이스트리트를 걸어 올라가는 것을 한두 번 본 적이 있었다. 독일에서 온 유태인 피난민으로서 그는 아이리스가 옥스퍼드의 학생이 되었을 때 그 곳에 도착했다. 바로 그 무렵 옥스퍼드에는 한 무리의 저명한 피난민들이 있었지만, 그의 명성이 대단했기 때문에 그는 곧 석좌 교수가 되었다. 아이리스는 그에게서 개별 지도를 받았으며 그의 명성 높은 아가멤논 수업을 들었다. 나는 그때 겨우 고등학생이었고 나보다 위이긴 해도 모리스 찰턴 역시 마찬가지였다. 그러나 모리스 찰턴의 초록빛 시선은 프랜켈 교수의 검은 눈동자의 반짝임과 흡사한 빛을 띠고 있었다. 아마도 그러한 유사함이 아이리스가 그에게 끌린 이유였을 것이다.

아이리스는 자신이 얼마나 프랜켈 교수를 좋아했는지, 좋아하고 존경했는지를 이미 내게 말했다. 그 당시에 아이리스와 프랜켈 교수는 텍스트를 놓고 나란히 옆에 앉아서, 때로는 한 단어를 정확히 해석하기 위해서 30분이나 보내기도 했다. 프랜켈 교수가 그리스 세계에서 그 단어에 연관된 것들을 찾고, 찾은 것들을 읽으면서 애정에 넘쳐 아이리스를 애무했을 때 아이리스에게는 놀랍거나 이상할 것이 없는 듯했다. 그는 그 단어와 연관된 것들이나 아이리스 둘 다에게 똑같이 예민한 듯했다. 그녀는 그러한 상황을 즐겼고 자신이 느끼는 프랜켈 교수와의 지적인 동지

애를 매우 즐겼다. 그의 행동에 위험스럽다거나 저질적인 요소가 있다는 생각은 그녀에게 떠오르지 않았다. 오늘날 같으면 충격적인 성폭력의 예가 되었을 터인데 말이다. 실상 소머빌 칼리지에서 아이리스의 개인 지도 교수인 이소벨 헨더슨은 아이리스를 프랜켈 교수에게 보낼 때 미소지으며 "아마 교수님이 너를 약간 서투르게 다루실 거야"라고 말했었다. 마치 그처럼 위대한 교수에게 개인 지도를 받는다는 명예를 의식하는 어떤 지각 있는 소녀도 그것에 이의를 제기할 만큼 어리석지는 않을 것이라는 듯이 말이다.

아이리스가 아는 한 어느 누구도 이의를 제기하지 않았다. 그녀는 때때로 내게 프랜켈 교수가 열어 보여 준 신나는 텍스트의 세계와 그가 어떻게 그녀의 팔을 어루만지고 손을 잡았는지를 즐겁게 말했다. 그 당시 성 경험을 가지는 여학생들은 거의 없었고, 아이리스는 어쨌든 숫처녀였다. 우리는 때때로 그녀가 기억해 내는 소머빌 칼리지의 '나쁜' 여학생, 밤늦게 남자 친구의 도움을 받아 학교로 기어올라 돌아오곤 했던 검은머리를 지닌 미녀 여학생 이야기를 하며 함께 웃었다. 프랜켈 교수는 아내에게 헌신적이었으며 그녀가 사망하면 자신도 따라 죽겠다고 했다. 그는 아내가 사망한 날 밤 약을 과다 복용하여 그녀를 따라 죽었다.

나는 고대 그리스어를 거의 알지 못했고, 한때는 넓고 깊었던 아이리스의 그리스어 실력도 거의 완전히 사라졌다. 나는 〈아가멤논〉이나 다른 그리스 극의 번역본을 그녀에게 읽어 주려고 시도했으나 성공하지 못했다. 큰 소리로 읽는 다른 독서도 성공하지 못했다. 그것들 모두가 자연스럽지 못한 것으로 보였고 느껴졌다. 나는 아이리스가 좋아하는 두 소설, 《반지의 제왕》과 《겐지 이야기》의 몇 장을 읽은 후에 그것을 깨달았다.

책을 읽는다기보다 강이나 바다 속으로 미끄러져 들어가듯이 애쓰지 않고 책의 세계로 들어가는 데 익숙했던 사람에게 언어가 그녀의 의식 속으로 무더기로 들어가는, 이처럼 힘든 과정은 지루하고 적절치 않게 보였음에 틀림없다. 묘사된 사람들과 사건들이 그녀 앞에 나타날 때에 그것들을 알아보고 반응을 했지만 말이다. 그러나 그렇게 알아본다는 것을 진정한 기억력에 비긴다면, 그것은 매우 고통스러운 것이다. 그녀 자신의 창작 과정에서 신비스럽게 그녀에게 다가온 인물들과 사건들이 그렇듯이, 톨킨과 무라사키 부인은 그녀의 마음속에 있는 원주민들, 그녀의 마음속에 사는 주민들이었다. 이런 방식으로 그들을 다시 만나는 것, 그들을 어색하게 알아보는 것은 황당한 것이었다.

반면에 내가 독서 속에 나오는 어떤 것들을 우리 나름대로의 농담으로 바꿀 수 있을 때 그녀는 항상 활발할 정도로 기분이 살아났다. 그렇게 되면 우리는 당장 독서를 멈추고, 나는 《오디세이아》의 번역본에 그녀의 관심을 끌려고 시도했던 때처럼 그 생각을 작은 환상으로 과장하곤 했다. 레스트리고니아의 거인들이 방금 12척의 오디세우스의 선박 중 11척을 침몰시키고 그 선원들을 삼켜 버렸다. 나는 오디세우스가 다음날 아침 살아남은 기함에서 장교 회의를 소집하여 "신사 여러분, 다음 번에는 이번보다 더 잘해야 되겠소"라는 말로 그 회의를 시작하는 것을 상상했다. 아이리스는 그것이 매우 재미있다고 생각했고, 그녀가 집 주위에서 떨어진 나뭇잎이나 길거리의 잡동사니들로 무늬를 만들 때, 내가 "자 신사 여러분, 우리는 다음 번에는 이보다 더 잘해야 되겠소"라고 말하면 그것을 기억하는 듯했다. 나는 어렴풋이 기억하는 어떤 다른 상황에서의 어귀를 무의식중에 모방하고 있었다. 아마도 제인 오스틴의 소설 《오만과 편견》에서 베넷 씨가 손님들 앞에서 피아노를 친 작은 딸에게 "자 메리, 우리를 충분히 즐겁게 해 주었다"라고 한 순간일 수도 있다. (그 불행한 메리는 부친에게서뿐 아니라 작가에게서도 결코 공정한 대우를 받지 못한 유일한 제인 오스틴의 작중 인물이다.)

　나는 이러한 읽기와 듣기의 시도 역시 정체성의 상실을 상기시키는 것이라고 생각한다. 상기시킨다는 말이 적당하지는 않지만 말이다. 왜냐하면 알츠하이머병 환자는 대개 어떤 일이 일어났는지를 명료하게 의식하지 못하기 때문이다. 만약 명료하게 기억한다면, 아무리 그 과정이 결국은 되돌릴 수 없는 것이어서 그 과정은 다른 형태로 다른 경로를 따라 전개되었을 것이다. 역설적으로 보이지만 어떤 환자들은 그들의 상황을 의식하고 있다. 원하는 것을 말하거나 생각할 수 없음을 아는 사실에서 오는 고통은 틀림없이 참을 수 없는 고통일 것이다. 그런데 나는 그런 고통이 명백히 나타나는 환자들을 만난 적이 있다. 그러나 아이리스가 내게 이야기할 때 아이리스에겐 자신의 말이 정상으로 보이고, 내게는 놀랍게도 유창하게 들린다. 내가 그녀가 말한 것을 귀담아듣지 않고 결혼 생활에서 그렇듯 그저 익숙하게 알아보는 목소리로 이해한다면 말이다.

　그 관습적인 모습과 흐름을 잃었기 때문에 시간은 불안한 요소가 되며 끝없는 질문만을 남긴다. 동요하지 않고 되풀이하지만 "우리 언제 떠나요?"라는 질문이 끊이지 않는 날들이 있다. 마치 우리가 언제 어디를 가든지 별로 상관이 없는 것같이, 그리고 집에 머무는 것이 어쨌든 더 나을 수 있기라도 하듯이 그 질문에는 무언가 상당히 평화로운 것이 있는 것 같다. 포크너의 《군인의 월급》이라는 소설에서 맹인이 된 공군이 친구에게 계속 "언제 그들이 나를 내어 보낼까?"라는 질문을 한다. 그것이 우리를 움찔하게 한다. 작가는 정확하게 독자가 맹인의 입장에 서도록 꾸몄다. 아이리스의 질문 그 자체가 예전의 자신의 상태로 돌아가거나 변화를 갈망하는 것을 암시하지는 않는다. 그녀는 우리가 언제 차를 타고 점심 먹으러 나가는지를 알고싶어 하는 것도 아니다. 우리가 떠나는 여행은 그녀에게는 최종적인 여행을 의미할 수도 있다. 혹 그것이 너무나 불길하게 들린다면, 단순히 일을 하지 않으면 그 모든 의미와 정체성을 잃게 되는 매일의 삶에서 사라지는 것을 의미할 수도 있다.

아이리스는 한때 내게 정체성의 문제는 항상 그녀에게 수수께끼였다고 말했다. 그녀는 정체성이 무엇을 의미하든지 간에 자신은 그런 것을 거의 소유하지 못했다고 생각했다. 나는 그녀가 어느 누구에게도 알려지지 않은 사람, 은밀한 별개의 사람으로서의 자신이 된다는 것, 자신의 의식 속에 탐닉하는 것이 어떤 것인지 알고 있음에 틀림없다고 말했다. 그녀는 미소짓고 즐거워했으나 이해하지 못하는 것 같았다. 아이리스는 정체성 같은 것에는 신경을 쓰지 않았다. "그렇다면 당신은 당신의 작품 속에 살아요? 키츠, 셰익스피어, 그런 사람들처럼?" 그녀는 그렇게 비교하는 것을 부인했다. 내가 계속해서 자신에 대한 감각이 너무나 압도적이어서 자신감 속에 모든 것을 포함시켰던 두 사람의 자기 중심적인 작가, 워즈워스와 밀턴 그리고 이들처럼 존재란 자신들의 총화가 아니라 자신들이 어떻게 살고 어떻게 나타나느냐에 달렸다고 생각하는, 정체성에서 해방된 사람들 가운데에서 콜리지를 사로잡았던 낭만주의의 잘 알려진 특징들을 이야기했을 때, 아이리스는 특별한 관심을 보이지 않았다. 철학자로서 아이리스는 그런 모든 특징들은 조잡한 것이라고 생각하지 않았나 싶다. 아마도 그러한 특징들이 의미 있고 흥미 있다는 것을 알기 위해서는 우리 자신들을 한 개인으로서 상당히 의식해야만 하나 보다. 아이리스보다 덜 자기 중심적인 사람을 상상할 수가 없다.

상상하건대 자신의 정체성을 가장 바짝 끌어안고 있는 사람들에게 알츠하이머병의 상황은 가장 끔찍하다. 아이리스는 그런 정체성에 대한 의식을 가지고 있지 않기 때문에 이미 공허함이 자리 잡고 있는 알츠하이머병의 세계 속으로 좀더 온화하게 들어가게 되는 것 같다. 매일 밤 그녀는 조용히 자신의 여러 가지 옷들을 침대의 내 쪽에 쌓아놓을 것을 고집한다. 내가 조용히 그것을 치우면, 그것들은 다시 그 자리에 온다. 그녀가 나를 돌보고 싶어하는 것인가? 그것이 그런 의미일까? 어쩌면 그건 좀더 단순한 종류의 혼동일 수도 있다. 왜냐하면 우리가 잠자리에 들 때 아이리스는 종종 자신이 어느 쪽에 누워야 하느냐고 묻기 때문이다. 아니면 그것은 너무나 자의식적인 '보살펴 주는'이라는 형용사가 암시하는 것보다 덜 의식적이고 덜 '보살펴 주는' 무언가 좀더 심오하고 충만한 것일까? 감사하게도 과거에 그녀가 나를 보살펴 주기를 원한 적은 없었다. 실상 아이리스와 함께 사는 즐거움 중 하나는 그녀가 조용하고 배려하는 마음으로 우리의 일상적인 생활의 복지에 대해 알지 못한다는 것이다. 아이리스는 대단히 평온했다. 가만히 있지 못하는 성격을 지닌 나는 그녀를 보살펴 주는 걸 나의 큰 일로 삼았다. 그녀는 자신에게 나를 돌봐야 한다고 결코 말할 필요가 없었다. 그러나 크리스마스 때 눈 속에서 내 다리가 부러져 16킬로미터 가량 떨어진 곳에 있는 밴베리 병원에 며칠을 입원해 있었을 때, 아이리스는 병원 문 밖에 있는 여관에 묵었었다. 나는 그녀에게 시간을 낭비하지 말고 집에 남아서 일하라고 간청했었다. 그녀가 날 위해 할 수 있는 것은 하나도 없었다. 그러나 그렇지 않앗다. 그녀는 나 함께 집으로 돌아올 수 있을 때까지 그 곳에 머물렀다.

철학자들은 한때 다른 사람이 느끼는 다리의 고통을 우리가 느낄 수 있는 가라는 문제를 놓고 토론하곤 했다. 아이리스는 확실히 타인이 느끼는 다리의 고통을 느낄 수 없었다. 아마도 그 논쟁의 요점은 우리가 육체적으로 다른 사람과 동감할 수 있는지 하는 가능성을 검토해 보는 것이리라. 콜리지는 그의 이상적 여인에 대해 "그녀는 당신을 이해하지 못할지 모르지만 항상 당신과 공감한다"라고 맹신적으로 언급했었다. 페미니스트가 아니라도 이 말이 당치 않다는 것을 알 수 있다. 남녀가 다 후각을 가지지 못할 수 있는 것과 마찬가지로 남녀가 다 상대편의 기쁨이나 고통을 느끼지 못할 수도 있다. 공교롭게도 아이리스는 후각이 별로 발달하지 않았고, 다른 사람들을 육체적이라기보다 초월적으로 의식했다. 그녀는 천사가 그렇듯이 다른 사람들의 좀더 지고한 면과 교제했고, 땀 흘리는 그들의 육체에는 관심이 없었다. 나는 그녀가 얼마나 천재적으로 섬세하게 그녀 소설에 나오는 인물들의 삶의 세부를 알 수 있는지에 대해서 종종 감동하곤 했다. 그녀는 그 인물들이 좀더 소박한 차원에서 어떻게 기능하는지에 대해서는 전혀 본능적인 감각이 없었다.

그러나 그녀는 물론 감정을 즉각 알아차렸고 거기에 재빠르게 반응했다. 친구들이 비참하다든가 슬프다는 것을 당장 꿰뚫어보았고, 종종 그 슬픔이나 비참함이 그녀 앞에서 극적인 모습으로 나타나도록 하고는 그 슬픔이나 비참함이 그것을 겪는 사람에게 안심이 되거나 만족이 되는 형태를 가지도록 차분히 격려함으로써 항상 그들을 도와줄 수 있었다. 그녀는 한 번도 다른 사람들이 보이는 극적 사건에 참여하지 않았으나, 그녀 자신은 사랑, 질투, 숭배, 분노에 이르기까지 그러한 감정들을 강렬하게 느낄 수 있었다. 그녀에게서 그런 감정을 한 번도 본 적은 없지만 그녀가 그런 감정을 지니고 있음을 나는 안다. 내 경우 아이리스는 단순히 나와 함께 있음으로써 내 질투의 감정을 없앨 수 있었다. 우리들이 교제하는 초기에 나는 항상 질투를 표시하는 것이 천박한 것이며 또한 내가 그렇게 질투할 위치에 있지 않다고 생각했다. 그러나 아이리스는 내가 질투를 느낄 때 항상 그것을 알아차렸으며, 단순히 나와 함께 있을 때 취하는 그녀의 자세로 되돌아감으로써 나의 질투심을 달래 주었다. 나와 함께 있을 때 그녀는 다른 사람들과 있을 때와는 전적으로 그리고 완전히 다른 태도를 취함을 나는 곧 알게 되었다.

지금 내가 우리 교제의 초기를 생각해 보니, 우리가 처음 만난 지 1년 혹은 1년 반쯤 되었을 때 아이리스는 매주 토요일 저녁 전쟁 피난민이자 런던 대학교에서 온 유태인 이탈리아어 교수와 약속이 있었다. 그는 아이리스를 깊이 사랑했는데, 그의 애정에 그녀는 상냥하고 겸손하게 보답했다. 그는 온화하고 체구가 작은 사람으로, 용모가 단정하고 나이가 지긋했다. 그들은 잠자리를 같이하지는 않았다. (나는 그렇게 믿고 있다.) 그러나 저녁 내내 고전의 세계를 논하는 동안 그는 때때로 그녀의 손을 잡았고 키스했다. 그는 런던에 아내와 장성한 딸을 두고 있었으며 아이리스는 그들을 잘 알았고 그들을 매우 사랑했다. 그의 아내는 남편과 아이리스의 관계를 완전히 이해하고 받아들였다. 그때 아이리스는 칼리지 내에 살지 않고 옥스퍼드 중심 지역에서 가까운 보우몬트 스트리트에 살았는데, 그 교수는 정확하게 11시 30분에 아이리스의 방을 떠나서 밴베리 로드에 있는 그의 작은 호텔로 걸어가곤 했다. 나는 대개 거기 있었기 때문에 그것을 알았다. 때로 나는 그의 뒤를 따라갔다. 그는 결코 내가 거기 있다는 사실을 눈치채지 못했다. 그는 나에 대해서 몰랐다. 어떤 때는 나는 불이 커진 그의 창문을 바라보며 계속 거리에 서 있기도 하였다.

그는 당시 자신의 연구 분야에서 가장 저명한 사람이었지만, 이 조용하고 작은 체구의 고대 역사 교수에게는 분명히 신과 같은 분위기는 없었다. 나는 존경스러운 마음으로 그를 좋아했으며 그를 자랑스러워하기까지 했다. 아이리스의 삶의 또 다른 스승이며, 그를 아는 사람들 사이에서 신화적인 명성을 지닌 시인의 경우는 매우 달랐다. 내가 생각하기에 이 사람은 은밀히, 거의 소박하게 햄스테드에서 알현식을 베풀었고 아이리스는 그의 영향을 상당히 받았다. 그는 몇 명의 애인들을 가졌는데 아이리스도 그 사실을 알고 있었다. 그녀는 그의 애인들을 그 위대한 사람만큼이나 존경하는 듯했다. 아이리스는 그의 아내 역시 존경했다. 때때로 아이리스는 그의 아내 이야기를 내게 했다. 시인이 마치 신처럼 아이리스를 소유하고 사랑할 때 종종 그 아파트에 있었던 그의 아내의 상냥한 얼굴과 그녀가 참을성 있게 자제하며 아이리스를 환영하는 모습을 내게 말해 주었다. 후에 우리가 결혼하기 전 그녀와 그 사람과의 가까운 관계가 끝나게 되었을 때, 아이리스는 그런 이야기를 내게 해주었다. 그리고 아이리스에 의하면 그는 우리를 축복해 주었다고 한다. 그녀는 계속해서 가끔 그를 만났으며, 그는 여전히 그녀의 창작적 상상력을 사로잡았다. 아이리스는 내게 이야기한 대로 계속 그에 대해 글을 씀으로써 그녀 나름의 방식으로 그녀의 조직에서 그를 밀어내고, 어떤 의미에서는 결국 그녀의 소설에서 그를 밀어내었지만 말이다.

그 '시인'은 실제로 시인이 아니라 독일어적 의미에서 문학의 영적인 지도자로서의 시인이었다. 그는 아이리스가 대단히 사랑했던 진정한 시인인 또 다른 독일계 유태인의 친구였다. 만약 그 시인이 살았다면 아이리스는 그와 결혼했을 가능성도 있었다. 그러나 그는 심한 심장병을 앓고 있었고 오래 살지 못할 것임을 알았다. 내가 아이리스를 만나기 1년 전에 그는 타계했다. 그녀는 그의 죽음을 깊이 애도했다. 아이리스의 '신'들과는 반대로 그녀의 가까운 친구들처럼, 그 시인은 온화하고 유머가 있는 명랑한 사람이었던 것 같다. 신들은 재미없는 사람들이었다고 나는 생각한다. 재미있다는 것은 신의 위엄에 어울리지 않는 것이다. 사람들이 말하듯이 '그 분야로 파고들' 만큼 대단한 능력을 지니지는 못했지만 그 시인은 옥스퍼드의 인류학과에 있었다. 그때 그는 매주 강의를 했는데, 아이리스에게 "내가 지난번 강의에서 말한 대로"라고 쓴 텅 빈 페이지가 항상 자신의 앞에 놓여 있게 된다고 말했다. 그 한 주일 동안 강의 준비에 그 이상 진전을 보지 못했던 것이다. 강의가 있는 날 아침에 그는 항상 그 페이지와 마주하게 되었다. 그것은 그와 아이리스 사이에 농담거리가 되었고, 아이리스와 나 사이의 농담거리가 되었다. 그것은 아직도 우리의 농담거리이다. 그녀는 항상 그 농담을 이해했다. 그 농담을 하게 될 때 나는 언제나 그 죽은 시인의 이름을 말하지만 그녀가 그를 기억하는지는 알 길이 없다. 생생히 살아남는 것은 농담뿐이다.

아이리스의 심각함이 당황한 형태로 나타날 수도 있다는 것은 사실이었다. 아이리스는 내게 어떤 친구가 자신의 분위기가 너무나 심각해서 도대체 아이리스가 재미있게 지낸다는 것을 상상하기 어렵다고 암시했기 때문에 속상했다고 말했다. 대단히 걱정스럽게도 나와 결혼하기로 작정했다고 아이리스가 내게 이야기한 순간은 결코 없었다. 우리가 결혼하기 한두 주 전까지도 결혼 문제는 해결되지 않은 채로 있었다. 그러나 그녀가 나를 자신의 방에 앉히고, 그녀가 과거에 알았던 사람들에 대해서 내게 이야기하는 편이 좋겠다고 이야기한 적은 한 번 있었다. 우리가 사랑을 나눌 때가 되었다고 그녀가 처음으로 언급했던 때를 나는 회상했다. 나는 무시무시한 아이리스의 분위기에 깜짝 놀랐다. 우리들이 가졌던 이런 저런 친밀한 시간에, 그녀가 과거와 그리고 현재에 사귀었던 사람들에 대한 이야기를 내가 다 듣지 않았던가?

다 들은 것 같지 않았다. 내가 알지 못하는 모습들이 《맥베스》에 나오는 왕들의 행렬처럼 내 앞에 떠올랐다. 그들은 나를 지나쳐 갈 때 진지한 호기심으로 나를 주시하는 듯했다. 그녀가 처음으로 잠자리를 함께 한 아무개가 있었고, 그녀와 결혼하기를 원했던 아무개, 아무개가 있었다. 처녀 시절에 그녀에게 치근댔으나 그녀가 받아들이지 않은 친구인 동료 학생이 있었다. (물론 그녀는 그런 식으로 이야기하지는 않았다.) 전쟁 초기에 그 사람은 군대에 갔는데, 그는 자신이 전쟁이 끝나기 전에 죽을 것이 확실하니까 아이리스는 과부 연금을 받을 수 있을 것이라는 점을 지적하면서 반쯤 농담조로 결혼하자고 했었다. 이 시점에서 아이리스의 진지함이 무너지고 미소로 그리고는 울음으로 바뀌었었다.

그가 해외로 가기 전에 아이리스는 아직도 그와 결혼하고 싶지는 않지만 그와 잠자리는 같이 하겠다고 말했었다. 그는 후에 전투 중에 사망했다. 그때 아이리스는 화이트 홀의 사무실에서 일하고 있었다.

그 순간에 어울리는 기억은 아니었으나 나는 교장 선생님이 우리들을 한 사람씩 그의 서재로 불러서, 잠깐 동안 '삶의 사실'들에 대해 이야기하라고 했었던 나의 첫 번째 학교를 회상했다. 그런데 여기에 아이리스의 삶의 '사실들'이 엄숙한 행렬을 이루고 있었다. 나는 아이리스를 즐겁게 해주기 위해서 이러한 나의 학창 시절 회상을 되살리고 싶은 충동을 억제하고, 그 대신 장교의 미망인이라도 아주 몇푼밖에 되지 않는 연금을 받는다고 이야기했다. 나의 동기생과 군인 친구들 몇 명이 전쟁이 끝나기 전에 전사했기 때문에 나는 그것을 알고 있었다. 그것은 내가 결코 아이리스와 공유할 수 없는 다른 나날들, 기쁨들, 얼굴들이 풍요하고 당당하게 설명되는 면전에서 나 자신과 나 자신의 빈약한 경험을 내세우려는 맥없는 시도였다. 그 이야기를 할 때 나는 우아하지 못하다고 느꼈지만 다른 말을 생각해 낼 수 없었다.

어쨌든 그 말이 분위기를 깨뜨렸다. 아이리스는 웃었고 내게 키스했다. "이렇게 다 털어놓았으니 이제는 내가 상냥한 말을 들을 때가 아닌가요?" 하고 나는 말했으며, 그 후에 우리 둘 다 웃었다. '상냥한 말'을 듣게 해주라는 것이 내가 규칙적으로 하는 애원이 되었고, 그 말은 우리들 사랑의 언어의 일부가 되었다. 아직도 그렇다. 그리고 그 말은 계속해서 항상 그녀에게 의미 있는 말이 되었다. 물론 그 당시 아이리스는 그녀가 다른 사람들과 있을 때 하는 행동이라고 내가 추측했던 것과는 전적으로 다른 행동을 하는 것 같았다. 의심할 바 없이 그녀의 행동은 정말 달랐다. 나는 햄스테드의 신이 상냥한 말을 듣거나 상냥한 말을 하거나 하는 것을 상상할 수 없었다. 내가 강아지처럼 그의 호텔로 따라 갔던 조용한 그 고대사 교수도 그러지 못했다. 내게 하는 아이리스 식의 상냥한 말을 그들은 듣지 못했다. 그것이 내게 위안이 되었다. 그렇지만 나는 아이리스가 다른 사람들의 근심을 진정으로 위로하는 데 얼마나 훌륭한지를 이미 알아챘다. 그녀의 현재나 과거의 학생들이 — 보통 슬픈 얼굴을 한 학생들이 — 가슴에서 우러나는 감사와 존경의 표정으로 아이리스를 바라다보는 것을 나는 보았다. 그러나 그것 역시 내가 상냥한 말을 그녀에게 애원했을 때 그녀가 내게 한 말이나 행동과는 전혀 다른 것이었다.

그럼에도 불구하고 나는 방금 그녀가 내게 해준 모든 이야기로 인해서 정말 상당히 낙담했다. 행운아들이 너무나 많은 것 같았다. 놀랍게도 내가 매우 평범한 사람들이라고 생각했던 사람들, 몇몇 나의 지인들, 동료들까지도 과거에 아이리스에게서 애정을 받았다는 사실을 나는 곧 알게 되었다. 그들은 그녀를 원했고 그녀에게 퇴짜맞지 않았다. 그 '애정'이 아무리 다른 것이었다 해도, 내가 요청했고 받았던 것에 비추어볼 때 상상할 수 없는 것이었다 해도, 애정을 받기는 받았던 것이다.

오늘날의 관점에서 되돌아볼 때 그것은 매우 비현실적이고 대단히 구식인 것 같이 보인다. 그러나 과거 그 자체가 항상 다르고, 항상 낯선 곳이듯이 그 당시 과거를 지닌 여성은 달랐다. 오늘날 과거에 마음을 쓰는 것은 현재나 미래, 오늘 우리가 사는 곳에 속하는 것이 아니라, 과거 그 자체에 속하는 감정이나 탐닉인 것처럼 보인다. 우리가 한때 나누었던 그 대화, 아이리스가 그 말을 하던 방식이나 내가 마음속 깊이에서 그 말을 받아들였던 방식 등이 이제는 거의 중세적인 것처럼 보인다.

우리가 정말로 그렇게 말하고 행동할 수 있었을까?

그럴 수 있었던 것 같다. 이제 거의 50년이 지난 후라 우리가 했던 행동이나 우리 자신들이 어떤 사람이었는지를 기억하는 기억력에는 약간 의심이 들기도 하지만 우리들 자신은 똑같은 한 쌍으로 남아있다. 되돌아볼 때 우리를 분리하기란 쉽지 않다. 우리는 항상 함께 했었던 것 같다. 그런데도 기억 속에는 뚜렷한 분리점이 있다. 그 나이 때의 내가 지금 나 자신에게는 이상하게 보인다. 내가 정말 사랑에 빠졌었을까? 내가 적어도 얼마 동안 열광적인 가능성과 즐거움이 뒤섞인 질투, 환희, 비참함, 갈망, 낙망 등 그 모든 감정들을 느낄 수 있었을까? 거의 믿을 수 없다. 그러나 아이리스에 관한 한 나 자신의 추억은 마치 몸에 꼭 맞는 옷처럼 현재 순간까지 조용하게 유지되어 왔던 것 같다. 이른 아침 나는 침대에서 이동식 타자기로 일하고 아이리스는 내 옆에서 조용히 잠잘 때, 그녀의 존재는 지금처럼 항상 그랬으며 앞으로도 항상 그래야만 할 것 같다. 나는 아이리스가 한때는 지금과 달랐다는 것을 알지만, 나는 진정으로 지금과 다른 그녀를 기억하지 못한다.

한두 순간 잠에서 평화롭게 깨었을 때 그녀는 자신의 털 속옷을 쿠션 삼아 내 무릎에 놓여 있는 '트로피칼 올리베티'를 망연히 바라다본다. 얼마 전에 타자기 소리가 그녀를 괴롭히느냐고 내가 물었을 때 그녀는 아침에 들리는 그 재미있는 소리를 좋아한다고 말했다. 그녀는 타자기 소리에 익숙해졌음에 틀림없다. 1, 2년 전에는 그녀 자신이 이 시간, 아침 7시면 일어나 자신의 하루를 시작하느라 준비했을 테지만 말이다. 요즘 그녀는 가끔 중얼거리거나 툴툴대기도 하면서 조용하게 잠을 잔다. 때로는 내가 깨워서 옷을 입히는 9시가 훨씬 지난 시간까지 잘 잔다. 이처럼 하루 중 아무 때나 밤낮 없이 고양이처럼 잠잘 수 있는 능력은 알츠하이머병에 때때로 수반되는 대단한 축복 중 하나이다. 그 반대는 깨어 있을 때 일어나는 걱정스러운 상태, 그래서 "우리 언제 떠나지요?"와 같은 걱정스러운 말을 하는 상태이다.

옷을 입히는 일은 대개 상당히 행복하고 희극적인 일이다. 나는 아직도 그녀의 팬티가 어느 쪽이 앞이고 어디가 뒤인지 잘 알지 못한다. 우리 둘 다 보통 그것은 중요하지 않다고 여긴다. 바지들은 더 간단하다. 아이리스의 바지 뒤쪽에는 지저분한 하얀 레이블이 붙어 있다. 나는 마땅히 아이리스를 목욕시켜야 한다. 아니 목욕은 너무나 까다롭기 때문에 일종의 멱 감기는 일이다. 그러나 나는 차일피일 미루는 경향이 있다. 무슨 이유인지 오후 한가할 때 그 일을 냉담하게 해내기가 더 쉽다. 아이리스는 목욕하는 일에 이의를 제기하지 않는다. 이상하게도 아이리스는 목욕을 상당히 정상적인 것으로, 동시에 전적으로 예외적인 것으로 받아들이는 것 같다. 마치 그 두 가지 개념이 그녀에게는 동일한 것으로 여겨지는 것처럼. 그런 이유에서 아이리스는 마치 지금과 다른 일상은 존재하지 않았던 것같이 매일의 일과를 받아들이는 것 같다. 또한 어느 누구도 그녀가 변했다는 것을 발견하지 못하리라고 가정하면서 말이다. 마치 나 자신이 현재의 그녀만을 기억하는 것과 똑같이, 그리고 내 기억으로는 그녀가 항상 그랬었음에 틀림이 없다고 추측하는 것과 똑같이 말이다.

예전에 몸을 씻고 옷을 입던 평상적인 일들이 마치 한 번도 그런 일들이 없었던 듯이 사라져 버린 것은 자연스러운 일인 것 같다. 만약 아이리스가 그런 것을 기억한다면 - 그런데 그녀는 기억하지 못한다 - 나는 그녀 자신이 우리가 정말로 매일 이런 불필요한 의식을 거쳐야만 하나 하고 혼잣말을 하는 것을 상상할 수 있다. 결국 나 자신의 기억으로는 내가 한때 사랑에 빠지고 마음이 동요되고 황홀해했으며 정신이 혼동되는 그런 온갖 다른 의식을 거쳤다는 것을 거의 믿을 수 없다.

동시에 아이리스의 사교적인 반사 작용은 이상하게 아직도 상당히 그대로 남아있다. 우편 배달부나 가스 계량기 점검하는 사람 등 누가 찾아오면, 그리고 내가 그때 다른 데서 다른 일을 하고 있으면 그녀는 그 사람을 미소로 맞이하고, 결혼한 부부가 타인 앞에서 자동적으로 쓰는 여유 있고 약간 '우아한' 어조로 나를 부른다. "오, 여보, 나는 그 사람이 계량기를 점검하러 왔다고 생각해요." 똑같은 식으로 그녀는 좀더 복잡한 사교적인 상황을 본능적으로 처리한다. 대화와 미소를 이해하며 질문을 해서 침묵을 메울 준비가 되어있는 듯하다. 대개 "어디서 오셨지요?" 혹은 "무슨 일을 하시나요?" 등 사교적인 행사에서 여러 번 반복되는 똑같은 질문을 한다. 방문객들이나 친구들은 그들이 상황을 이해하고 왜 이런 질문이 나오는지 알게 되면 곧 이러한 반복적인 질문에 적응을 한다. 그들은 대개 아이리스가 하는 사교적 역할을 똑같이 취한다.

나는 오랫동안 살아남는 본능적 행동들을 이용한다. 예전에 나는 어떤 일이 잘못되었거나 제대로 되지 않거나 하면, 그리고 옳건 그르건 그것이 아이리스의 책임이라고 생각했을 때면 우리가 어린 시절에 소위 '짜증'이라고 부르던 것과 비슷한 짓을 하곤 했다. 그러면 아이리스는 고의적이라기보다 깊은 무의식적인 여성적 반응이라 할 수 있는, 거의 어머니 같은 모습으로 나를 안심시키며 침착해진다. 그러한 여성적인 깊은 무의식적 반응은 정상적으로는 어린애가 있는 집안에서는 거의 매일 나타나야만 하는 것처럼 그렇게 표면에 나타날 필요가 있는 것은 아니다. 대체적으로 아이리스는 전혀 '여성적'이 아니다. 그것에 대해 나는 때로는 감사했던 기억이 있다. 요즘 나는 때때로 이처럼 잠재해 있는 반사 작용을 고의로 이용하게 되었다. 만약 아이리스가 마치 메리의 양처럼 나를 하루 종일 따라다니며 귀찮은 사무나 편지 쓰기를 – 종종 그녀의 독자에게 보내는 것이었다 – 방해하면, 나는 자신이 보기에도 걷잡을 수 없는 분노를 터트리며 발을 구르고 종이들을 내던지고 공중에 팔을 휘두른다. 그 방법은 언제나 잘 먹혀든다. 아이리스는 "미안, 미안"이라고 말하며 나를 다독거리고 조용히 가버린다. 그녀는 곧 돌아오지만 상관없다. 내가 짜증을 부린 것은 아이리스를 잘 보살펴 주려고 애쓰거나 이성적으로 대하려고 침착하게 노력하는 것보다 더 그녀를 안심시켰다.

내게 알츠하이머병 환자와 사는 것이 시체에 묶여 있는 것과 같다고 짐짓 즐거운 채 이야기했던 부인은 대단히 절박하게 허튼 소리를 하는 경지까지 갔었다. "그리고 선생님과 저는 그 시체가 항상 투덜대는 것을 알지요."

나는 투덜대는 것을 모른다. 아이리스는 끊임없이 근심에 찬 질문을 던지지만 불평할 줄 모른다. 불평해 본 적이 없다. 흉악하게 풍자가 될 정도로까지 성격의 특징이 나타나기도 하는 알츠하이머병은 아이리스의 경우 그녀가 천성으로 지닌 선량함만을 과장해 주었다.

상태가 좋은 날 아이리스가 사랑스러운 태도로 서로 토닥거리고 웅얼댈 것 등을 갈망하는 데에는 천사와 같은 면이 있다. 아이리스 자신은 성모 마리아 같다. 그녀가 조용히 눈물을 흘리는 날, 자신이 잃어버린 신비스러운 창작의 세계는 의식하지 못하는 듯하지만, 무언가 잃은 것을 아는 듯한 날에는 그것은 더욱 그녀에게 중요한 것이다. 한때는 아침에 일어나 머리를 숙이고 화장실을 향해서 단호히 앞으로 나아갈 때 그녀의 '작은 황소' 같은 면모가 두드러지곤 했다. 아이리스는 옷을 차려입고 아직도 침대에서 일하고 있는 나를 방문하고는 아침에 일어나는 일들을 보기 위해서 정원 문을 열려고 내려갔다. 그녀가 일하려고 자리 잡았을 때의 날씨며 새, 그들의 모습과 소리가 때때로 그녀의 일기에 기록되었다. 내가 집에 있을 때는 아침 늦게 그녀에게 커피와 초콜릿, 비스킷을 가져다 주었지만, 그때 그녀는 결코 아침을 먹지 않았다.

이제는 예전에 좋았던 아침 시간이 가장 나쁜 시간이 되었다. 마치 두 차례의 세계 대전 때 참호의 군인들이 가졌던 '대기 시간' 처럼 말이다. 비록 그 암담한 농담을 마음속으로만 지껄일 수밖에 없었지만, 참호에서의 농담은 당연한 반응이다. 한때는 희망에 찼던 아침 시간에 희생자와 농담을 나누려 한다는 것은 무정한 짓일 것이다. 하루를 어떻게 지낼 것인가를 생각하는 동안 나는 알츠하이머병을 앓는 환자 남편과 자신에 대해 허튼 소리를 함으로써 약간의 기분 전환을 - 나는 적어도 그러기를 바란다 - 하게 되는 그 부인과 더욱더 동지애를 느낀다. 그 부인의 농담에 진정으로 합류하고 싶지는 않았지만 유사한 입장에서 관심을 보이는 진지한 얼굴로 그녀에게 동조해야만 하는 것보다는 훨씬 낫다. 어쨌든 한 배를 타고 있는 사람들은 서로 노트를 비교하고자 하는 자연스런 소망을 지닌다. 열여덟 살 때 군대에서 알았던 단정한 회색 머리의 친구가 내게 동정 어린 편지를 보냈다. 주식 중개인인 그의 직업 외에 그는 여인들과 1917년에서 30년 사이에 나온 자동차에 관심이 있었다. 그보다 연하인 부인이 치매 증세를 보여 상태가 빠르게 나빠졌을 때 그는 모범적이고 헌신적으로 그녀를 돌보았다. 그는 상황의 진전 혹은 그 반대를 짧게 기록하는 식으로 보고하기를 좋아했다. "나는 좀 다른 견지에서 여성의 몸매가 신성하다고 보았소. 그런데 지금 나는 매일 그 신성한 몸에 호스로 물을 끼얹고 있어요."

나는 그 일을 아주 가끔 한다. 그러나 내가 아이리스의 다리 사이를 씻기고 그녀의 '신성한 여성의 몸매'의 곡선을 씻길 때 내 머리 속에 그 농담이 생각나면 나는 속으로 낄낄 웃는다. 나의 옛 군대 친구는 제임스 조이스도 한때 매력을 느꼈던, 에드워드 왕조 식의 능글맞고 우스꽝스럽지만 다소 서정적인, 예기치 못했던 진부한 표현을 어디에서 얻었을까? 아이리스와 이 농담을 나누려고 해도 소용없다. 그녀가 이의를 제기한다는 것이 아니라 그녀의 비판력으로는 이 천박스럽고 어리석은 숙어를 이해하지 못하기 때문이었다. 최근에 나는 여러 해 전에 누군가가 우리에게 보냈던 회귀어(역주: 앞뒤 어디에서 읽어도 같은 말이 되는 어구) 모음집을 발견했다. 적절히 삽화가 곁들여진 독창적이고 초현실적인 문장들이었다. 그것들 중 삽화로도, 전보 같은 문구의 간결함으로도 우리를 매우 즐겁게 했던 것은 '정오 택시에서의 섹스' 였다. 최근 나는 이것과 한때 아이리스가 좋아했던 다른 것들을 그녀에게 보여 주었다. 나와 함께 즐기려는 소망에서 아이리스는 웃었고 약간 미소도 지었지만, 나는 그녀가 그 말들을 이해하지 못함을 알았다. 곧이어 그녀는 거의 환희에 차서 아이들을 위해 상영되는 텔레비전 만화를 볼 것이다. 가장 까다로운 시간인 아침 10시에서 11시까지 그 만화들은 훌륭한 대체물이 될 수 있다. 나는 대개 아이리스와 함께 텔레토비를 본다. 그리고 나 자신 진짜 토끼들과 진짜 하늘, 진짜 풀들이 있고 햇빛 비치는 그들의 특이한 세계에 빠져들게 된다. 그런 것 같다. 그들의 내부에 인간 대리인, 실제적이고 영리한 난쟁이가 있을까? 확실히 그런 것처럼 보인다. 그리고 만일 그것이 환상이라면 우리는 계속 그 환상에 집중한다.

우리가 텔레비전을 가진 지는 몇 달 되지 않았다. 텔레비전을 가질 생각이 우리에게 한 번도 떠오르지 않았었다. 지금 나는 부엌에서 들려오는 텔레비전 소리를 귀담아들으며 텔레비전 스위치가 켜진 채로 있기를 바란다. 만약 아무 소리가 없으면 나는 아이리스가 텔레비전을 끄고 꼼짝 않고 거기 앉아 있음을 안다. 주의를 집중할 수 있는 기간은 그다지 문제되지 않는다. 아이리스는 어떤 운동인지 점수가 어떤지 알지 못하지만, 그 자체의 느낌에 깊이 빠져서 축구, 크리켓, 볼링, 테니스 등을 정신을 놓고 구경할 것이다. 시체에 묶여 있다고 말한 나의 숙녀 친구는 매일 저녁 남편에게 "여기 스누커(역주: 흰 공 하나로 21개의 공을 포켓에 떨어뜨리는 당구) 게임이 있어요"라 말했다. 그녀는 옛날 게임을 비디오로 튼다. 그 게임은 남편에겐 언제나 새로운 게임이라고 그녀는 말했다.

불행히도 쉽게 부릴 수 있는 여섯 살짜리 아이가 주위에 없어서 나는 비디오 프로그램을 짤 줄 모른다. 어쨌든 싫증나서가 아니라(아이리스가 싫증을 내는 마음의 상태를 가질 수 있을 것 같지 않다) 본능적으로 텔레비전에서 떠나려고 아이리스는 텔레비전을 끄고 "우리 언제 떠나요?" 혹은 "가야만 해요"라고 말한다. 똑같은 이유로 아이리스는 그녀에게 제공되었던 그리고 계획했던 업무를 그만두었다. 지금은 그 모두를 조용히 포기했다. 언제 우리가 그 일들에서 놓여날 것인가?

우리 중 어느 누구도 결혼 초부터 집안일 하려는 시도를 별로 하지 않았다. 평상적인 잡일은 결코 있지도 않았다. 우리 둘 다 집을 깨끗이 할 필요가 있다고 느끼지 않았으며, 누군가 와서 우리 대신 집일을 해준다는 생각이 귀찮았다. 이제 집이 더 이상 돌이킬 수 없을 정도로 편안한 지경에 이르렀다고 나는 생각한다. 예전에는 해야 할 일이 없는 것 같았다. 아니면 그렇기 때문에 우리는 모든 것을 당연한 것으로 받아들였다. 이제는 어떤 것도 할 수 없다. 친구들이 우리 집의 상황을 눈치채면 – 사실 완벽하게 아늑한 상태인데 – 그들은 아무 말도 하지 않는다. 그런데도 나는 때때로 만일 우리가 함께 자질구레한 일을 하는 습관을 길렀더라면 지금도 그 일을 계속할 수 있었으리라고 느낀다. 자기 훈련 말이다.

그리고 그것은 시간을 보내는 한 방법이기도 하다. 그러나 어쨌든 《고도를 기다리며》에서 떠돌이가 대충 이야기하듯 시간은 어김없이 흘러가는 듯하다.

우리는 정확히 디킨즈의 하비샴 양(역주: 찰스 디킨즈의 소설 《위대한 유산》에 나오는 인물)처럼 먼지로 뒤덮인 박물관을 가진 것은 아니다. 먼지는 그냥 놔두면 일반적인 배경으로 쉽사리 사그라져 들어가는 것 같다. 옷, 책, 옛날 신문, 편지, 종이 상자들이 그런 것처럼 말이다. 옷, 책, 옛날 신문, 편지, 종이 상자 들 중 일부는 후일에 요긴하게 쓰일 수도 있다. 어쨌든 아이리스는 어떤 것도 내버릴 수 없었다. 그녀는 언제나 사용했던 봉투나 뚜껑 없는 플라스틱 병에 애정을 느꼈으며, 이제 그런 것들은 너무나 많이 모여 있어서 주체할 수 없을 정도가 되었다. 아이리스는 낡은 나뭇잎, 나무 막대기, 근처 고등학교의 여학생들이 공공연히 거리에서 피운 담배꽁초들을 주워 모았다. 담배 피우기는 우리 시대의 실외 활동이 되었다. 상당히 건전한 것이라고 나는 때때로 생각한다.

아이리스가 부드럽게 코를 골며 편안하게 잠자는 동안 침대에 일어나 앉으면 매우 평화롭다. 나 자신 반쯤 잠들어서 강에 둥둥 떠다니는 것처럼 느껴진다. 둥둥 떠서 우리 집과 우리의 삶에서 나온 모든 잡동사니들이 - 좋은 것뿐만 아니라 나쁜 것들도 - 서서히 어두운 물 속에 잠겨서 드디어 깊은 곳으로 사라지기까지 그것들을 바라보고 있는 듯이 느껴진다. 아이리스는 물속에 둥둥 떠 있거나 내 옆에서 수영한다. 수면 아래에서 잡초와 커다란 나뭇잎들이 흔들리고 뻗어 나간다. 강둑 옆에서는 푸른 잠자리들이 돌진하고 이리저리 날아다닌다. 그리고 갑자기 물총새가 번쩍이며 지나간다.

4

강은 우리의 신혼을 장식했다.

만난 지 거의 3년이 되었을 무렵 우리는 결혼했다. 나는 한때 아이리스가 자전거를 타고 서서히 내 창 앞을 지나쳐간 이래로 얼마나 많은 날들이 지났는지 날짜를 셈한 적이 있다. 그러나 지금 나는 그 숫자를 잊어버렸고 다시 그 날짜를 세려면 시간이 너무 많이 걸릴 것이다. 우리는 우드스톡과 벤베리 로드가 교차하는, 남쪽 끝에는 마터스 메모리얼이 있고 북쪽 끝에는 전쟁 기념관이 있는 넓은 세인트 자일즈 거리에 있는 등기소에서 결혼했다. 등기소 건너편에는 지금은 사라졌거나 딴 곳으로 이전한 판사의 집이 있었다. 그 집은 헨리 제임스가 《포인턴의 전리품》이라는 자신의 소설에 나오는 집을 착상하게 해주었다고 생각하는 훌륭한 팔라디안식 건물이었다.

나는 지금 여행 안내서에 나옴직한 말을 하고 있다. 나는 그 날 아침 어떤 의미에서는 마치 자신이 안내서 같다고 느꼈다. 나는 이전에는 한 번도 본 적이 없는 것처럼 이러한 유명한 이정표들을 응시했다. 어떤 의미에서 나는 그것들을 전에는 결코 본 일이 없었다. 나는 언제나 바쁘게 다녔고, 어딘가를 향해 가고 있었으며, 어떤 일에 늦어서 급히 가고 있었고, 일에 몰두해서 주의를 기울이지 못했기 때문이다. 그때에야 나는 등기소 가까운 모퉁이에서 아이리스를 기다리면서 모든 사물을 매우 명확하게, 마치 처음으로 혹은 마지막으로 보듯 둘러보고 있었다. 마리 앙투아네트가 처형장을 향해 마차를 타고 갈 때의 모습을 스케치한 화가 다비드가 기억난다. 다비드는 그녀가 마치 파리의 거리들과 광장을 한 번도 본 적이 없는 것처럼 막연한 호기심으로 주변을 계속 두리번거리는 모습을 주의 깊게 관찰했다. 마치 나는 마리 앙투아네트같이 느꼈다고 생각한다. 모든 신랑이 그렇다고 생각되듯이 내 마음은 온통 오른쪽 바지 주머니에 다른 것들과 함께 들어 있는 반지에 가 있었다. 그 주머니는 분명히 반지를 두기에 만족스러운 장소는 아니었으나 나는 더 좋은 곳을 생각해 낼 수 없었다. 나는 9년 전 군대에서 제대할 때 입었던 짙은 색 양복을 입고 있었다. 그 양복에는 조끼가 없었거나 어쩌면 그 당시 신사 복장에 필요했던 조끼를 어디 잘못 두었을는지도 모른다. 나는 다른 좀 더 밝은 색의 양복들 가운데서 그 양복을 골랐는데 상당히 잘 선택한 것이었다. 결혼, 세례, 장례 등 아주 가끔씩 일어나는 경우를 제외하고는 나는 이 양복을 거의 입지 않았기 때문이다.

나는 결혼 전날 결혼 반지를 전당포에서 샀다. 그 반지는 아마도 돈이 필요한 상황에서 홀아비가 내다 팔았음직한 평범하고 견고한 구식 반지였다. 반지를 마련한 것은 내 생각이었다. 아이리스는 반지에 대해 언급한 적이 없었다. 그녀는 반지를 결코 끼지 않았고, 우리는 약혼을 하지 않았기 때문에 나는 그녀에게 반지를 줄 생각을 한 적이 없었다. 반지가 아이리스에게 맞을지 전혀 알 수가 없었고 그래서 나는 걱정스러웠다. 다행히 반지는 잘 맞았고, 아직도 그렇다. 하지만 이제는 다 닳아서 그 단단하던 반지는 매우 얇은 금반지가 되어 버렸다.

거의 결혼식이라고 부를 수도 없는 것이었지만 식은 약 3분 만에 끝났다. 나보다 연장자인 내 동료의 부인이 - 그 부부는 참 좋은 사람들이었다 - 상당히 법석을 떨면서 "가서 베일리 부인을 돌보아야겠어요"라고 말했다. 그녀는 나의 어머니를 뜻한 것이었지만 그녀의 남편은 후에 아이리스가 '씁쓸한 웃음'이라고 묘사한 웃음을 띠며 "당신을 빼고 여기 있는 분들은 모두 베일리 부인이라오"라고 아내에게 말했다. 그것은 사실이었다. 나의 어머니와 형수 역시 베일리 부인으로 거기 있었고, 다른 부인들은 없었다. 아이리스는 자신에게 대단히 무시무시했던 행사에서 이때가 가장 기분 나쁜 순간이었다고 말했다. 이제 그녀는 여러 명의 베일리 부인들과 한묶음이 되었다. 그녀의 어머니는 런던의 패딩턴 역에서 옥스퍼드로 오는 기차를 놓쳤기 때문에 식이 끝난 후 우리는 기차역으로 가서 다음 기차를 타고 온 아이리스의 어머니를 만나 가까운 선술집에서 한잔하며 즐거운 시간을 가졌다.

매우 훌륭한 출발은 아니었다. 그러나 어쨌든 정확히 말하자면 그것은 출발이 아니었다. 출발이라기보다 우리가 아는 세상이 펑 하고 끝나는 것이 아니라 낑낑거리며 끝나는 용두사미인 것 같았다. 동시에 이 긴장이 완화되는 느낌은 매우 환영할 만한 것이었다. 여러 해 여러 달 동안 삶이라는 드라마를 구성했던 것같이 보이는 긴장, 의문, 불확실함 등 모든 것이 이제 끝났다. 그것은 우리 두 사람 모두에게 진정한 만족의 원천이었다. 적어도 내게는 그랬다. 역에서 아이리스가 내 손을 꼭 잡으며 우리가 함께 있다는 것이 익숙지는 않지만 얼마나 안정되고 좋으냐고 말했을 때, 나는 만사형통이라며 안심했다. 어쩌면 안심이야말로 내가 원했던 것이었다.

다른 의미에서 본다면, 단순히 결혼이라는 사실에 이미 안심이 깃들어 있는 것처럼 보였다. 앤소니 파월은 자신의 회고록에서 인간의 경험 가운데서 결혼과 조금이라도 유사한 것은 하나도 없다고 쓰고 있다. 당신은 어떤 사람과 여러 해를 살고도 전혀 결혼했다고 느끼지 못할 수도 있다. 대신 나와 아이리스가 그런 것처럼 드디어 결혼을 하고 그래서 당장 감정과 행동이 전혀 다른 영역으로 옮겨갔음을 느낄 수도 있다. 파월이 말하듯이 결혼이 어떤 것인지 알기 위해서는 결혼 그 자체를 경험해야 한다. "어떤 것도 결혼을 대치할 수 없다."

아이리스의 어머니를 만나는 것도 마음 놓이는 일이었다. 아이리스의 어머니는 딸보다도 오히려 젊어 보이는 아주 상냥한 부인이었다. 아이리스는 어머니가 불과 열아홉 살일 때 태어났다. 아이리스의 어머니는 더블린 사람이었는데, 갓 입대한 벨파스트 출신의 젊은 청년이 그녀를 사랑하게 되었다. 1917년이었다. 계속 시골에서 자라온 그녀의 부친이 에드워드 왕의 자유민 기병 연대에 근무한 것을 아이리스는 자랑스러워했다. 참호 전투가 있었을 때 기병대는 거의 전투에 참여하지 않았기 때문에 그는 살아남을 수 있었을 것이다. 아이리스의 어머니는 상당히 앞날이 촉망되는 아마추어 소프라노였는데, 결혼하면서 노래를 포기했다. 아이리스는 어머니의 목소리를 어느 정도 물려받았는데, 자신의 어머니가 음악가로서의 생애를 진지하게 계속하지 않은 것을 섭섭하게 여겼다.

음악가가 되는 대신 그녀는 아이리스를 임신했고, 어렵게 해산했으며, 그 후 더 이상 아이를 갖지 않기로 조용히 결심했다. 비록 그녀의 어머니는 한 번도 그것에 관한 이야기를 하지 않았지만 그런 사실을 본능적으로 알았다고 아이리스는 후에 내게 말했다. 나는 만약 그녀의 부모님이 아이들을 더 낳았고, 아들이 있었더라면 그녀의 생애는 무척 달랐을 것이라고 지적했다. 사실 아이리스는 그녀를 매우 사랑하는 부모님과 똑같이 그들을 사랑하는 행복한 생활을 했었다. 아일랜드에 문제가 생겼을 때 그들은 영국으로 왔으며, 아이리스의 아버지는 관공서의 한 지부에서 적당한 일자리를 얻었다. 아이리스는 두 가구가 붙어 있는 작은 연립 주택에서 어린 시절을 보냈는데, 그것은 치즈직(런던의 한 구역)에 있었다. 처음에 그녀는 그 지역에 있는 프로벨 주간 학교에 다녔다. 그러다가 부모님은 그녀를 브리스톨에 있는 매우 훌륭한 사립 기숙 학교인 배드민턴으로 보냈다. 돈을 빌리는 것을 포함하여 그녀를 교육시키기 위해 아버지가 치렀던 희생은, 그 당시 그녀의 부모님이 종교에 관심을 가진 것도 교회에 나가는 것도 아니었지만, 믿음이 깊었던 검소한 벨파스트 시민으로서의 그의 본능에 전적으로 반대되는 것이었다.

정신적인 것에 대한 그녀의 취향은 옥스퍼드 재학 시절 플라톤과 철학을 공부하면서 비롯되었다. 그것은 그녀의 내적 상상력의 세계를 형성한 일부일 뿐 결코 표면에 나타나지는 않았다. 젊었을 때 그녀가 사랑에 빠진 방식이나 그녀가 사랑했던 사람들은, 젊었거나 늙었거나 많은 사람들이 언젠가는 필요성을 느낄 수밖에 없는 지혜, 권위, 믿음을 추구하는 행위와 어느 정도 유사한 것이었다. 동시에 아이리스에게는 그녀의 북아일랜드 조상들이 지녔던 조심성이랄지, 항상 어딘지 강인하고 손에 잡히지 않는 면이 있지 않았나 싶다. 정신적 권위, 지혜, 자선, 혹은 음울하고 모호하며 불가사의해 보이는 힘을 대표하는 사람들까지 사랑하는 것은 그녀의 정신적인 발전과 경험에 있어서 모험이었다. 그녀는 그것을 갈망했고 필요로 했지만 거기에 노예가 될 정도로 지각이 없는 것은 전혀 아니었다. 그녀의 소설 《종》에 나오는 어리석은 젊은 여인 도라 그린필드처럼 그녀가 원할 때는 거기에서 벗어날 수 있었다. 그녀의 감정적인 충동을 지배하는 지휘자는 건전한 상식이었다.

밝은 사춘기 시절, 행복한 학교 생활, 부모와의 행복한 관계 등은 그녀가 성장하면서 겪은 것과는 매우 대조되는 경험이 필요하다고 느끼게 하는 데 한몫 했을 수도 있다. 부모님과 있을 때, 그녀는 항상 어렸을 때처럼 명랑하고 적극적이며 천진 난만한 모습으로 돌아가는 것 같았다. 나와 함께 있을 때도 그렇다고 느꼈다. 아이리스는 어머니와 함께 있을 때, 마치 그들이 자매인데 자신이 언니인 것처럼 매우 자연스럽게 행동했다. 그때 그녀의 아버지는 이미 병약자였으며 은퇴한 지 얼마 되지 않았는데, 다음 해에 암으로 사망했다. (그는 매일 60개비의 담배를 피웠고, 그녀의 어머니도 그러했다.) 아이리스는 아버지를 깊이 사랑했으며 그의 죽음을 대단히 슬퍼했고 그를 그리워했다. 그러면서 어머니의 삶에서 아버지가 했던 역할을 즉각적으로 자신이 떠맡았다. 나는 지금도 장인 어른을 좀더 잘 알 수 있는 시간이 있었으면 좋았을 것이라고 생각한다.

그 날 우리 세 사람이 기차역에서 돌아왔을 때 머독 부인과 그 딸을 소개 받은 나의 어머니는 잠시 망설이셨다. 조금 전 자신의 아들이 결혼한 사람은 이 두 여인 중 누구인가? 어머니가 잠시 동안 그처럼 혼동한 것은 용서받을 만한 것이었다. 그리고 나는 별로 현명치 못하게 그것을 가지고 농담까지 하려고 했다. 그 농담이 어떻게 받아들여졌는지는 모른다. 우리 일행의 숫자가 별로 많지 않아서 우리는 곧장 파티에 빠져들었기 때문이다. 파티는 내가 있는 칼리지의 작은 응접실에서 열렸다. 칼리지의 명랑한 원로 집사장이 지하 술 저장소에 있는 유효 기간이 몇 년이나 지난 샴페인을 대접하면 어떻겠느냐고 제안을 했다. 그는 그것들을 모조리 팔아 버리고 싶어했다. "그렇게 믿을 만한 것들은 아니라고 말씀 드릴 수 있어요. 그렇지만 값을 싸게 해드릴 수 있지요"라고 그는 내게 말했다.

짙은 황금색의 샴페인은 파티에서 샴페인 특유의 슉슉 하는 소리는 별로 내지 않았지만 맛이 좋아서 몇몇 손님들을 적당히 활기차게 해주었고, 결혼한 부부에게 매우 가치 있는 버팀목이 되어 주었다. 나는 아직도 그 샴페인의 '마르크'라는 낭만적인 이름을 기억한다. 그 술은 마르느의 공작이라 불렸다. 결혼식 날 우리가 다른 시련을 겪는 중에도 그 공작은 우리를 자비롭게 지원해 주는 것 같았다. 결혼 첫날밤을 보내기로 했던 말로우에 있는 컴풀리트 앵글러라는 호화스런 호텔에서 우리가 완전히 낭패를 본 것이 결혼식 날 우리가 겪은 시련의 절정이었다. 컴풀리트 앵글러라는 그 호텔의 이름이 마음에 들었었다. 방을 예약하기 위해서 들렀을 때, 우리는 창밖으로 테임즈 강의 물이 수문을 통해 쏟아져 내리는 것을 보았다. 밤중에 수문으로 넘쳐흐르는 물소리는 즐거운 결혼 축가가 되리라.

그러나 우리가 그 곳에 갔을 때 호텔 직원의 태도는 겸손했으나 당황해했다. 호텔은 꽉 찼다. 방을 예약했습니까? 그렇소. 예약했소. 내가 일주일 전에 몸소 왔었소. (그 당시 그런 매우 중요한 예약을 하기에는 전화는 믿을 만한 도구가 못 되는 것 같았다.) 호텔의 리셉션에 있던 젊은 여인들은 재빠르게 시선을 주고받았다. "아마 틀림없이 카밀라가 일하고 있었던 때일 거야" 하고 한 여인이 중얼거렸다. 나는 가슴이 철렁 내려앉았다. 그녀가 해고당했으니 의심할 바 없이 행실이 좋지 못한 소녀일 테고, 예약을 기록하는 것을 잊었으리라 짐작했다. 그 당시 고급 시골 호텔들은 매력적인 아마추어 무대 출연자를 시간제 직원으로 고용하는 것을 자랑으로 삼았다. 카밀라는 틀림없이 매력적이었지만 믿을 만한 사람은 아닌 것 같았다. 매우 정중하게 사과하면서 그 호텔에서는 우리를 위해서 힌리 근처의 광장에 있는 탄탄한 구식 호텔에 방을 전화로 예약해 주었다. 그 호텔의 이름은 캐더린 윌이었다.

우리 양가의 모친들은 결혼 파티 때 매우 사이가 좋았고, 서로 자주 만나지는 못했으나 좋은 관계를 유지하다가 나이가 아주 들었을 때는 절친한 친구가 되셨다. 아이리스의 어머니는 우리가 자녀를 원치 않으리라는 것을 당연한 사실로 받아들이는 듯했다. 성장하면서 아이리스는 어머니의 기쁨과 자랑이었지만, 아이리스의 어머니 자신이 아이들을 원하지 않았다고 나는 생각한다. 내가 제삼자로서 어떻게 그런 결론에 이르렀는지 말하기는 쉽지 않지만 처음부터 머독 부인은 자신이 남편과 아이리스와 가졌던 삼각 관계와 유사하게 우리 셋 역시 만족스런 삼각 관계를 조화롭게 이루리라 추측한 것 같다. 그녀는 옳았다. 단지 그런 삼각 관계에서 아이리스의 어머니는 행복했지만 그 존재가 별로 눈에 띄지는 않았다. 그녀는 계속 런던에서 살았고 우리를 성가시게 하는 일은 결코 없었다.

나의 어머니도 아들과 며느리의 일에 전혀 간섭하지 않았지만 나는 어머니께서는 손녀손자를 원하신다는 것을 알았다. 어머니에게는 세 명의 아들이 있었는데 한 사람만 자녀 하나를 두었다. 그러나 어머니는 눈치가 빠르셔서 이런 희망을 이야기하지 않으셨다. 결혼 전에 아이리스를 거의 만난 적이 없어 처음에는 좀 불안해하셨으나, 어머니께서는 점점 더 유명해지는 며느리에게 매우 깊은 애정을 가지셨고, 얼마 전 80대 후반의 연세로 타계하실 때까지 계속 그랬다. 그때는 알츠하이머병을 앓던 아이리스의 어머니도 이미 돌아가신 후였다.

우리 두 사람에게는 그 병을 일으키는 유전 인자가 유전적일 수 있다는 생각은 단 한순간도 떠오르지 않았었다. 통털어서 '노인성 치매증' 이라 부르는 것 말고는 그 상황에 붙여지는 이름이 없었다. 아이리스의 어머니 병환 때문에 상담했던 전문의도 별로 도움이 되지 않았다. 그 전문의는 여러 다양한 신체적인 증상을 설명하고 그것들을 치료하려고 시도하는 것이 고작이었다. 머독 부인의 주치의였던 고집 센 런던의 일반 진료의는 그녀가 진을 좋아한다는 것을 암시했는데, 그래서 아이리스는 매우 화가 났었다. 내게는 그 동안 그녀의 어머니가 상당한 양의 진을 마셨음이 명백해 보였다. 왜 안 그러셨겠는가? 그녀는 결코 외롭지는 않았다. 왜냐하면 우리는 아이리스의 어머니와 함께 살면서 그녀를 돌볼 수 있도록 오랫동안 그녀의 친구였던 매우 훌륭한 분을 도와 주었기 때문이다. 그러나 나이가 든다는 것, 그리고 나이가 듦에 따라서 생기는 문제들은 어느 것이고 도움이 됨을 발견하면 도움을 받을 권리가 있다. 많은 알츠하이머병 환자에게서 술은 의심할 바 없이 증세를 악화시키지만, 술이 없다면 그들은 어떻게 지낼 것인가? 아이리스는 언제나처럼 포도주를 마시는데, 그 양이 점점 줄고, 아이리스에게 그것은 자연스러운 것 같다. 다른 술병들이 집 여기저기에 널려 있지만 아이리스는 그것을 거들떠보지도 않는다.

40여 년 전 아이들에 관한 아이리스의 태도도 똑같이 자연스러웠던 것 같다. 우리는 아이들 문제에 대해 거의 이야기하지 않았다. 우리 둘 다 그 문제를 이해하고 있었기 때문이라고 생각한다. 후손에 대한 아이리스의 태도는 섹스에 관해 그렇듯이 쌀쌀맞은 것은 아니었다. 그녀는 아이에 대해 초연하였고 무관심했다. 그녀 자신 다른 할 일을 가지고 있었다. 얼마나 많은 여성들이 아이리스처럼 느끼면서도 또한 아이리스처럼 아이를 갖지 않는 것이 얼마나 부자연스럽다고 느끼는가? 마치 어머니란 존재는 그들 자신이 이루지 않으면 안 되는 일종의 성취이기나 한 것처럼 말이다. 아이리스가 알았고 좋아했던 시인 스티비 스미스는 짐짓 개구쟁이처럼 "나의 시들은 나의 아이들"이라고 말하곤 했다. 아이리스는 결코 소설이 자신의 아이들이라고 말하지 않았을 것이다. 그런 문제에 대해 어떤 이야기도 특별히 하지 않았을 것이다. 그녀의 침묵은 심오했고, 심오한 만큼 자연스러웠다.

D. H. 로렌스 숭배는 1950년대 중반에 본 궤도에 올라 1963년에 절정을 이루었다. 그 해에 올드 베일리 재판소의 재판에서 승소한 펭귄 출판사는 《채털리 부인의 사랑》을 무제한으로 찍어내도록 허가받았으며, 냉소적인 시인 필립 라킨에 의하면 그 해야말로 '성교가 시작된' 해였다. 영국에서는 그 전에는 성 문제가 별로 논의되지 않았고 성 문제는 논의하기에 적당한 대상이라고 생각하지 않았기 때문에, 영국에서만은 라킨의 말이 사실이라고 할 수 있었다. 그래서 로렌스는 전후 세대들에게

새롭게 유명해지던 비틀즈처럼 작가라기보다 계몽과 모더니티 숭배의 대상으로 보였다. 로렌스는 아이리스에겐 오로지 작가로서 중요했다. 나는 동료 철학자가 성 문제에서 로렌스의 '설익은 종교성'에 대해 아이리스에게 불평하는 것을 들은 기억이 난다. 아이리스는 온화하게 이의를 제기했다. 그녀는 로렌스는 매우 훌륭한 작가이기 때문에 그가 무엇에 관해 쓰던 어떻게 쓰던 문제가 되지 않는다고 생각한다고 말했다. 그러나 1960년대와 70년대에 섹스는 분명히 새로운 종교 중의 하나가 되었다. 그리고 환멸이 자리 잡게 되었을 때 조잡한 파우스트적인 견해가 환멸을 계승했다. 즉 행위 스포츠로서의 섹스가 그것이다. 계속 새로운 기록을 추구하려는 몸부림, 예술 상태에서 새로운 성취를 추구하려는 행위 스포츠로서의 섹스가 그것이다. 이런 모든 것들이 우리와 우리가 그 문제에 대해 가졌던 아늑하고 조용한 태도를 비껴 지나갔다.

아이리스가 나보다 더 많은 것을 요구하고 더 야심찬 태도를 지닌 연인들과 잠자리에서 어떻게 어울렸을까 하고 상상했던 순간들이 있었다. 그리고 어떤 기회에 내가 알기로는 잠시나마 아이리스를 숭배했던 한 지인으로부터 우연히 예기치 못한 실마리를 얻었다. 나는 이 사람을 그렇게 좋아하지는 않았다. 그는 자신의 분야에서 매우 뛰어난 인물이었다. 하지만 자신이 벌인 최근의 정사에 대해서 그것이 얼마나 괴로운지, 황홀한지, 아니면 괴로우면서도 황홀했는지를 친구들에게 지나치게 떠벌리는 것이 그의 단점이었다. 이때 그는 자신이 원하는 것을 여자 쪽에서 능숙하게 반응하도록 이끄는 것이 무엇보다도 중요하다고 떠벌리곤 했다. 만약 그녀가 당신에게 홀딱 빠졌다면 어떤 행동이라도 할거라고 그는 은연중에 나타내 보였다. "그렇게 할 기분이 나지 않는 파트너보다 더 실망스러운 것은 없어요"라고 점잔을 빼며 말하고는 마치 자신이 무언가를 폭로한 것처럼 갑작스럽게 내게 꺼림칙한 시선을 보냈다. 그가 한때 아이리스와 데이트했던 사실을 내가 알고 있다고 눈치챘을 것 같지는 않았다. 그러나 그 잠시 동안의 그의 그런 비굴한 시선은 아이리스와 잠자리에서 보인 그녀의 결점을 생각하고 있었음을 내게 강하게 암시하고 있었다. 그의 그러한 생각들이 그녀의 남편에게는 잘 전달되지 않음을 그는 그때 깨달았다.

확실히 우리의 침실 습관은(패트 캠벌 부인이 눈치챈 것처럼 소파에서 법석을 떤 후 더블베드에서 장중한 평화를 누리는 것이었다) 더 나은 것, 더 많은 것을 전혀 생각하지 않는 언제나 평화로운 것이었다. 아이리스의 소설 《잘려진 머리》에서 자신의 결혼이 "아무것도 이루지 못한다"라고 불평하는 여인은 아마 성생활에서 우리와 똑같은 견해를 가졌으리라. 우리는 성생활이나 결혼 생활에서 어떤 것을 이루기를 기대하지 않았다. 그저 그런 것들이 그대로의 상태로 유지되는 것이 행복했다.

아이리스는 자신만의 가정 생활을 갖고자 하는 소망 때문에 흔들린 적은 전혀 없지만 자신의 주위에서 행해질 수 있는 모든 가족 활동에 참여하고자 하는 감동적인 열망을 지니고 있었다. 무남 독녀로 자란 그녀는 두 명의 시아주버니를 가지게 되는 사실을 아주 기꺼운 마음으로 받아들였다. 비록 그 두 사람이 그녀에게 별 관심을 보이지는 않았지만 말이다. 이러한 무관심에 대해 아이리스는 인내심을 가지고 잘 견디었다. 시간이 흐르면서 그녀의 인내심은 둘째 형 마이클이 그녀에게 보여 준 거의 헌신에 가까운 존경이라는 보답을 받았다. 마이클은 독신이며 육군 준장이었는데, 지금은 은퇴하였다. 그는 뛰어난 군 경력을 가졌지만, 은

퇴 후의 그의 직업은 퇴락하여 사용되지 않는 교회의 기념비들을 복구하는 것이었다. 주로 그런 교회들은 이스트 앵글리아 지역에 있었는데, 그런 교회들 중 몇몇 교회의 건물은 참으로 훌륭했다. 우리를 이리저리 데리고 가서 그의 전문인 설화석고를 사용한 복구 작업의 훌륭한 점을 설명하면서 자신이 하고 있던 일을 아이리스에게 보이는 것이 그에게 가장 큰 기쁨이었다. 그리고 그는 일을 하는 중에 땅에서 발굴한 천사의 머리나 소홀히 다루어졌던 동상을 자랑스럽게 보여 주었다.

이제는 복구된 윌트셔 지방에 있는 리디아드 트레고즈 교회는 그의 특별한 전시품이었다. 교회를 복구하는 일에서는 거의 수입이 없었던 그는 매우 검소했다. 그는 자신의 연금을 함부로 쓰지 않았기 때문에 자신이 일하는 교회가 아무리 외딴 곳에 있고 인적이 드문 곳일지라 해도 교회의 간이 침대에서 잠자곤 했다. 나는 그렇게 하는 것이 때로는 좀 무섭지 않느냐고 한번물은 적이 있다. 그는 피식 웃었다. 그러나 잠시 생각에 잠기더니 요크셔 지방의 헤어우드 저택에 있는 채플에서 밤에 잠이 깨었을 때 불안하게 느낀 적이 있었노라고 덧붙였다. 어떤 것이 분명히 나타나서 그렇게 불안해했느냐고 나는 물었다. 그는 정확히는 모르지만 무언가 납작하고 검은 색깔을 지닌, 상당히 큰 어떤 것이 어슴푸레한 빛 가운데 움직이며 서서히 자신의 침대 가까이로 다가오고 있다는 느낌에 휩싸여 있었다고 말했다. 나는 무뚝뚝하게 M. R. 제임스의 유령 이야기인 《토마스 승려의 보물》 이야기를 했다. 그 이야기에서는 중세에 어떤 악마적인 승려가 젖은 가죽 가방을 닮은 괴물로 하여금 한 교회의 본당 밑에 있는 보물을 지키게 해놓았다. 마이클은 그 책을 읽지 못했다고 즉석에서 대답했다. 그가 학교를 졸업한 후 읽은 유일한 책은 《시골에서 보낸 한 달〉이었다. 투르게네프가 쓴 희곡이 아니라, 나의 형처럼 교회 복구 작업을 하는 청년에 관한 짧은 사랑의 이야기였다. 나는 그 작가의 이름을 기억할 수가 없다. 그러나 나의 형은 이 책을 열정적으로 읽을 각오가 되어 있었다.

그가 아이리스의 소설을 읽었다고는 생각하지 않지만 그 나름대로 아이리스의 업적을 대단히 존경했다. 어쩌면 어떤 의미에서는 그가 아이리스를 헌신적인 동료 군인으로 생각했기 때문인지도 모르겠다. 훌륭한 지휘자가 반드시 그래야 하는 것처럼 싸움에서 승리하는 일에 일편 단심으로 헌신할 준비가 되어 있는 동료 군인으로서 말이다. 그가 대단히 내성적임에도 불구하고, 아이리스와 그 사이에는 암묵적인 의견의 일치가 있었다. 아마도 내성적인 그의 성향이 은연중에 아이리스의 성향과 공감을 일으킨 것 같다. 그들은 크리스마스와 같이 가족들이 모일 때 외에는 거의 만나는 경우가 드물었지만 의심할 바 없이 서로 가깝게 느꼈다. 아이리스에게 알츠하이머병이 발병한 후 형은 가장 형답지 않게 자주 우리를 보러 오고 싶다고 했다. 그는 일요일에 우리와 함께 점심을 하기 위해 런던에서 차를 몰고 왔다. 비록 아이리스가 그를 기억하지 못하고, 오는 사람이 누군지 이해하지 못하지만, 그의 방문은 아이리스를 항상 즐겁게 해주었다.

내 감정은 아이리스보다 좀 착잡했다. 우리가 막연히 소풍갈 때처럼 먹는 간단한 점심 대신 점심으로 무언가를 특별히 만들어 내야 했기 때문이다. 집에 있을 때나 일할 때, 형은 정어리와 토마토를 먹고살았다. 형이 건강 같은 데 신경을 쓰는 것은 아니었지만 그것은 그의 건강식이었다. 그러나 그는 무의식중에 동생이 자신을 위해서 노고를 아끼지 않을 것을 기대한다. 나는 본질적으로 친밀하고 말없이 지켜주는 이러한 형제의 우애를 즐긴다. 실제로 그러한 우애를 잘 받아들이려면 약간 귀찮긴 하지만 말이다. 그는 운전할 때는 술을 마시지 않는 성격이기 때문에 '칼리버'라는 좀 군대 냄새가 나는 이름의 알콜 없는 맥주를 꼼꼼하게 챙겨 온다.

나는 때때로 아이리스에게 그녀가 약간 '아라비아의 로렌스 콤플렉스'를 지녔다고 놀리곤 했다. 그 말에 그녀는 미소지었고 그것을 부인하지 않았다. 나는 항상 T. E. 로렌스가 엉터리 인물이라는 생각을 가졌다. 한때 상류 계급 동성애자들과 동성애를 갈망하는 학자들 사이에서 종교적인 책으로 숭배되었던 《지혜의 일곱 기둥》은 너무나 과장이 심했기 때문에 거의 읽을 수 없을 정도였다. 나는 아직도 그렇게 생각하지만 아이리스는 그 책과 저자에 대해서 여전히 충성스런 애정을 지니고 있다. 아이리스는 내게 "라파엘 사바티니를 읽고 나서 바로" 학교에서 그 책을 읽었다고 했다. (사바티니는 《캡틴 블러드》와 《검은 백조》의 저자로서, 통속 문학에서 매우 많은 작품을 내는 허세부리는 작가였다.) 아이리스가 이처럼 《지혜의 일곱 기둥》을 진지하게 여기지는 않았지만, 그것은 아이리스의 소설에 훨씬 더 심오하고 심각한 낭만적인 영향을 끼쳤다. 아이리스의 인물들이 사는 세계가 그러한 것처럼 아이리스 소설의 인물들도 변형되어 나타나는데, 그들은 종종 로렌스의 전설과 성품이 한때 그랬던 것처럼 그녀의 작품에 몰두하는 독자들에게 강력한 매력을 지녔다. 내 형도 아이리스의 소설 《은밀한 장미》에 펠릭스라는 인물로서 희미하게 나타난다. 형이나 다른 사람들이 펠릭스의 역할에서 내 형을 알아볼지는 알 수 없지만 나는 그 점에 대해서 아이리스에게 결코 언급하지 않았다. 그녀는 항상 그녀 소설의 인물들이 알아볼 수 있는 인물이라고 생각하기를 싫어했다. 더욱이 자신의 가족들이 알아보는 것은 두말할 것도 없었다. 아이리스는 인물들을 만들어 냈고, 그들은 완전히 그녀의 소유였으며 그녀의 세계에 속했다. 그것은 그 나름대로 분명한 사실이었다.

우리가 결혼했을 때 아이리스는 세 권의 성공적인 소설을 썼고, 네 번째 소설을 시작했다. 그녀의 세 번째 소설 《모래성(The Sandcastle)》에는 잊지 못할 장면이 하나 있는데, 거기에서는 초록색 라일리 자동차가 물속에 잠기게 되는 복잡 다단한 모험을 겪는다. 나는 자랑스럽게도 그 책에 나오는 라일리의 모델이 어디서 온 것인지 알고 있다. 왜냐하면 《옥스포드 메일》의 광고를 부지런히 뒤져서 아이리스를 위해 그 차를 발견한 것은 나였기 때문이다. 그 후 운나쁘게도 아이리스의 그 차에 사고가 일어났다. 그 차는 연한 푸른색의 힐만 밍스였는데, 《마술사로부터의 도주》에서 얻은 수입으로 산 것이었다. 1955년 화창한 여름에 나는 운전 교사 노릇을 했다. 나는 부모님들이 좀더 좋은 차를 구입하셨을 때, 부모님한테서 싸게 산 낡은 모리스 차를 가지고 있었다. 아이리스는 운전하는 법을 빠르게 배웠고 운전을 꽤 잘했다. 아이리스에게 내가 운전을 가르쳤다면 주제넘은 말이 되겠지만 나는 그녀 옆에 앉아서 이것저것 제안을 했다. 우리 사이에서 내 낡은 차는 차판의 번호인 이 케이 엘(EKL)로 통했는데 나는 이 케이 엘이 독일 단어 에켈하후트, 즉 역겨움을 나타낸다고 지적했다. 그래도 우리는 그 차를 좋아했다. 아이리스는 그 차로 운전 면허 시험을 보았고 단번에 합격했다. 아이리스가 운전 면허 시험관을 만났을 때 나는 뒤에서 서성이고 있었다. 그 당시의 운전 면허 시험은 지금보다는 덜 형식적이었다. 나는 아이리스가 차를 움직이기 전에 내가 충고했던 대로 거울을 조정하는 것을 보고는 안심했다.

이처럼 점잖게 충고하면서 운전을 가르치고 난 뒤, 12월의 빙판길에서 그 불쌍한 밍스를 부딪친 것은 다름 아닌 나였다. 나는 그 차를 빌려 타고 옥스퍼드 외곽에서 열리는 파티에 가던 참이었다. 내가 그 사고를 아이리스에게 전했을 때 그녀보다 나쁜 소식을 더 잘 받아들이는 사람은 없었다. 아이리스는 자신의 차 밍스를 사랑했다. 그런데 그 밍스의 생명은 슬프게도 매우 짧았다. 그러나 지금 와서 되돌아보면 바로 그 순간이 우리가 함께 하는 삶이 시작되는 순간이었다. 아직 결혼에 대한 이야기가 전혀 언급되지 않았었고, 나는 결혼을 암시하는 것조차 포기한 지 오래였지만 말이다. 그러나 이 사고는 우리의 관계를 시험하고, 그 관계가 제대로 이루어질 것인지 아닌지를 보여 주는 일종의 작은 가정적 재난이었다. 아이리스는 내가 무사하다는 것으로 마음이 푹 놓여서 밍스에 대해서는 별로 신경 쓰지 않았다. 그 사고는 내가 사랑으로 가득 찬 행동으로 할 수 있었던 것보다 더 효과적으로 그녀에게 내가 얼마나 소중한 사람인가를 보여 주었다. 더욱이 보험 회사가 차값을 지불했고, 여러 가지 면에서 실용적인 차는 아니었지만 초록색 라일리는 밍스보다 훨씬 낭만적이고 아름다운 차였다. 그 차는 거의 10년이 다 된 1947년형이었는데 최근 좀 서툴게 다시 페인트를 칠한 본네트는 짙은 초록색이었고, 그것은 우아한 검은 양쪽 날개와 미끈하게 곡선을 이루는 라디에이터 때문에 돋보였다. 라디에이터에 달린 차 표지판에는 푸른색의 에나멜로 차 이름이 쓰여 있었다. 아이리스만큼 마음이 잘 변하지 않는 사람도 드물 것이다. 그러나 라일리 차로 인해 매우 흥분이 되었기 때문에 밍스는 그녀의 마음에서 잊혀지지는 않았겠지만 곧 사라졌다.

말하자면 지금까지도 그녀는 라일리를 잊지 않았다. 차에 대한 기억은 그녀의 마음에서 사라졌지만, 내가 그 라일리에 대해 이야기하고 그 차를 묘사하면 아직도 아주 어렴풋이 알아보는 기색이다. 내가 그 차의 나쁜 버릇과 좋지 못한 브레이크를 상기시키면 아이리스는 미소짓기까지 한다. 오늘날 그 차가 그대로 있다면 매우 값나가는 차가 되었을 것이다. 우리는 그것을 20년 이상 명예롭게 은퇴시켰다가 우리 차고의 공간이 모자라게 되자 단돈 몇 파운드를 받고 처분해 버렸다.

의도한 바는 아니었지만 내가 말한 대로 강은 우리의 신혼을 장식했다. 우리의 생각은 플로렌스와 베니스 같은 유명한 곳은 피하고 프랑스로 내려갔다가 알프스를 넘어 북쪽 이탈리아로 유유히 문화 여행을 하고자 하는 것이었다. 플로렌스와 베니스 같은 유명한 곳은 다른 때 여행하기로 하고, 그 대신 우르비노, 산 지미냐노, 아레초 같은 곳에 머물기로 하였는데, 그 곳들은 아이리스의 '미술가 친구들'이라고 내가 생각했던 브리지드 브로피와 그 남편 마이클이 아이리스에게 진지하게 추천한 곳이었다. 후에 마이클은 영국 국립 미술관의 관장이 되었다. 브리지드는 아이리스에게 잔소리를 해댔는데, 결혼이라는 그런 시시한 짓을 왜 자신에게 허용했느냐는 것이었다. 그러나 아무리 마음 내켜서 한 것은 아니었더라도 그녀 자신이 아이리스와 똑같은 단계를 밟았기 때문에 그녀의 빈정거림에는 힘이 없었다. 브리지드는 아이 엄마가 되고 싶어했는데, 그 당시 미혼모는 시대가 지나서야 비로소 각광을 받게 된 그런 매력을 아직은 받고 있지 못했기 때문에 그녀는 아이를 가지기 위해 결혼했다.

현명하게도 우리는 라일리 차를 타고 가지 않았다. 최근 적당한 값을 치르고 내가 새로 산 작은 오스틴 밴을 타고 갔다. 그 차는 '상용차' 여서 소득세가 면제되었기 때문에 값이 더욱 쌌다. 아이리스를 처음 만났던 세인트 앤 칼리지의 파티에 나를 초대해 준 일레인 그리피스 교수는 최근 그와 같은 차를 샀었다. 영악한 그녀는 차량 정비소에 가서 뒷좌석에 있는 금속으로 된 판을 제거하고 깔끔한 유리창으로 갈았다. 그 차는 이제 승용차가 되어서 그 당시 모든 트럭과 밴에 부과되던 시속 50킬로미터라는 속도 제한을 받지 않았다. 그녀는 이런 방법을 우리에게 추천했다. 생각해 본 후 우리는 그 추천을 받아들이지 않았는데 그것은 현명한 처사가 아니었다. 왜냐하면 나는 거의 60킬로미터 이상으로 달렸기 때문에 곧 교활한 경찰관이 나를 세웠고, 나는 벌금을 물어야 했기 때문이다.

그러한 불리한 점에도 불구하고 나는 밴은 밴의 상태로 유지되어야 한다는 생각을 고수했다. 왜냐하면 여행할 때 부득이할 경우에는 그 차에서 잠을 잘 수 있기 때문이었다. 사실 그런 일은 몇 년 후 우리가 아일랜드의 서부를 여행할 때 단 한 번 있었다. 우리는 모어의 유명한 화강암 절벽을 보러 갔었는데, 우리가 '모어 거인' 이라고 이름 붙인 몸집이 큰 농부가 우리와 우리의 밴을 징발하여 그 절벽 거의 끝에 있는 들판에서 건초를 거두는 작업을 돕게 했다. 그 농부는 관심을 가지고 "그 밴이 영국에서 얼마 가량 하느냐?"고 물으면서 그 차를 사겠다고까지 했다. 드디어 다 지쳐서 놓여 난 우리는 구운 송어 요리와 함께 가볍게 저녁 식사를 할 수 있는 낚시꾼 호텔을 발견했는데, 그 날 밤에는 빈방이 없었다. 그래서 우리는 조용한 바닷가로 차를 몰고 가서 벨파스트 시장에서 산 거친 무쇠 프라이팬에 베이컨과 계란을 요리하여 저녁을 더 먹고는 그 날 밤 잠자리에 들었다. 우리는 단잠이 들었는데, 아침 일찍 옆에 있는 후미진 곳으로 통통 소리를 내며 들어오는 조개잡이 배를 맞이하는 갈매기의 외침소리에 깨어났다. 우리는 호텔로 돌아가서 엘리자베스 1세 여왕이 좋아하던 아침 식사인 베이컨과 조갯살로 아침을 먹었다. 그 아침 식사 후 엘리자베스 여왕은 500밀리리터 가량의 맥주로 입가심을 했지만, 우리는 대신 아이리쉬 커피를 마셨다.

바로 이 여행에서 아이리스는 아일랜드를 무대로 하는 그녀의 잊을 수 없는 소설 《일각수(The Unicorn)》를 구상했고, 소설의 분위기를 형상화하는 풍경을 발견했다. 그때 우리는 클레어 카운티의 바위가 많은 해안과 '뷰렌'의 낯선 돌투성이의 황야를 여행했다. 거친 해안 가까이에 있는, 성적으로 볼 때 일종의 수도원이라고 볼 수 있는 곳에 틀어박힌 여인의 환상이 묘사되는 《일각수》는 내가 보기에는 아이리스의 소설 중 가장 순수한 아일랜드적인 소설이다. 1916년의 부활절 항거를 다루는 아이리스의 소설 《빨강과 초록(The Red and the Green)》보다도 더 아일랜드적이다.

차가운 물 속에서 편안하게 수영하는 방법을 내가 발견한 것은 이 여행에서였다. 수영한다기보다 파이프와 마스크를 가지고 해저에 있는 식물들을 관찰하면서 그저 좁은 만에 떠다니는 것이었다. 바위가 많은 북쪽 해안 밖의 해저 광경은 열대의 어느 해저보다도 매혹적이다. 짙은 빨간색과 자수정색인 바다 해초의 잎들은 겨울 폭풍우로 닦여져서 반들거리는 커다란 돌 위에서 조용히 흔들린다. 접시만큼 커다란 큰 초록색 게들은 옆으로 느릿느릿 걷는다. 물고기는 드물지만 점박이 매추라기 같은 가자미가 하얀 모래 위에 반쯤 숨어서 나를 곁눈으로 바라다보았다. 너무나 황홀해서 나는 추위조차 의식하지 못했지만, 밖으로 나왔을 때 걷잡을 수 없이 몸이 떨렸다. 몸을 문질러 주어서 약간 감각이 돌아오게 해준 아이리스는 마치 책망하는 부모처럼 꼬꼬 거렸다. 그러나 내가 그녀에게 고무 파이프와 마스크를 넘겨주었을 때, 그녀도 나처럼 완전히 몰두하였고 추위도 느끼지 못했다. 아이리스는 오래도록 물속에 있으면서 나올 줄을 몰랐다. 그 동안 나는 떨리는 손으로 흩어진 나뭇가지를 모아 불을 붙이고 그 옆에 앉아서 위스키를 폭음하였다. 나중에 나는 옷과 우비를 다 입고 물속에 들어가 보기도 했다. 비록 네수스의 차디찬 셔츠처럼 딱 달라붙는, 물이 흠뻑 밴 옷을 벗기란 여간 어려운 일이 아니었지만, 그 방법은 효과적이었다. 헤라클레스는 죽음을 불러 온 그 셔츠 때문에 불 위에 놓여졌었는데, 그때에는 나는 그의 처지를 상당히 부러워했다.

    그런 버릇을 가지게 된 후 나는 수영을 할 때면 흔히 조끼를 입었는데, 따뜻한 물에서조차 그랬다. 한번은 가랑비 내리는 이탈리아 피사의 항구에서 나는 상당히 많은 수의 다채로운 물고기들을 관찰하고 있었다. 그 물고기들은 한두 명의 낚시꾼이 있는 항구의 방파제 옆에 모여 있었다. 나와 함께 물 속으로 들어가지 않기로 작정한 아이리스는 우산 밑에 서 있었다. 후에 그녀는 어부 한 사람이 깜짝 놀라서 항구 아래쪽을 뚫어져라 들여다보는 것을 보았노라고 말했다. 왜 그 사람이 그렇게 놀랐는지는 내가 낡은 조끼를 입고 스노클을 가지고 다시 나타날 때까지는 그 이유가 명백하지 않았었다. "그 어부가 당신 목에 있는 레이블을 읽으려고 뚫어져라 쳐다보는 것을 보았어요." "정말 그랬다니까요" 하고 아이리스는 소리 높여 웃었다. 이 일화는 그녀를 즐겁게 했다. 특히 의심 많은 이탈리아 어부들이 목을 옆으로 길게 빼고 그들이 있는 항구 밑에서 서서히 행진하는 유령 같은 모습을 좇고 있던 광경은 그녀를 즐겁게 했다. 후에 때때로 아이리스는 그들 흉내를 냈다.

반세기 전 프랑스의 길들은 텅 비어 있었다. 전쟁 때 돌보지 못한 결과로 아직도 '흉한 모습'이 가득했으나 포플러 가로수가 펼쳐 있는 길고 곧게 난 길은 두 사람이 환상에 젖어 행복하게 돌아다니기에는 기막히게 편안했다. 마을들을 통과하는 데에도 아무런 문제가 없었다. 도움을 주는 표지판이 '모든 방향'을 장담해 주었다. 따분한 헌병은 공연히 호루라기를 불었다. 작은 식당들은 그들이 파는 음식을 포장 도로 위의 표지판에 광고했다. 프랑스는 여행객을 위해서도, 그들의 국민들을 위해서도 존재하지 않았다. (프랑스 인들은 어디 있었는지? 그들은 어떤 사람들이었는지?) 프랑스는 기차가 지나갈 때에 그 옆에서 오르락내리락 하는 그 당시의 전화선만큼이나 규칙적으로 '쉿' 소리를 내는 포플러 소리에 함께 귀를 기울이며 별로 큰 돈 없이 여행하는 우리 같은 신혼 여행자들을 위해 존재했다. 그때 우리는 사분의 삼은 비어 있는 작은 식당에서 쉬곤 하면서 돼지 고기와 야채를 곁들인 등심을 무제한의 붉은 포도주와 함께 먹었는데, 포도주는 병으로 사거나 코르크를 뺄 필요가 없었다. 역이나 우체국 근처의 매우 작은 호텔들의 마루 바닥은 북북 문질러서 닦여 있었는데 마늘과 갈루아즈 담배 냄새를 풍겼다. 마을 사람들은 과묵했고 그들의 말은 격식을 차렸으며 완곡했다. 그러나 나는 가장 엄격한 프랑스 사람도 — 내게는 그들 모두의 얼굴은 마치 승려나 수녀의 얼굴처럼 엄숙해 보였다 — 아이리스의 미소에 반응을 보이는 것을 알았다.

물론 아이리스는 이미 프랑스에 대해 알고 있었다. 내 견해로는, 그녀가 아는 프랑스는 카페에 앉아서 음료수를 마시며 책을 쓰는 작가와 지성인들이 거주하는 또 다른 프랑스였다. 그때는 아이리스가 사르트르의 소설 《구토》와 레이몽 크노의 작품 《내 친구 피에로》에 매료 된 지 얼마 되지 않을 때였다. 그녀는 전쟁 말기에 브뤼셀의 카페에서 크노를 만났었고 그를 통해서 사무엘 베케트가 전쟁 전에 썼던 소설 《머피》에 대해 들었다. 《구토》는 아이리스에게 철학적인 흥미를 갖도록 해주었으며, 《머피》는 아이리스의 첫 소설 《그물 아래서》에 추상적인 보헤미아 정신이 깃들도록 해주었다. 실존주의와 더불어 그리고 어쩌면 약간은 실존주의에 대한 반응으로서 그 당시 아이리스는 덜 현실 참여적이고 좀 무책임한 데가 있었다. 아이리스의 그러한 점은 내게 보스웰이 쓴 사무엘 존슨의 전기에 나오는, 철학을 공부하고 싶은데 "자꾸 명랑함이 끼어 든다"라고 한 젊은이를 생각나게 했다.

우리들의 명랑함은 상당히 반응이 없는 프랑스와 완전히 대조를 이루었다. 프랑스는 우리를 싼값에 맛있게 먹여 주었고 끝없는 길로 우리가 계속 갈 수 있도록 해주었다. 우리는 수천 킬로미터는 아니더라도 수백 킬로미터는 아무런 힘도 들이지 않고 갈 수 있을 것 같았다.

솜므강의 깊고 평온한 지류인 파드칼레의 어떤 강에서 우리는 처음으로 수영을 했다. 아마도 그 장소는 윌프레드 오웬의 시에 나오는, 제1차 세계대전 때 별다른 승리를 얻지 못한 공격이 있었을 때 병원 바지선이 정박했었던 장소일 것이다. 다음 번 우리가 수영했던 곳은 훨씬 남쪽으로 내려와서였는데, 소나무와 밤나무가 자라고 있는 산의 매우 숲이 우거진 가파른 골짜기에서였다. 물은 따듯했고 개울물은 매우 외딴 곳에 있었기 때문에 우리는 아무것도 걸치지 않은 채 물 속으로 들어갔다. 평소 같으면 조심성 있는 아이리스가, 이제 우린 프랑스에 있으니 앵글로색슨적인 금기는 버릴 수 있다고 느꼈을는지도 모르겠다. 얕은 물에서 매끄럽고 둥근 물건을 밟게 된 것은 바로 이 동떨어진 곳에서였다. 그것은 개흙 속에 반쯤 숨어 있었지만, 어렵지 않게 그것을 건져내어 보았더니 한두 군데 금이 가 있는 흙색의 그리스나 로마의 암포라 같은 것이었다. 그것은 분명히 골동품은 아니었다. 그 병 밑에는 생산자의 이름이 찍혀 있었다. 내가 다시 원래 있던 물밑으로 그것을 가라앉게 하려 했을 때 내 옆에서 첨벙이며 걷던 아이리스가 반대했다. 그때에도 아이리스는 그녀가 발견한 것은 모두 소유하기를 원했다. 프랑스 신문지에 싸인 그 물건은 우리 작은 밴의 바닥에 놓였다가 우리 집의 정원 한 구석에 여러 해 동안 놓여 있었다. 그러다가 금이 간 것을 발견한 서리가 그것을 산산조각 냈다.

항아리를 강둑에 놓은 후 우리는 또 다시 수영하려고 물 속으로 미끄러져 들어갔다. 아이리스의 마음은 꿈꾸듯이 멀리 가 있었다. 우리가 몸을 말릴 때에 아이리스는 "아주 커다란 옛날 종을 발견했다고 가정해 봐요" 하고 말했다. 나는 이 곳이 마을이나 읍에서 멀리 떨어져 있는 황야이니 그런 일은 있을 것 같지 않다고 지적했다. 그러나 그녀의 상상력은 나의 생각에 필적하는 것이었다.

"사람들이 종각에서 종을 훔쳐서 그것을 처리할 수 있을 때까지 그 종은 강에 묻혀 있을 수 있어요. 영국에서 사람들은 시골 교회에서 납을 훔치고 있지 않아요? 그렇다면 그 종을 훔친 도둑들은 이 곳으로 돌아오지 않았어요."

"아주 최근의 일일까? 전설적인 것은 전혀 아닐까요?"

"아뇨. 잠깐만…. 교회 개혁 때 그 사람들은 교회의 신성함을 모독했어요. … 프랑스에서는 그들을 뭐라고 부르더라…?" 내 옆에 서서 호소하는 그녀는 매우 진지했으며 온몸에 진흙 줄이 나 있었는데, 그 진흙을 막연히 수건으로 몸 전체에 펴고 있었다.

"위그노 교도들?"

"맞아요. 위그노 교도들이 그 종을 내려서 부수거나 녹이거나 뭐 그렇게 하려고 했는데, 그 오래된 교회의 신실한 신도들이 그것을 훔쳐서 안전하게 두려고 이 곳으로 가져 왔어요."

고대사 시험을 보기는 했지만 아이리스가 가장 좋은 논문을 쓴 것은 철학 분야였다. 그녀는 종종 내게 그렇게 말했다. 그래서 그녀의 역사 감각은 확실히 좀 개략적이었다. 그렇지만 그녀의 소설이 보여 주듯이 아이리스의 상상력은 때때로 거의 현학적이지만 정확하게 그 나름대로의 역사 감각을 지니고 있었다.

그녀의 다음 소설 《종》에서 가장 인상적인 에피소드는 분명히 그 강에서 탄생된 것이다. 지금은 현대 종교적 공동체의 중심지인 옛 수도원에서 커다란 종이 발견되었다. 종이 상징하는 것은 수수께끼이다. 그 종이 종교적인 삶을 살고자 하는 인물들을 그다지 통찰력 있게 이해할 수 있도록 설명해 주지는 않는다.

다음 날 우리는 국경 가까이의 산악 지대에 있었다. 알프스 산맥을 넘으려면 일찍 출발해야 하기 때문에 우리는 갈아타는 기차역이 있는 작은 마을에서 그 밤을 지내기로 했다. 한밤중에 갑자기 침실 문이 활짝 열리면서 극적인 목소리로 "조르주! 시간이 되었네"라고 외치는 소리가 났다. 침대 위 갓이 없는 등에서 흘러나온 불빛이 우리 눈을 부시게 했다. 동료를 깨우려고 왔던 젊은 열차 직원은 상황을 알아차리자 서둘러 불을 끄고는 좀더 낮은 목소리로 "아 부인, 정말 너무도 죄송합니다"라고 중얼거렸다.

다음날 우리가 U자 형으로 굽어진 길을 헤치고 나아가야 했을 때 나는 한니발 이야기밖에 할 수 없었다. 나는 로마의 역사가 리비우스가 해준 이야기를 기억했다. 알프스를 넘는 고개에서 산사태로 생겼을지도 모르는 단단한 바위벽을 만났을 때 한니발은 큰불을 지피고, 바위가 식어갈 때에 틈새에 식초를 퍼부어서 그 장애물을 깨트려 길을 열려고 시도했다. "하지만 어디서 충분한 양의 식초를 구할 수 있었겠어요?" 아이리스가 물었다. "어쨌든 그래서 일이 잘 되었을까요? 누가 그런 것을 시도한 사람이 있나요?" 그녀의 의심은 그녀가 자신의 소설에 나오는 더욱더 색다른 일화를 항상 꼼꼼하게 계획한다는 것을 보여 주는 하나의 예였다. 그녀는 그런 색다른 일화가 실제로 이루어질 수 있음을 확실히 하기 위해서 상식에 의지하여 마음속에서 신중하게 그것들을 시험해 보았다. 《종》 자체가 그러한 한 예였다. 나는 그 커다란 종의 발견에는 무언가 기막히게 정확한 것이 있다고 느꼈는데, 그것은 내게 아이리스 자신이 좋아하는 책 중의 하나인 《이상한 나라의 앨리스》를 생각나게 했다.

우리는 계속 한니발 작전의 논리와 그의 보급 장교들이 틀림없이 겪었을 식초 공급의 어려움에 대해 토론했다. 더 높이 올라갔을 때 우리는 안개 속으로 들어가게 되었고, 소들의 방울 소리를 들었다. 이런 경우 축하할 생각으로 사두었던 거품이 이는 적포도주 한 병이 우리의 밴 안에 있었다. 고갯길 정상에서 그 포도주를 마시고는 길 옆 돌 밑에 병을 놓아두었다. 나는 그 장소를 잘 표시해 두었다. 돌아오는 길에 그 병을 다시 수거할 생각이었기 때문이다. 아이리스는 우리가 함께 마신 그 술병이 그 곳에 남겨지는 것을 좋아하지 않았다. 우리가 돌아올 때 우리는 그 고장에서 산 아스티 스푸만티 한 병으로 똑같은 축하식을 했는데, 내가 올바른 장소라고 확신하는 곳을 아무리 찾아보아도 두고 갔던 병을 찾을 수 없었다. 그래서 우리는 이탈리아 술병을 유사한 장소에 놓아두었다. 아이리스는 그 병들이 서로 친구가 되어 주기를 바랐다.

무생물의 삶은 항상 아이리스에게 친근하였다. '자신이 숨쉬는 대기를 즐기는' 것이 틀림없다고 워즈워스가 확신했던 꽃을 예로 들어 나는 아이리스를 놀려대곤 했다. 아이리스는 "꽃은 상관도 마세요"라고 좀 알쏭달쏭하게, 성급하게 말하곤 했다. "꽃보다 훨씬 중요한 다른 사물들이 많아요." 그 당시는 괜찮아 했지만 아이리스는 그 버려진 병에 대해서 진정으로 슬퍼했다. 아이리스가 사탕을 쌌던 종이 조각, 담배꽁초 등을 보도에서 마치 늙은 거지처럼 허리를 구부려 주울 때 나는 그 생각을 한다. 그녀는 그런 것들과 하나라고 느끼며, 될 수 있는 한 그 물건들이 머물 장소를 마련할 것이다.

지성인들은 아이리스의 소설에서 변덕스러움이나 감상적인 것을 나타낸다고 생각하는 것들을 싫어하는 경향이 있다. 아이리스가 그런 것들을 신중하고 진지하게 다루는 방식, 그리고 그것들에 대해 갖는 아이리스의 느낌을 그들은 오해하고 있거나 의식하려 하지 않는다. 아이리스의 그런 면은 그녀가 불교도라는 것을 나타낸다고 나는 생각한다. 아이리스는 불교를 대단히 신봉했는데, 계몽된 불교도들은 불교는 전혀 종교가 아니라고 말할 것이다. 가장 계몽된 불교도 중 한 사람은 지금 아이리스의 전기를 쓰고 있는 우리의 친구이자 교수인 피터 콘라디 교수이다. 그가 아이리스의 소설에 보이는 헌신은 분명히 그가 불교를 실천하는 것과 관련이 있다. 물론 사람들은 불교, 아니면 부처의 신성까지도 '믿지' 않는다. "만약 길에서 부처를 만나면 죽이시오." 피터는 전혀 변덕이라고는 볼 수 없는 미소를 띠고 이 옛 격언을 때때로 우리에게 되풀이했다. 아이리스가 사적으로 사물을 향해 보이는 강한 애착은 확실히 불교의 어떤 교의에서 그 답을 찾을 수 있을 것 같다.

알프스를 무사히 내려와 수자에서 우리는 처음으로 이탈리아 스파게티를 먹었다. 우리는 아직도 높은 곳에 있었지만, 잿빛 알프스를 거쳐온 후의 수자는 햇살이 밝게 비치고 더웠다. 스파게티와 적포도주로 인해 포만감을 느끼며 우리가 수자를 떠날 때, 자신의 가게 문에 서 있던 뚱뚱한 식료품점 주인이 길로 걸어 나오며 손을 들었다. 뭐 필요한 것은 없는지? 포도주가 필요하지는 않는지? 하고 우리에게 물었다. 그는 자신이 만든 아주 좋은 포도주를 여러 병 우리에게 줄 수 있다고 했다. 휘발유 쿠폰을 몇 장 주면 그 포도주들을 다 공짜로 줄 수 있다고 낮은 음성으로 말했다. 이탈리아에서 휘발유는 귀했고 매우 값이 비쌌다. 우리처럼 여행을 위한 휘발유 쿠폰을 여행사에서 공급받고 자동차 여행을 하는 사람들은 유럽 대륙에서 대단히 인기 있는 인물이었다.

우리는 그렇게 베풀고 싶었지만 우리 자신을 위해서도 그 쿠폰이 필요할 것이었다. 아직 몇 장이 더 필요할지 알 수 없었다. 그 다정한 식료품상은 우리의 그런 딜레마를 이해했다. 우리가 돌아왔을 때 쿠폰이 남아 있으면 장사를 할 수도 있을 터였다. 약 보름 후에 우리는 그렇게 했다. 쿠폰을 넘겨주니 1미터나 되는 큰 살라미 소시지와 커다란 포도주 병이 우리에게 떠맡겨졌다. 다시 알프스 산맥을 넘는 길에서 멈추었을 때 아이리스는 커다랗고 매끈한 돌을 파내었다. 어쩌면 한니발 장군이 식초로 실험했을 때 움직였던 돌은 아니었을까? 아이리스가 그 돌을 가져가기를 원해서 이미 밴 바닥에 뒹구는 다른 잡동사니 위에 그것을 던져 넣었다. 그 돌이 커다란 포도주 병 위에 떨어졌음이 틀림없었다. 길에 한 갤론이나 되는 포도주를 흘리며 프랑스 쪽으로 내려왔지만 우리는 그런 사실을 알지 못했다. 아직도 포도주는 많이 남아 있었다. 여러 해 동안 때때로 세탁을 했는데도 분홍과 토스카나 지역의 붉은 색으로 섬세하게 얼룩덜룩한 무늬가 물들여진 조끼를 나는 아직도 가지고 있다.

토마토 소스를 친 스파게티를 좋아하는 우리의 식성은 물릴 줄을 몰랐다. 우리는 그 신혼 여행에서 그 이외의 음식은 먹고 싶어했거나 먹은 것 같지 않다. 셸리가 "푸른 이탈리아 기후의 지붕"이라 부른, 이탈리아의 대기 아래 야외에서 우리는 아주 자주 그 스파게티를 먹었다. 차가운 몇 병의 백포도주, 키안티를 점심에 반주하여 마신 후 오후에는 깊은 잠을 잤다. 백포도주는 응축되어 방울지는 병에 담겨 나왔는데, 병 한쪽에는 반 리터를 표시하는 작은 납인이 있었다. 우리는 어머니 같은 한 여관의 웨이트리스를 설득하여 그 병 하나를 우리에게 팔도록 했다.

우리는 계속해서 강을 찾았다. 수자를 떠나서 남쪽으로 가던 날 우리는 또 다른 강을 발견했다. 후에 지도에서 발견한 바에 의하면, 그 강은 한니발의 누미디아 군대가 로마의 기병대를 흠씬 두들겨 팬 곳인 티치노 강의 지류인 타나로 강이었다. 우리가 지난번 수영했던 때와는 대조적으로 이 목가적 냇물은 햇볕 비치는 탁 트인 들판 위로 흐르고 있었다. 이 강물은 2, 3킬로미터 정도를 모래투성이의 길을 흘러가다가 티치노 강에 이른다는 것을 나는 본능적으로 알았다. 그 주위에 아무도 없었다. 우리 앞에는 전체 풍경과 더운 오후가 펼쳐져 있을 뿐이었다.

그렇다고 우리는 생각했다. 우리가 물 밖으로 나오려고 했을 때 아이리스는 경고의 외침을 발했다. 강둑에는 이탈리아 농부들과 제복 입은 경찰 등 사람들이 줄지어 있었다. 틀림없이 어떤 아이가 우리를 보고는 어른들에게 가서 이 외국인들이 무엇을 하는지 보라고 불렀을 것이다. 신나게 말을 나누며 다정한 미소로 우리 두 사람을 응시하는 그들의 갈색 얼굴과 경찰의 멋있는 검은 콧수염 밑에서 치아가 번쩍였다. 그 장면은 마치 예수의 세례랄까, 어떤 회화에서 따온 프리즈(소벽) 같았다. 우리는 아무것도 걸치지 않은 채 물속에 있었고, 어떻게 하던지 나와서 옷 있는 데로 가야 했다. 그 지방 사람들의 예민함에 충격을 주지 않고서 말이다.

갑자기 경찰이 그 문제를 이해한 듯했다. 어떻게 그가 이해했을까? 아마도 우리 얼굴에 나타난 표정을 보고 그랬을 것이다. 권위 있는 몸짓으로 그는 농부들과 어린애들에게 – 여자들은 한 명도 없었다 – 강둑을 따라 길로 돌아가도록 했다. 그 사람들이 가버렸을 때 경찰은 바로 우리의 소유물과 지저분한 수건 옆에 그대로 서 있었다. 그는 오라고 하며 웃음 짓는 것 같았다. 그밖에 어떻게 할 도리가 없었다. 우리는 우아하게 미소를 띠고 고맙다고 고개 숙여 절하면서 마치 정장을 차려 입고 있기나 한 것처럼 우리가 구사할 수 있는 최대한의 위엄을 갖추고 물에서 나왔다.

우리는 하루이틀 후 매콜리가 〈시〉에서 "위엄 있는 볼테라"라고 묘사한 볼테라에 도착했다.

    대단한 명성을 띤 자들이 상을 찌푸리는 곳에
    거인의 손이 쌓아 놓은
    신 같은 왕들을 위하여

산에는 대리석 채석장이 가득 했고 설화석고를 파는 상점들이 있었다. 우리는 광장의 한 카페에 자주 앉아 있곤 했는데, 그 카페의 웨이터는 젊은 시절 카프카의 사진과 꼭 닮아 보였다. 아이리스는 그에게 많은 관심을 보였다. 대부분의 이탈리아 웨이터들과는 달리 그는 자신이 무엇을 나르고 있는지, 어디에 그것을 놓을 것인지 확실히 알지 못하는 것처럼 느릿느릿 움직였다. 그는 우리를 좋아하는 것 같았지만 그의 미소는 마치 그가 어떤 일을 계획하고 있는데 도저히 그것을 완성하지 못하리라는 생각에 고통스러워하는 멍한 미소였다. 그의 머리 주위에는 항상 말벌들이 윙윙거렸는데 그는 그 벌들을 쫓아버리려고 하지도 않았다. 마치 그 벌들은 그의 내부에 있는 고뇌가 눈에 보이도록 형상화된 것 같았다. "아마 저 사람은 그의 이야기에 우리 두 사람을 다 넣을 거예요"라고 아이리스는 말했다.

그 웨이터와 그의 근심에 대해서 우리가 느끼는 것과 우리 서로가 상대방에 대해 느끼는 것에 차이가 있음을 깨달은 것은 바로 이 가련한 카프카와 그를 따라다니는 말벌에게 우리 둘 다 좋아하게 되었던 약간 씁쓸한 맛이 나는 이탈리아식 베르무트 주인 푼테메스를 주문하고 있었을 때였다. 우리 사이의 느낌의 차이가 갑자기 내게 중요한 것으로 보였다. 만약 카프카가 정말로 고통받는 사람이고, 단지 축구 시합의 결과 때문에 받는 그런 고통이 아니라면 우리가 어떻게 해볼 도리가 없었다. 우리가 그와의 사귐을 확고히 할 수 있는 길은 없었다. 만약 그에게 슬픔이 있다면 그 슬픔은 우리가 모르는 삶에서 나온 것이었다. 영국에서는 잘 알고 있고 당연한 것으로 우리가 받아들이지만 이 곳에서는 우리가 개입할 수 없는 삶의 일부분에, 우리가 모르는 삶에 존재하는 슬픔이었다. 햇빛 비치는 테이블에 앉아 있을 때에 버질의 〈아이네아스〉를 생각나게 하는, 황량하고 비탄에 잠긴 사물들이 온통 우리 주위로 지나쳐 가는 것 같았다. 젊은 카프카가 푼테메스 잔들과 작은 에스프레소 컵들을 나르면서 카페를 들락거리며 어슬렁거리는 모습이 거의 근접할 수 없는 초현실적인 형태로 우리 주위를 지나쳐 가는 것 같았다.

아이리스도 환상에 젖어 있는 것 같았다. 나는 아이리스의 손을 잡았고 그녀의 손이 내 손을 꼭 눌렀다. 그녀는 무슨 생각을 하고 있었을까? 카프카가 무슨 생각을 하는지 내가 전혀 알 수 없었던 것처럼 그녀가 무슨 생각을 하는지 나는 도무지 알 수 없었다. 도대체 알아낼 길이 없음을 나는 잘 알았다. 이러한 깨달음은 나를 매우 안심시켰다. 카프카의 가상적인 근심이 나를 슬프게 했던 것처럼 그것은 나를 행복하게 해주었다. 대단한 무지, 대단한 외로움! 그것들은 갑자기 사랑과 결혼의 가장 훌륭한 부분처럼 보였다. 우리는 각자가 외로움을 지니고 있음을 알고 있으며, 그 외로움을 상대방도 지니고 있음을 앎으로써 서로 위로 받고 안심하기 위해서 함께 지내는 것이었다.

뒷골목에서 찾은 호텔은 낡고 초라했다. 호텔 방의 가구들과 먼지 낀 벨벳 커튼은 쇠락해 가는 궁전에나 있음직한 것들이었다. 호텔에서는 식사가 준비되지 않아서 아침에 우리는 다시 광장으로 갔고, 카프카는 커피와 둥그런 빵을 가져왔다. 마치 그 오래된 장엄하고 험상궂은 작은 마을의 무언가가 우리에게 행운과 불운, 인생의 짧음, 길고 지루한 역사 등을 일깨워 주기라도 한 것처럼 우리가 정말 결혼한 것으로 느끼기 시작했던 것은 볼테라에서였다고 생각한다. 아이리스의 비밀스런 창작 생활이 내게 현실로 다가온 것도 볼테라에서였다. 무엇을 하고 있는지, 어떻게 하는지는 전혀 몰랐지만, 나는 아이리스가 작업을 하고 있다고 느꼈고, 그러한 상황이 내게 거리감이 있지만 안전한 친밀감을 느끼게 해주었다. 그때 아이리스는 내가 그러한 것을 얼마나 즐기기 시작했는지, 그리고 얼마나 그러한 것에 의존하게 될 것인지를 깨달았다고 생각한다.

그때 우리는 둘 다 저급하고 우스꽝스럽게도 우리가 함께 만나는 사람들에 대해 백일몽을 꾸고 있다는 것을 깨달았다. 내 경우는 소녀들과 여인들에 관해서였고 아이리스는 남성들에 관해서였다. 그것은 우리 친밀함의 또 다른 면모, 또 다른 안전하고 안심되는 면으로서, 이 경우에는 즐거운 것이기도 했다. 그리고 우리는 그때, 그리고 지금도, 우리가 즐기는 것을 때로는 서로에게 보여 주었다. 나는 아이리스가 카프카에 대해 약간의 꿈을 꾸었을지도 모른다고 생각한다. 그 사람에게 어머니처럼 된다거나, 그를 격려한다거나 그와 놀아나면 어떨까 하는 등의 꿈 말이다.

아이리스가 강둑에서 만났던 경찰관에 대해서도 백일몽을 꾸었는지 모르겠지만, 그 경찰도 나름대로 매우 기억에 남는 인물이기 때문에 그랬을 가능성도 있어 보인다. 강에서 나왔을 때 우리는 가능한 한 그를 무시하려 했다. 아이리스는 수건을 잡아서 몸에 감았다. 그러나 우리의 경찰은 뒷짐을 지고 돌아서서 먼 곳을 응시하고 있었다. 그는 대담함과 섬세함을 보였다. 우리가 옷을 입었을 때 그는 다정한 미소를 지으며 이탈리아 말로 수영을 즐겼느냐고 물었다. "물이 너무 차갑지 않던가요?" 아이리스는 혼자 로마와 플로렌스에서 휴일을 보낸 적이 있었던 만큼 그녀의 이탈리아어 실력은 나보다 나았다. 아이리스는 곧 그와 대화를 했는데 그가 이웃 읍으로 가는 차편을 원한다는 것을 알았다. 그는 강 가까이에 있는 농장에 사는 친척을 방문하러 왔었다. 그의 친척의 농장은 그런 풍경 속에 있는 대부분의 이탈리아 건물처럼 배경과 잘 어우러져서 거의 눈에 띄지 않았다. 그는 회색 제복과 군대 모자를 쓰고 있었지만 근무 중이 아니었고, 그래서 공중 예절을 범했다고 우리를 고발할 것이 아님을 알고서 나는 마음을 놓았다. 대화할 때 그의 얼굴은 현대 공무원의 얼굴처럼 보이지 않았고, 15세기 이탈리아 그림에 나오는 초상이나 얼굴에서 볼 수 있는 내성적인 기품을 지녔었다.

그는 우리가 오르베싸노에 머물 예정이냐고 하면서, 만약 그렇다면 자신의 아주머니의 친구들이 운영하는 호텔을 추천할 수 있다고 했다. 그때쯤 우리는 덜컥덜컥 흔들리며 길을 향해 가고 있었는데 아이리스는 그 경찰의 무릎에 앉았다. 밴의 뒷좌석은 완전히 짐으로 차서 앞좌석 두 자리만 있었기 때문이다. 우리는 매우 화기애애한 기분으로 헤어졌다. 집으로 돌아오는 길에, 매우 더운 오후 파두아에서 그 날 밤 묵을 곳을 찾으나 허탕을 쳤을 때 나는 그 경찰을 생각했다. 주위에는 제복을 입은 젊은 신병들이 많이 있었다. 아이리스는 그 중 안경을 쓴 학자 같이 생긴 호리호리한 한 소년에게 아는 호텔이 있느냐고 물었다. 그는 놀란 듯했으나 아이리스에게 따라오라고 손짓을 했다. 나는 가방을 들고 그들의 뒤를 따라갔다. 한 장교가 지나가면서 도대체 무슨 일을 하고 있느냐고 그 젊은 군인에게 호되게 물었다. 아이리스는 그 젊은 군인이 품위 있게 "장교님, 저는 이 부인을 호텔로 모시고 갑니다"라고 대답했다고 나중에 가르쳐 주었다. 장교는 미소를 지으며 편안한 자세로 아마도 '신나는 놀이로군'에 해당하는 이탈리아 말을 속삭였다.

강둑에서 만난 경찰은 아이리스의 상상력 속으로 들어갔다. 그녀의 어떤 소설에서 그 경찰 아니면 그와 매우 비슷한 인물이 다른 유형이나 성격을 지닌 사람으로 변형되어 어렴풋이 나타나고 있다. 그런 사람들은 마치 그들의 원래 환경이 물인 것처럼 물과 함께 나타난다. 그들의 영혼의 이야기는 바다나 강에서 시작되어 바다나 강으로 돌아간다. 아이리스는 조지 엘리엇의 소설을 별로 좋아하지 않았지만, 엘리엇의 소설과 전혀 다른 아이리스 자신의 소설의 구성이나 인물들은 때로는 "나는 물을 사랑해요"라고 말하는 《물방앗간의 홍수》에 나오는 여주인공 매기 툴리버를 생각나게 한다. 매기는 강가에 사는데, 비교될 만한 아이리스 작품에 나오는 어느 시나리오보다도 훨씬 더 인위적인 상황에서 그 강에서 결국 익사한다.

몇 년 전 찰스 스프로슨이라는 작가가 자신이 쓴 좀 이상한 제목을 가졌지만 훌륭한 책 《흑인 마사지사가 자주 가는 곳》을 아이리스에게 보냈다. 그의 책 제목은 어렸을 때 흑인 마사지 전문가에 관한 이야기를 읽은 것에서 영감을 얻은 것이었다. 그가 어려서 읽은 그 이야기와 그가 매우 훌륭하다고 생각했던 《검은 갯벌에서 나온 괴물》이라는 영화가 그의 생각 속에서 뒤섞였고, 그래서 그것은 수영 전체에 대해 그가 느끼는 신비감의 상징이 되었다. 아이리스는 물을 제외하고는 수영에 대해서 그런 신비감을 가진 것은 아니었지만 우리는 그 책을 굉장히 좋아했다. 나는 아이리스 이름으로 그 책의 서평을 썼다.

흑인 마사지사나 검은 갯벌은 햇볕 가득한 이탈리아의 풍경과는 거리가 멀었다. 그러니까 벨리니나 페루지노의 그림에 나오는 배경과 유사한, 언덕 너머까지 등심초가 구비치고 황금색 모래톱이 가득 펼쳐진 초록색 강과는 거리가 멀었다. 그와는 대조적으로 이탈리아의 바다는 우리를 가장 실망시킬 때도 있었다. 대부분의 경우 이탈리아의 바닷가는 캠

핑장에 아무나 들어갈 수 없도록 철조망이 쳐 있어서 가까이 접근하기가 불가능했다. 한번은 페사로 근처에서 바다 가까이에 갈 수 있었다. 우리가 물속에 들어가자마자 아장아장 걷는 수많은 욕심쟁이 아기들이 우리 물건을 던져 버렸고, 우리 것들을 찾으려고 달려가자 아기들은 물결치듯 앞을 향해서 달려갔다. 프랑스와는 대조적으로 이탈리아와 이탈리아 바닷가에는 사람들이 지나치게 많았다 .

우리 휴가의 이상은 강과 그림들이었다. 우리는 경치가 장관인 여행자 명소에는 별로 대단한 매력을 느끼지 못했으나 화랑은 또 달랐다. 지금 생각하면 그 당시로서는 가기가 매우 어려운 움브리아 지방 깊숙한 곳에 있는 작은 지역인 보르고 산 세볼크로를 우리는 방문했다. 그 곳 시청의 청량한 홀에서 우리는 뜻밖에도 피에로 델라 프란체스카의 걸작 〈부활〉과 마주하게 되었다. 이 그림과 같은 제목의 〈부활〉이라는 수필에서 알더스 헉슬리는 그 그림을 단연코 "세계에서 가장 훌륭한 그림"이라 부른다. 우리를 놀라게 하고 경건하게 하는, 정말로 그 그림이 보통 관객에게 주는 첫인상은 피에로가 그 그림에서 재현하는 그리스도의 모습과 다른 종교화에서 볼 수 있는 그리스도의 모습이 대단히 다르다는 것이다. 그것은 프레스코화인데, 아마 이처럼 깜짝 놀랄 만한 특성 때문에 여러 해 동안 수성 백색 도료로 덮여 있었나 보다. 드디어 그 그림이 복원되었을 때, 그 상태는 매우 훌륭했다. 틀림없이 그 그림이 처음 그려졌을 때 그랬을 상태 그대로였다.

지금까지 그 그림에 관해 쓴 글 중에서 헉슬리의 글이 가장 훌륭하다. 헉슬리는 피에로가 그린 균형 잡힌 인물들에게서 볼 수 있는 독창성을 과도하게 강조하지 않는다. 그것은 피에로가 기하학과 선형 수학에 관심을 가졌던 결과였다. 예술 세계의 기교가들은 피에로가 가졌던 기하학과 선형 수학에 대한 비상한 관심에 유의한다. 낭만주의는 감정적 탐닉이며, T. E. 흄이 이야기하듯 "분열된 종교"라고 생각하는 모더니스트들에게 피에로가 뛰어난 사랑을 받도록 해준 것은 아마도 피에로의 이러한 냉정한 기하학 덕택일 수도 있다. 피에로의 그림에서는 어떤 종교도 분열되지 않고, 어떤 인간의 충동도 감정적으로 그려지지 않는다. 우리는 후기 르네상스 시대에 그랬던 것처럼, 19세기에 왜 피에로가 무시당했는지 이해할 수 있다. 그 위대한 프레스코 벽화에 있는 모습은 갓돌 위에 근육질 다리 한쪽을 놓고 힘들이지 않고 무덤에서 자기 자신을 일으켜 세운 것처럼 보이는 그 모습은, 중세나 가톨릭 교회의 예수도 아니며, 믿음의 시대가 끝나갈 때 새로운 인간적 역할을 맡게 되는 자유주의적 인도주의자인 예수도 아니다. 헉슬리가 이야기하는 것처럼 그는 압도적인, 뻔뻔스럽기까지 한 인물로서, 그의 표정 없는 시선은 종교에서 인정하고 갈망하는 어떤 목적에도 주목하지 않는다. 헉슬리는 말하기를, 그의 모습은 고전적인 이상, 인간 자신이 지닌 예술과 형상 감각으로 불멸화시키, 자족적인 인간으로서의 뛰어난 이미지를 구현한다고 한다.

어쨌든지 그 그림은 대단히 만족스러울 뿐 아니라 전율을 일으킬 정도이다. 우리로부터 경외심을 자아낸다. 우리는 그 날 아침 대단한 성취감을 느끼며 스파게티를 먹었다. 왜냐하면 누가 자기 자신을 조금도 칭찬하지 않으면서 위대한 그림을 감상하고, 위대한 책을 읽을 수 있겠는가? 그러나 침착한 분위기였다. 식당은 거의 비어 있었다. 활기 없는 작은 마을에 다른 여행객은 없는 것 같았다. 오늘날은 상황이 다르다. 독일과 일본 여행객을 태운 버스들이 줄지어 있다. 시청의 그 그림을 보관하는 장소는 예술품같이 꾸민 미술관이 되었다. 그림에는 조명이 설치되고, 다른 그림과 분리되어 보호되고 있다. 나는 이러한 변화가 일어나기 전에 우리가 그 그림을 본 것이 기쁘다. 헉슬리가 어렵게 기차를 타고 와서 보르고 산 세볼크로에 도착하여 그 그림을 처음 보았을 때보다 지금은 그 그림을 보기가 더 어려웠을 수도 있었다. 피에로의 그림은 지금 중요한 관광 명소가 되었다.

아이리스는 피에로의 그림에 매료당했다. 우리는 그 그림에 대해서 많은 이야기를 했지만 아무리 그것에 대해 이야기를 해도 그 그림에서 받은 깊은 인상은 마치 물속에 잠겨 있는 빙하의 부분처럼 아이리스의 언어 밑바닥에 잠겨 있었다. 자신의 신체적인 힘과 존재로서의 어두운 힘이 자기 자신을 무덤에서 밀어낸 것처럼 보이는, 피에로의 그림에 나타난 신은 장차 아이리스 의 비전과 창작에 많은 영감을 줄 것이었다. 그녀의 소설에서 눈에 띄게 나타나든지 암시적으로 나타나든지 간에 그림들이 담당했던 중요한 역할에 대해 말했을 때 아이리스는 "당신 말이 맞아요. 그것들은 실제로 모두 그저 그림일 뿐이에요"라고 말했다.

"글쎄, '그저 그림들'이라고 하지는 않겠어요. 그러나 나는 몇몇 당신의 독자들이 당신의 소설에서 발견하는 정신과 영혼을 고양시키는 것들은 다른 종류의 위대한 예술과 말없이 공동체를 이룬다는 생각을 종종 해왔어요. 독자는 모르고 있지만 말이에요. 당신이야말로 어색하거나 장식적으로 보이지 않게 하면서도 소설 속에 온갖 예술 세계가 들어올 수 있게 하는 내가 아는 유일한 소설가예요."

아이리스는 미소지었다. "대단히 고마워요. 내가 작업할 때 어떤 일이 일어나는지 생각하고 싶지 않아요. 당신은 비평가이지만 나는 비평가가 아니에요."

거의 어떤 그림이든지 이처럼 눈에 보이지 않게 아이리스에게 영감을 줄 수 있었다. 한번은 우리가 프랑스 북부의 변화한 산업 도시 릴에 있었는데, 이 곳은 미술에 관한 한 일종의 피츠버그나 맨체스터 같은 곳이었다. 그 곳에서 대개 우리가 가지는 토론과 그에 대한 질의 응답을 하는 모임을 가지기로 되어 있었다. 대학과 도시의 문화 생활을 활성화하기 위한 축제였다. 우리는 그런 나들이를 항상 즐겼다. 아이리스는 새로운 사람들 만나기를 좋아했다. 정식 강의를 하기 원하는 것은 결코 아니었지만, 아이리스는 누구를 만나던지 솔직하게 대하고 누구에게나 따뜻하게 말하기 때문에 연사로서 매우 인기가 높았다. 릴에서도 예외는 아니었다. 그 곳에는 놀랍게도 기대하지 않았던 '탐정' 이라는 이름의 훌륭한 서점과, 그 서점과 똑같이 훌륭한 작품으로 가득 찬 멋진 화랑이 있었다. 그 화랑을 찾는 게 쉽진 않았다. 오랫동안 걸어야 했지만, 거기에는 아이리스의 조용한 관심을 사로잡은, 잘 알려지지 않은 어떤 네덜란드 작가가 그린 작은 그림이 한 점 있었다. 아이리스가 열중하는 동안 나는 부게로와 그의 친구들이 그린 매우 커다란 프랑스 후기 제정 시대의 화폭 사이를 어슬렁거렸다. 그 화폭에는 대단히 커다란 나체의 여인들이 마치 풍선처럼, 병색이 짙은 꽃들로 가득 찬 하늘까지 뻗어가고 있었다. 의심할 바도 없이 그들은 한때 릴의 시민들에게 인기를 누렸었다. 하지만 아이리스는 작은 보물 하나를 발견했다. (나는 아직도 그 화가의 이름을 기억해 낼 수 없다.) 그 그림은 단순히 금작나무 사이 언덕으로 올라가다가 사라지는 하얀 좁은 길을 보여 주고 있었다. 이탈리아 경찰관이 그랬듯이, 그리고 피에로의 신비롭고 우울한 예수가 그랬듯이, 이 그림은 아이리스의 후기 소설들의 풍경과 인물들에 어렴풋이 나타난다.

다른 그림들도 있었다. 하나는 발튀스가 그린 것이었는데, 교활하게 관대한 미소를 띤 소녀가 등뒤에 카드 한두 장을 쥐고 있는 화려한 상대방과 카드놀이를 하는 그림이었다. 그 남자는 그 지역의 정신 지체 청년인데, 그 소녀가 나름대로 침착하게 그에게 친절히 굴고 있는 것일까? 아니면 그녀의 남동생일까? 그 그림을 전시 목록에서 본 나와 아이리스는 마드리드의 티센 보르네미차 미술관의 복도와 전시관들을 이리저리 다니며 그 그림을 찾았다. 시인 블레이크가 감화력이라고 불렀을 이러한 힘은, 우리가 그 후 세인트 루이즈 미술관에서 본 베크만의 그림이 그랬던 것처럼, 그녀의 다음 소설에 변형되어 나타난다.

그러나 아이리스의 작품에 가장 심오하게, 동시에 가장 눈에 띄게 영향을 준 그림은 바로 티치아노의 후기 그림으로서, 아폴로에게 껍질이 벗겨지는 목축의 신 마르시아스이다. 그 그림은 모라비아의 외딴 수도원에 있었는데, 몇 년 전 런던의 왕립 미술원 전시회에 빌려 주었었다. 아이리스는 헤아릴 수 없을 만큼 여러 번 그 그림을 보러 갔지만 한마디 말도 하지 않았다. 그 그림에 대해 침묵을 지키는 것이 그 그림에 경의를 표하는 그녀의 방식이었다. 한번은 우리가 전시회에 함께 있었을 때 나는 아이리스를 놀리려는 마음으로 이 순교 당한 목축의 신은 피에로의 예수가 역전된 것 같다고, 그리고 거꾸로 매달린 그의 이목구비에 나타난 끔찍한 미소는 – 고통의 미소인지, 환희의 미소인지 – 어떤 면에서는 피에로의 그림 하단부에서 무슨 일이 일어나는지 아무런 관심을 보이지 않고 무덤에서 일어나는 끔찍한 예수의 얼굴을 상기시킨다고 말했다. 아이리스는 나를 쳐다보았고, 생각에 잠겨 혼자서 빙긋이 웃고는 아무 말도 하지 않았다. 그러나 티치아노의 그림은 그녀에게 준 영향이 가장 명백하게 인정되는 그녀의 가장 '유명한' 그림이 되었다. 그 그림은 런던의 화가 톰 필립스가 그린 아이리스의 초상화에 어둡기는 하지만 명백히 배경으로 나타난다. 아이리스의 그 초상화는 국립 초상화 미술관에 걸려 있다.

　우리의 결혼 생활은 그렇게 시작되었다. 또한 고독의 즐거움도 그렇게 시작되었다. 모순되는 것은 없었다. 즐거움과 고독은 서로 완벽하게 어울렸다. 자신이 상대방의 마음속에 소중히 간직되고 동반자가 된다고 느끼면서도 서로 홀로 있을 수 있었다. 그리고 신체적으로 가깝게 얽혀 있으면서도 다정하게 고독이 존재함을 느꼈다. 가까이 있는 것 자체만큼이나 따뜻하고 적막하지 않은 고독이 존재함을 느꼈다.

아이리스와 J. B. 프리스틀리. 잭은 완전히 삼촌 같은 모습이었다.

아이리스의 친구 브리지드 브로피.

일본을 방문했을 때.

1975년 일본 방문시 문학에 대해 강연할 때.

보리스와 아우디 빌러. 우리가 언제나 깊은 감명을 받은 환상적인 한 쌍의 커플이었다. 보리스와 아우디 빌러. 우리가 언제나 깊은 감명을 받은 환상적인 한 쌍의 커플이었다.

1975년의 스티븐 스펜더.

5

    나는 아이리스를 '그리워' 한 적이 없고, 그런 의미에서 아이리스도 나를 그리워한 적은 없다고 생각한다. 우리가 떨어져 있어야 할 일이 생겨서 따로 있게 될 때에도 그것은 일종의 가까움이었다. 그 옛날 텔레비전이 흑백이었고, 우리가 텔레비전을 소유하거나 원하지도 않았을 때였다. 가끔 아이리스의 어머니를 방문했을 때 우리는 깜빡거리는 텔레비전 화면에 나타나는 한 광고를 보았다. 그 광고에서는 어떤 젊은 남자가 영국에 걸맞은 이슬비가 내리는 우아한 도시 거리의 한 모퉁이에 서 있었다. 그는 비를 피하기 위해서 모자챙을 위로 젖히고(그때는 아직도 거의 모두가 모자를 쓰고 있었다) 담배에 불을 붙이고 있었다. 그 거리의 불이 환히 켜진 집에서 한 무리의 젊은이들이 웃으며 나와 차를 타려고 하고 있었다. 담배에 불을 붙인 그 젊은이는 독선적으로, 그리고 좀 안되었다는 투로 담배를 뻐끔뻐끔 즐기면서 피웠다. 자막에는 "스트랜드만 있으면 당신은 결코 홀로 있는 것이 아니다"라고 쓰여 있었다.

우리는 가끔 아이리스의 어머니 집의 텔레비전에 나오는 스트랜드 광고를 보았고 그 광고 때문에 웃었었다. 위대한 그림뿐 아니라 텔레비전 광고들도 새로 태어나는 아이리스의 소설 세계 속으로 들어왔다. 그 광고는 우리가 누리는 친밀함 가운데 존재하는 고독의 만족을 상징한다는 의미에서 내게 더욱 중요했다.

스트랜드는 시장에 나온 담배 중에서 가장 안 팔리는 담배 중 하나이다. 후에 광고 일을 하는 나의 학생이었던 청년으로부터 광고계에서 스트랜드는 크레이븐 A와 같은 종류로 취급된다고 하는 말을 들은 기억이 난다. 크레이븐 A는 계속 인기 있는 담배였지만 한때 광고 때문에 거의 망할 뻔했다. "크레이븐 A는 당신의 목에 영향을 끼치지 않습니다" 하는 것이 그 담배의 광고였는데, 끽연가들은 당장 자신들의 목에 손을 대고 "맙소사. 담배를 끊는 것이 좋겠어"라고 생각했다. 스트랜드 광고에 나온 청년도 끽연가들에게는 똑같은 효과를 냈다. 분명히 그는 오랜 기간 고독할 것이었다. 그러나 나는 새로운 우리 삶의 방식에 만족했던 것처럼 그 광고에서도 똑같은 만족을 맛보았다.

요즈음 우리의 생활과는 매우 달랐던 삶이었다. 마치 홀로 있는 것과 같았지만 우리는 결코 홀로가 아니었다. 나는 아이리스가 런던에 가거나 강의를 하기 위해서 잠시 집을 떠나 있을 때, 한번은 예일 대학교에서 반 학기를 지냈을 때, 결코 마음속으로 아이리스를 따라 여행하지 않았다. 아이리스도 나를 필요로 한다거나 서둘러서 내게 돌아오기를 원했다고 생각하지 않는다. 우리는 몸은 비록 떨어져 있었으나 결코 떨어져 있는 것이 아니었다. 나는 아이리스의 사진을 들여다본 적도 없었다. 사진은 실제의 아이리스와 상관이 없는 것 같았다.

*

우리는 지금 처음으로 함께 있다. 마치 얽혀 있는 나무처럼, 신들에게서 함께 늙어가는 선물을 받은, 오비드의 시에 나오는 바우시스와 필레몬처럼, 사람들이 종종 행복한 부부에 대해 이야기하듯 우리는 떨어질 수 없는 부부가 되었다. 우리에겐 익숙지 않은 생활 방식이다. 각각이면서 친밀했던 상황이 가깝게 있으면서 친밀한 관계가 되었다. 그런데 우리는 그런 관계에 익숙하지 않다. 실제로 그렇게 해본 적이 없었기 때문이다.

우리가 그 반대되는 삶을 살았다는 것은 아니다. 아이리스의 철학적인 친구가 '원거리 결혼'이라는 말을 만들어 냈는데, 그런 식으로 지내는 결혼이 학계에는 드물지 않다. 원거리 결혼, 즉 멀리 있으면서 결혼 생활을 하는 것은 한 항목의 독립된 부분이 되는 것을 선호하는 사람들 사이에서는 잘 이루어진다. 그런 결혼은 멀리 떨어진 곳에서 각각의 일을 해야 한다면 실제적일 뿐 아니라 함께 보내는 시간에 느끼는 만족감을 더욱 민감하게 해줄 수도 있다. 그러나 앤소니 파월의 이야기처럼 그것은 결혼한 것과 똑같은 것은 아니다. 결혼에서의 개별성은 사랑의 상태를 나타내는 것이지 거리나 선호도나 실용성 등의 기능을 뜻하는 것이 아니다.

다른 거위들을 찾지 못하는 거위는 어떤 사물에 – 다른 동물이나 돌, 혹은 기둥까지도 – 애착을 가지게 되고 그것을 시야에서 놓치지 않으려

할 것이다. 홀로만 남겨진다는 공포, 몇 초라도 낯익은 물체에서 차단된다는 공포를 가지는 것은 알츠하이머병의 한 모습이다. 아이리스가 지금 내 피부 속으로 기어 들어올 수 있다면, 마치 내가 캥거루처럼 주머니를 가지고 있어서 내게 들어올 수 있다면 그녀는 그렇게 할 것이다. 아이리스는 내가 하는 일을 의식하지 못하지만 나라는 존재를 의식한다. 사랑의 언어와 몸짓은 여전히 자연스럽게 나오지만, 그것은 언어 능력이 있을 때 할 수 있는 무언의 의사소통과 같은 역할을 하지는 못한다. 어쨌든 아이리스는 공적으로 사용되는 언어를 잊었다. 우리가 사적으로 사용하는 언어를 잊은 것은 아니지만, 사적인 언어로 우리가 할 수 있는 말은 그리 많지 않다.

나는 부엌 식탁에 앉아서 늘 그래왔던 것처럼 그 식탁을 나 자신의 영역으로 유지하려고 절박하게 노력한다. 아이리스는 그것을 이해하는 듯하다. 그것은 상기시키면 그녀는 유순하게 텔레비전이 켜져 있는 거실로 간다. 하지만 1분도 되기 전에 아이리스는 다시 되돌아온다.

*

우리는 결혼하기 전에 거처할 집을 찾아다녔었다. 세세한 항목과 가격이 적힌 장부를 가진 부동산 중개인과 함께 라일리를 타고 집을 보러 옥스퍼드 주변을 돌아다니는 것은 현실이라기보다 놀이 같았다. (아이리스의 소설 《잘려진 머리》에서 자신의 결혼은 어떤 것도 이루지 못한다고 불평하는 인물이 의미하는 그런 심각한 의미에서 우리는 결코 현실적이 아니었던 것 같다.) 우리는 가벼운 분위기에서 집들을 둘러보았다. 뱀턴에 있는 어떤 집이 아이리스의 마음을 사로잡았는데, 침실 옆에 여성 화장실이 달려 있었기 때문이었다. 다른 집에는 수영할 수 있을 만큼 커다란 연못을 가진 정원이 있었다. 좀 먼 곳에 있는 세 번째 집에는 가꾸지 않은 채 그냥 내버려둔 작지만 진짜 수영장이 있었다. 그러나 인공 연못은 우리들에게 별로 매력이 없었다. 그 당시에는 매우 다양한 대지주의 주택들이 매물로 나와 있었는데 대부분 낡았고 값이 쌌다. 우리는 서로에게 "이 방은 당신의 작업실로 쓸 수 있겠어요" 혹은 "부엌 벽난로는 그 앞에 앉으면 기분 좋겠어요" 등의 말은 할 수 있었지만 난방, 요리, 하수도, 욕실(공작새의 푸른색 타일로 되어 있는 욕실을 칭찬하기는 했지만)에 대해서는 전혀 알지 못했다.

아이리스는 버퍼드 가까이에 있는 태인턴 마을의 어떤 집을 좋아하게 되었다. 그 집은 윈드러쉬 강 가까이에 있어 주위 경관이 매우 아름다웠다. 이 집이야말로 그녀가 소유해야만 할 집이었다. 그때까지만 해도 아이리스는 결혼을 할 것인지 전혀 확신할 수 없었지만 말이다. 나는 마치 가장 합리적인 것처럼 교활하게 아이리스 혼자 그 집에 항상 살 수 있겠다고 말했다. 나는 그 집으로 그녀를 방문하러 오겠다고 했다. "그렇다면 행상인들은 어떻게 하구요?" 그녀는 미소지으며 말했다. 행상인 농담은 이미 틀이 잘 잡혀 있었다. 내가 매일 저녁 퇴근해 돌아오지 않는다면 행상인들이 들어왔을 때 그녀가 어떻게 대처할 수 있을까? "그러나 당신도 옥스퍼드에서 일하고 있을 것이니까 행상인들은 스스로를 돌보아야지요." 우리는 웃었다. 그리고 이 집 외에는 어느 것도 결정하지 않았다.

1956년 6월이었다. 아이리스는 그 무렵 매우 가까워진 소설가 엘리자베스 보언과 함께 지내기 위해서 아일랜드에 갈 예정이었다. 집을 사기 위해서 입찰하고 계약하는 등의 임무가 내게 주어졌다. 나는 그렇게 했고 모든 것이 만족스러워 보였다. 그런데 집 주인이 마음을 바꿨다며 부동산 소개업자한테서 전화가 왔다. 집주인이 내어놓은 값에 집을 사겠다는 사람에게가 아니라 정한 가격은 없지만 그 값보다 더 주겠다는 사람에게 팔겠다는 것이다. 의심할 여지없이 집주인은 집을 살 사람이 몇 명 있다는 이야기를 들었었나 보다. 나는 아이리스가 얼마나 그 집을 원하는지, 나와 결혼하는 것보다 그 집과 결혼하기를 얼마나 더 원하는지를 알았다. 나는 질투했는지도 모른다. 나는 부동산 거래나 그 수법에는 완전히 문외한이었고, 부동산 소개업자는 그런 것이 매우 정상이라고 생각하는 것 같았지만, 나는 주인이 우리를 속였다고 느꼈기 때문에 주인에게 화가 나 있었다. 나는 소개업자에게 우리가 말한 가격을 고수하겠다고 말했다. 다음날 소개업자에게서 전화가 왔다. 입찰에는 실패했으며, 다른 입찰자가 그 집을 사게 되었다는 것이었다.

그 다음날 아이리스가 아일랜드에서 돌아왔다. 전화를 통해서 아이리스는 여느 때와 다르게 솔직하게 마음을 털어놓았다. 그녀는 카운티 코크에 있는 적적한 보언 저택에서 보언과 함께 앉아 기네스 맥주와 브랜디를 마시고 수다를 떨며 대단히 즐거운 시간을 가졌다고 말했다. 아이리스는 전화를 싫어했다. 그녀는 전할 말을 할 때만 아주 짧게 전화를 사용했다. 나는 아이리스가 그녀의 아일랜드 방문에 대해 솟구치는 감정을 그대로 보이는 것에 감동되기도 하고 걱정되기도 했다. 나는 그녀에게 태인틴 집을 놓쳤다는 이야기를 해야 하는 것이 두려웠다. 그러나 용기를 내서 이야기를 했을 때 아이리스는 내가 힐만 밍스 자동차를 부딪혀 사고를 냈을 때처럼 평온했고 나를 이해해 주었다. 아이리스는 일반적으로 철학적이었다. 그녀는 내게 어쩔 수 없는 일이었다며 걱정하지 말라고 했다. 나는 이따금 내가 할 수 있었던 어떤 충성스럽고 따뜻한 구애보다도 그 두 사고가 더 그녀로 하여금 나와 결혼하고 싶다고 느끼게 해준 것은 아닌가 하는 생각을 해왔다. 함께 겪는 불운은, 비록 그것이 결혼 생활에서 보통 겪는 불운이 있기 이전이라 할지라도 의심할 바 없이 그런 효과를 가져올 수 있다.

다른 요소가 있었는지도 모르겠다. 아이리스는 우리가 결혼한 후 한참 지나고 나서, 그 무렵 옥스퍼드에 살고 있던 엘리자베스 보언을 만나러 가는 길에 그녀가 보언을 방문했을 때 보언이 자신보다 젊은 손님인 아이리스의 감정적인 생활에 상당히 아일랜드적인 호기심을 보였었다고 내게 말했다. 아마도 기네스 맥주나 브랜디의 영향 때문이었는지 아이리스는 그때 가장 그녀답지 않게 그녀의 여주인에게 속마음을 털어놓았었다. '바깥 일 하는 남자'와 요리하는 소녀 외에는 아무도 없는 커다란 집에서 두 사람만 있었을 때 그들은 몇 번 흉금을 털어놓는 기회를 가졌다. 엘리자베스는 자신의 행복했던 결혼 생활을 아이리스에게 이야기했다. 그녀의 많은 지성인 친구들은 그녀에게 결혼은 어울리지 않는 것이며 그 결혼을 이해할 수 없다고까지 생각했었다. 그녀의 남편은 훌륭하였지만 대단히 따분한 사람이었다. 그녀와 남편은 아이들을 가지지 않는 데 동의했다. 무엇보다도 그녀는 글을 쓰기 원했고, 서부 전선에서 전쟁을 치른 그녀의 남편은 현대 세계는 끔찍한 곳이기 때문에 세상에 새 생명을 탄생시키는 것이 정당화될 수 없다고 진정으로 느꼈다. 그녀의 후기 소설에서 감동적으로 그러나 덧없게 그려지는 것처럼, 엘리자베스는 이러한 결심을 한 것에 대해 나중에는 후회했다. 그녀가 열두 살이 되기 전에 부모님이 돌아가셨기 때문에 남편의 죽음은 외로움과 가족 생활의 부재에 대해 더욱 사무치는 마음이 들게 해주었음에 틀림없다.

보통 때는 거의 남성적인 자제력을 가진 두 여인이 고즈넉하고 습한 날 아일랜드의 시골집에서 서로 흉금을 털어놓는 모습을 생각할 때에 나는 감동하게 된다. 그들은 아침이 되면 각각 자신들의 작품을 썼다. 두 사람은 소설을 쓰고 있었다. 점심을 먹은 뒤에는 그들은 산책을 하거나 차를 타고 나갔다가 저녁 식사 후 작품 쓰는 일을 계속했다. 점심과 저녁 식사 때에는 프랑스 보르도산 적포도주인 클래리트를 자유롭게 마셨지만 엘리자베스에게 하루 중 가장 신나는 시간은 오후 6시 술 마시는 시간이었다. 그녀는 이때를 냉소적으로 행복한 시간이라 부르곤 했다. 엘리자베스는 미국과 미국인을 사랑했기 때문이었다. 그녀는 이 시간에는 항상 자신이 '유쾌한 술친구'라고 부르는 사람들에게 의존하여 친목을 도모했다. 그런데 아이리스의 방문은 엘리자베스의 오랜 친구 두 명이 도너레일에서 떠나고 엘리자베스가 갑자기 집을 팔고 아일랜드를 떠나기로 작정한 두 기간 사이의 공백기에 있었다. 엘리자베스는 이런 것 역시 아이리스에게 이야기했고, 그들은 삶에서 우리가 어떻게 결단을 내리게 되는지를 천천히 이야기하게 되었다. 그녀를 도와주고 상담에 응해줄 남편도 없는데 아일랜드를 떠나는 일은 엘리자베스에게 고통스러운 일이었다. 그녀는 "알란 없이는 구두도 살 수 없어요"라고 아이리스에게 말했다. 엘리자베스는 자신의 삶에서 가장 끔찍했던 순간은 이 저택에서 밤에 잠이 깨었을 때 남편이 자기 옆에 숨져 있는 것을 발견했던 때였다고 했다.

엘리자베스의 작품을 잘 알지도 못한 채 그 작품들을 숭배했고, 그 순간 엘리자베스와의 우정을 매우 중요하게 생각했었던 아이리스에게 이 대단히 냉소적이고 말없는 여인이 보여준 무기력함은 그녀의 마음을 매우 감동시켰다고 나는 생각한다. 의심할 바도 없이 아이리스도 보통 때와 달리 속마음을 털어놓았는데, 엘리자베스가 말했던 결혼의 유익함은 거의 절박할 정도로 자신에게 깊은 인상을 주었노라고 후에 아이리스는 말했다. 아이리스가 아일랜드로 향하기 전 그녀는 뭔가 나에 관한 이야기와 시골집에 대한 그녀의 생각을 말했었다. 그때까지 나를 만나본 적이 없었던 엘리자베스는 나와 집에 대한 안부를 물었다.

그런데 이제 아이리스에게 집을 놓쳤다고 이야기해야 하게 된 것이다. 나는 아이리스에게 내가 조심성이 없어서 혹은 사업적 기질이 없어서 생긴 일이라고 말하지 않았다. 사실은 질투심을 느꼈을 가능성을 제외하고는 나는 그 집을 신뢰한 적이 없었다. 그 집은 의심스러운 구석이 있었다. 그 집의 확실한 매력, 그 마을과 시골 전경의 아름다움, 또 강 가까이 그 집이 있다는 것에 홀딱 반해서 아이리스는 그 이외의 사항에는 전혀 관심이 없었다. 공교롭게도 몇 주 후 그 집의 중개인이 전화를 걸어 왔는데, 다른 사람이 그 집을 사는 것이 틀어졌고 그래서 우리가 옛날 조건으로 살 수 있다고 했다. 나는 이러한 소식 역시 아이리스에게 전하지 않았다. 왜냐하면 운 좋게도 아이리스가 매우 관심을 가지게 된 새로운 집이 매물로 나왔기 때문이다.

나는 엘리자베스를 만난 적은 없으나 그녀의 작품을 모조리 읽었으며, 대단히 즐겁게 그리고 거의 열정적으로 그녀의 소설과 이야기의 세계에 살았다. 내가 좋아하는 작품은 《사랑의 죽음》이었다. 한번은 내가 엘리자베스에게 《사랑의 죽음》을 가장 좋아한다는 말을 하는 실수를 저질렀는데, 그녀는 그리 반가워하지 않는 것 같았다. 그녀는 《사랑의 죽음》이나 그 책의 성공에 전혀 관심을 보이지 않았다. 그녀는 자신의 독자들이 가장 최근에 나온 그녀의 책이 제일 재미있고 도전적이며 예기치 못한 책이라고 생각하기를 바랐다. 그녀의 마지막 두 소설, 《작은 소녀들》과 《이봐 트라우트》가 사실 그런 책이었다. 그러나 내가 특히 그 소설들을 좋아하는 것은 엘리자베스가 자신의 것으로 만든 롬니 마쉬와 작은 하이드 마을이 있는 매혹적인 바닷가 지역을 다시 배경으로 하여 쓰고 있었기 때문이다. 그녀는 그녀 어머니께서 돌아가시기 전 어렸을 때 그 마을에 살았었고 옥스퍼드에서 살려고 했다가 하이드의 언덕에 있는 작은 집을 샀다. 확실히 그녀는 자신이 행복하게 지냈던 곳, 자신이 이야기로 생생하게 창조해 낸 곳에서 살기 위해 그 곳으로 되돌아간다는 것은 거의 실패하는 행위라는 것을 잘 알고 있었다. 어쩌면 몰랐을지도 모른다. 어떤 면에서 그녀는 매우 단순했을 뿐 아니라 계산적이지도 못했다. 그녀는 결코 그런 이야기를 하지 않았지만, 우리가 그녀를 방문했을 때 하이드에 살아보려 한 그녀의 시도가 전적으로 성공한 것은 아니었다는 느낌을 받았다. 비록 그곳에서는 '마음에 맞는 술친구'를 찾는 데 아무런 문제가 없었고 《작은 소녀들》과 《사랑의 죽음》에 등장하는 히콤 가족의 세계 같은 전적으로 비문학적이고 비지성적인 세계에서 편안히 살았지만 말이다.

　엘리자베스는 옥스퍼드로 돌아와서 우드스톡에 있는 베어 호텔 별관 한편에 정착하기로 결정했을 때 그녀의 건강은 좋지 못했다. 그녀는 인후암에 걸렸었다. 하루에 육십 개비의 담배를 피우는 끽연가로서 그녀는 점심이나 저녁을 먹을 때 한 입 가득 담배 연기를 뿜어대는 것을 좋아했다. 수술 결과는 좋았다. 회복이 잘 되어서 그녀는 종종 우리를 보러 왔다. 한번은 내가 제인 오스틴에 대한 강의를 했는데, 놀랍게도 그녀는 그 강의에 참석해도 괜찮겠느냐고 물었다. 처음에는 나는 그녀의 강력한 존재 때문에 압도당하는 느낌이 들었다. 그러나 그녀는 대체로 말이 없었고 더할 수 없이 상냥하고 조용하게 도움을 주었다. 그러나 때로는 날카로운 질문을 하기도 하고 젊은 학부학생이 제기한 논점을 격려하기도 했다. 성격상 학문적은 아니었지만, 그녀는 물론 독서를 많이 했고 날카롭고 익살맞은 타고난 비평가였다. 그때쯤 그녀는 미국 대학에서 객원 교수로 대단히 성공했는데, 그 곳에서 학생들은 그녀를 여왕같이 기쁘고 경외심을 가지고 대했다.

그녀에게는 무언가 독단적인, 거의 불안하게 하는 데가 있었다. 그녀의 오랜 친구인 데이빗 세실 경이 언젠가 내게 말한 적이 있다. 한번은 그 자신이 세심한 주의를 기울여서 마음에 맞는 몇몇 사람들이 모이는 저녁 파티에 엘리자베스를 초청하였고, 그녀가 분명히 그 파티를 즐거워할 것이라고 믿었다. 그러나 그 파티는 실패였다. 엘리자베스는 결코 조용히 있을 수가 없는 사람이었다. 그러나 그녀는 저녁 내내 비협조적이었고 거만스러웠다. 후에 그녀는 엄하게 주인에게 말했다. "데이빗. 나는 당신이 이제쯤은 우리 단둘이만 만나던가, 사람이 많은 파티에서 우리가 만나기를 원한다는 사실을 깨달을 정도로는 나를 잘 알았어야 한다고 생각해요." 거기에는 답이 있을 수 없었다. 엘리자베스는 친한 친구들에 대해서 대단한 소유욕을 보였고 그 친구들의 아내나 남편에게는 적대적이었다. 그녀는 어떤 기관이나 개인이 지지하는 것에는 찬성하지 않더라도 그들에게는 대단히 충성스러울 수 있었다.

그녀의 가족은 아일랜드에서 '떠오르는 세력'이라고 불리곤 했던 신교도였다. 그녀는 자신의 지위와 생활 스타일의 일부로 아일랜드 교회에 다녔었을 것이다. 그러나 그녀는 동료 소설가 어너 트레이시가 지방에 있는 가톨릭 신부 가운데 일어났던 재정적 추문을 조사하고 그것을 《선데이 타임》지 기사에서 비난한 것 때문에 어너 트레이시를 결코 용서하지 않았다. 어너 자신은 가톨릭 교도였다. 그러나 그것은 대수로운 것이 아니었다. 요점은 엘리자베스가 어너가 한 일을 이웃에게 충성스럽지 못한 무례함이라고 본 것이었다. 여기에서 그녀의 아일랜드적이고 지방적인 본능이 격세유전적으로 작용하고 있었던 것이다. 저널리스트로서 그 추문을 누설하려고 함으로써 어너 트레이시는 아일랜드의 신성한 기관인 로마 가톨릭 교회에 반역하는 죄를 범한 것이었다.

사석에서 그녀가 말했듯이 엘리자베스는 그 사건에 연루된 성직자가 사기꾼인 것을 잘 알았었다. 그녀는 또한 아일랜드 사회에서 가톨릭 교회가 담당하는 역할을 굉장히 싫어했다. 그러나 그녀는 결코 공공연하게 그런 말을 하지 않을 것이었고, 그녀가 사랑하고 그녀가 살고 있는 지역의 사람을 배반하지도 않을 것이었다.

어너 트레이시 역시 아이리스의 절친한 친구였다. 불타오르는 듯한 빨간 머리를 지닌 그녀는 대단히 독립적이며 태도가 화려했고 자신의 견해나 편견을 거침없이 표현했다. 그녀는 엘리자베스보다 더 오랜 가문인 노르만 드 트레이시즈의 후손이었다. 그 가문은 노르만족이 영국을 정복했을 때 도왔으며, 12세기에 아일랜드 남부를 정복할 때도 일익을 담당했다. 보언가는 훨씬 후에 아일랜드에 왔다. 보언 대령은 크롬웰이 신임하는 장교로서 재산과 땅을 하사받아서 거기에 보언 저택을 건설했었다.

아일랜드 역사는 두 사람의 배경에 상당히 중요하며 두 사람은 각각 그 나름대로 아일랜드에서 무시할 수 없는 존재들이었다. 그렇지만 어너 트레이시는 엘리자베스가 노여워했다는 생각에 부들부들 떨며 무서워했다고 아이리스에게 말한 적이 있었다.

이상하게도 엘리자베스가 아일랜드에 관해 쓸 때 소설가로서 가장 훌륭한 점이 나타나지는 않는다. 아마도 아일랜드가 지닌 슬픔, 아일랜드에 대해 그녀가 지고 있는 책임 등 때문에 그녀가 지닌 흥미로운 감각을 발휘하지 못했던 것 같다. 그녀가 사망했을 때 집필 중이었던, 그래서 매력은 있지만 단지 일부만 남게 된 작품을 포함해서 그녀의 걸작들은 영국적인 삶과 풍습을 다루는 희극이나 희비극이었다. 그녀가 가장 편하게 다루었던 것은 2차 세계대전 때의 런던이었다. 히틀러의 런던 공습은 엘리자베스로 하여금 그녀의 가장 훌륭한 소설 중 하나인 《그 날의 일기》 뿐 아니라 몇몇 탁월한 단편들을 쓰게 했다. 그때 소위 '폭격기의 달'이라 불렸고 이 세상의 것처럼 보이지 않는 빛은 《신비한 코르》를 변모시킨다. 《신비한 코르》는 런던에서 일하는 한 소녀가 런던의 모습을 자신이 한때 읽은 적이 있는 시에 나오는 유령의 도시로 바라보게 되는, 폭격 맞은 런던에 관한 이야기이다.

늪지대와 모래사장 너머에 있는 황무지에도 아니고
열기 뜨거운 숲과 개펄에도 아니며
신비스러운 코르여, 그대 성벽은 버려진 채 서 있고
그대 외로운 탑은 외로운 달빛 밑에 서 있도다.

나는 언제나 엘리자베스에게 그 시를 어디에서 읽었느냐고 물을 마음이었지만 그렇게 하지 못했다. 그녀가 타계한 후 몇 년 뒤 내가 가르치는 수업에서 엘리자베스의 이 단편이 우리의 주제였을 때, 한 학생이 이 시를 누가 썼느냐고 물었다. 나는 누가 썼는지 전혀 모른다는 것을 인정하지 않을 수 없었다. 보언 자신이 그 시를 썼을지도 모른다. 지금은 박사 학위를 받고 글래스고우 대학교의 학생감인 호기심 많은 나의 학생은 그것으로 만족하지 않았다. 그는 답을 찾을 때까지 보드리안 도서관을 샅샅이 뒤졌다. 알고 보니 그 시는 별로 유명하지 않은 에드워드 시대 시인이자 문필가인 에드워드 랭이 쓴 것이었는데, 그는 그 시를 《솔로몬 왕의 금광》을 포함해서 많은 베스트셀러 소설을 쓴 작가이며 탐험가인 친구 라이더 해거드에게 바쳤었다. 그 시의 대부분은 졸작이었으나, 엘리자베스는 틀림없이 소녀 시절에 잊혀진지 오래된 그 시대의 시 선집에서 우연히 그 시를 보았을 것이다. 그런데 그 시는 그녀가 성장한 후 그녀의 상상력 속에 늘 출몰했으며 그녀가 그 이야기를 쓰도록 해주었다.

아이리스의 창작혼도 똑같은 방식으로 작용했다. 그녀의 소설은 소녀 시절에 읽었던 기억 속에 묻혀 있었던 글귀들이나 우리가 함께 인용하고 토론했던 글귀들로 가득 차 있다. (그것들 중 하나가 셰익스피어의 《한여름밤의 꿈》에서 따온 '지독히 까만 얼굴을 한 돌까마귀'였다. 그 구절은 《잘려진 머리》에 나온다. 그것은 소설에서 일어나는 간통을 암시하고 있다. 우리는 운전할 때 다른 구절과 함께 그것을 읊조리곤 했었다.)

우리가 스티플 애스턴에 있는 집에 정착한 후 어녀와 엘리자베스 두 사람다 때때로 우리 집에 와서 묵었다. 어녀는 독자적으로 조사를 해서 엄격한 보고 기사를 펴내는 사이 사이에 휴식을 취하기 좋아했다. 그녀는 우리 집이 아니라 애스턴 클린튼에 있는 벨이라는 선술집에 머물렀다. 주인을 알았던 그녀는 그 곳에서 알코올성 점심과 저녁으로 우리를 기막히게 대접하곤 했다. 기자 일을 그만둔 후 그녀는 아일랜드의 서쪽에 있는 아킬 아일랜드의 작은 시골에서 살았다. 그 곳에서 그녀는 아일랜드 삶을 담은 활기찬 희극을 썼다. 그녀의 희극 중 가장 훌륭한 작품은 《좁고 곧은 길》이다. 이 작품은 한때 "선한 길과 악행 사이에서 좁고 곧은 길을 항상 따르라"고 신도들을 훈계했던 한 아일랜드 사제에 관한 이야기이다. 그것은 실화였다. 어너 자신이 그 설교를 들은 적이 있었다. 그러나 아일랜드 인들은 자기들끼리는 사적으로 매우 무례하게 굴 수도 있지만 공개적으로 놀림 받는 것을 좋아하지 않는다. 어너의 재미있는 소설들은 그녀의 조국 아일랜드에서는 거의 읽히지 않고 구할 수도 없다. 그녀의 소설들이 미국이나 영국에서 재판도 인쇄되지 못한 것도 수치스러운 일이다. 아일랜드 내에서 한때 매우 중요했던 독특한 아일랜드식 검열의 세력은 그 외의 다른 곳에서도 여전히 신뢰받고 있다.

 스티플 애스턴에 있는 집을 우리가 볼 수 있었던 것은 축복이었다. 그 집은 강이 있고 목가적인 테인턴의 집에 대한 갈망을 아이리스의 머리 속에서 당장 몰아내 버렸기 때문이다. 집도 마을도 그녀가 처음 사랑에 빠진 테인턴의 그것만큼 아름답지는 않았지만, 집과 마을은 고풍스러웠고 견고했으며 다정했다. 19세기 초에 그 곳에 농가가 지어졌다가 교회 가까이에 있는 어떤 신사의 주택으로 개조되었던 집이었다. 거의 두 에이커나 되는 넓은 터가 골짜기로 흘러가는 냇가 쪽으로 가파른 경사를 이루고 있었다. 우리 쪽 골짜기에는 오래된 연못, 어쩌면 중세 때 물고기가 살았을지도 모를 연못들이 있었다. 아이리스는 당장 이 연못들에 매료되었다. 24킬로미터나 떨어져 있는 옥스퍼드에서 가르치는 두 교수의 입장에서 본다면 이 장소가 그렇게 실질적이지 못했다. 그런 생각은 아이리스에게는 떠오르지도 않았다. 그녀는 불리한 점은 따지지도 않았다. 아마 똑같이 실질적이지 못한 보언 저택이 아이리스에게 영향을 끼쳤을지도 모른다. 우리는 점잖게 그 집을 씨더럿지라고 불렀는데, 그 집은 가격이 놀랄 정도로 쌌다. 매우 견고해 보였지만 그 집의 상태가 좋지 못함을 우리는 나중에 알게 되었다. 빛나는 푸른 눈을 지닌 노련한 목수 팔머 씨가 곧 집을 계속해서 손보게 되었다. 어디서 나오는지 알 수 없는 물이 천장을 통해 뚝뚝 떨어지곤 하는 이층 방에 앉아서 글을 쓰는 아이리스를 그는 경탄하며 바라보곤 했다.

사교적으론 우리에게 아무런 짐이 되지 않는 팔머 씨를 제외하고는 그 곳은 우리들만의 장소였다. 이전에 그 집을 소유했던 부인은 아들이 그녀를 위해 사준 건지 섬의 작은 현대식 방갈로에 가서 살 예정이었다. 그녀는 그 마을에서 오래 산 노부인으로 우리를 돕거나 우리를 위해 '일할 수' 있는 다양한 사람들을 추천했다. 우리 두 사람 다 일해 줄 사람을 쓸 마음이 내키지 않았다. 우리는 씨더럿지에 삼십년 이상 살면서도 집이나 정원을 돌보는 사람을 쓰지 않았다. 이제는 집도 정원도 어떤 도움을 받아도 아무 소용이 없을 정도로 상태가 나쁘게 되었다. 그런 상태가 우리에게는 적절한 것 같다. 적어도 아이리스에게는 그렇다. 여류 작가 로즈 머콜리는 – 아이리스는 그녀를 한두 번 만났다 – "일들이 엉망이 되게 내버려두고 그렇게 되고 난 뒤에 무슨 일이 일어나는지 보는 것"이라고 말하곤 했었는데, 그것이 어떤 이점을 가져올지에 대해선 나는 아무런 확신도 할 수가 없다.

처음에는 이 집에 내 의지를 보이려고 무척 노력했었다. 청소하고 잔디를 깎고 장작을 패고 페인트를 칠하고 전기를 고치려고 했다. 하지만 나는 곧 포기했다. 아이리스는 항상 나를 도왔다. 그리고 모든 여자들이 집에서 하는 일을 자신도 한다는 생각을 즐기는 것 같았다. 그러나 그것은 꿈꾸는 일이었다. 그녀 상상 속의 세계의 일부였다. 아이리스가 햇빛 비치는 먼지 쌓인 이층 방에 앉아서 쓰는 그녀의 소설 속에서 창조되는 세계의 일부였다. 그 이층 방은 옛날 편지, 종이, 깨어진 장식품, 아이리스가 길에서 줍거나 그녀의 친구들이 준 돌멩이들로 가득 차 있었다. 이 돌들은 한때는 냇물에서 또는 해안가의 조수로 계속 닦여서 그렇게도 깨끗하고 아름다웠는데, 이 집에 있는 다른 모든 것들처럼 먼지가 끼고 죽을상이 되어 있었다. 그것이 그때 나를 슬프게 했고 지금도 그렇다. 그런데 이런 것은 조금도 아이리스를 괴롭히는 것 같지는 않았다. 그녀에게 돌은 플라톤적인 물체였다. 돌들은 우리를 에워싸고 있는 실제적인 그리고 매우 꾀죄죄한 정적인 삶의 일부로서 존재하는, 우발성에 구애받지 않는 어떤 절대적인 형태의 세계에 살고 있었다.

우리의 일상 생활에서 돌들만이 플라톤적인 사물은 아니었다. 아이리스의 상상력 속에서 거의 돌들과 똑같은 것으로 여겨지는 것들은 실제 한 번도 제대로 설거지가 되지 않은 냄비들이었다. 결혼 생활의 이익이 어떤 것일까를 아이리스에게 제안하려 했을 때 그녀가 연상했던 행상인도 그런 플라톤적인 사물의 상태라고 나는 느꼈다. "그래요. 당신이 집에 돌아오시는 것을 내가 맞이하면서 '여보, 행상인들이 집에 들어왔었어요'라고 말하는 것을 상상하고 싶어요"라면서 아이리스가 생각에 잠겨서 대답했을 때, 나는 갑자기 그녀가 결혼할 생각을 심각하게 받아들일 준비가 된 것이 아닌가 하는 희망을 가졌다. 아늑한 가정적인 드라마의 이미지가 들어있는 그녀의 오래된 행상인 환상은 잊어버렸는지 모르지만, 그녀는 때때로 미소를 지으면서 친구들이나 인터뷰하러 온 사람에게까지 자신은 우리가 결혼한 후 원래는 요리를 할 생각이었다고 말했다. "그런데 며칠 후 존이 자신이 요리하는 일을 맡으면 더 잘 될 것 같다고 제안했지요." 앞치마 두른 요리사로서의 이미지는 달려나가 남편을 키스로서 맞으면서 행상인들이 들어왔었다는 거짓 공포의 소식을 전하는 즐겁고 희망찬 아내로서의 이미지보다도 더 짧은 시간밖에 아이리스의 마음속을 차지하지 못했다.

그렇긴 해도 요리하겠다는 그녀의 의도가 부질없는 허풍은 아니었다. 아이리스는 요리할 능력이 있었는데, 다른 온갖 실제적인 일들을 그녀가 해낼 수 있었던 것과 똑같이 요리도 매우 잘 할 수 있었을 것이다. 아이리스는 전쟁 중에 가장 명성 높은 재무부에서 일했을 때 '상상적인 부재중 진급'이라고 알려진 미묘한 개념의 전문가가 되었었다. 그것은 전쟁 때 군대에 소집된 공무원들이 만약 그대로 하던 일을 계속 했다면 받았을 봉급 인상과 승진을 평가하는 일이었다. 연장자인 동료들이 이 문제에 대해서 그녀와 의논했고 그녀가 그들에게 말한 것을 이의 없이 받아들였다. 만약 아이리스가 그런 다른 일에 집중했다면 그녀는 의사, 고고학자, 자동차 기계공이 될 수 있었을 것이다. 사람들은 셰익스피어가 극장 밖에서 말을 지키는 사람으로서 생애를 시작했으리라고 한때 생각했다. 어떤 19세기 학자는 만약 그렇다면 셰익스피어는 어느 누구보다도 말을 잘 다뤘으리라고 우리는 확신할 수 있겠다고 말했다. 위대한 예술가는 거의 어떤 일이든지 그것에 집중하면 성공할 수 있다. 아이리스도 예외일 수는 없었을 것이다. 만약 아이리스가 아이를 낳았다면 대부분의 어머니들보다 아이를 더 양심적으로 돌보았을 테고 확실히 더 잘 양육했을 것이다. 그러나 그런 경우 그녀가 쓴 소설들을 쓰지는 못했을 것이다.

나는 내 자신이 요리하겠다고 말한 기억이 없다. 내가 그저 요리를 하게 된 것이고, 어쨌든 요리라고 말할 수 있는 것은 아니었다. 중요한 것은 아이리스는 훌륭하게 일하고 있었고, 아이리스가 일하는 데 방해받아서는 안 된다고 나는 굳게 결심했던 것이다. 먹을 것을 찾는 것은 쉬웠다. 우리는 평범한 저녁 식사를 저렴하게 먹을 수 있는 간선 도로변의 선술집에 자주 가곤 했다. 현재 영국에서 요리는 진지하게, 지나치게 진지하게 취급해야 하는 일종의 예술이 되었다. 그때는 이렇게 되기 훨씬 전이었다. 40년 전에는 까다로운 새로운 요리는 없었다.

그런데도 아이리스에게는 오늘날 대중 매체가 출몰하는 부엌에서 일하는 어느 새내기 못지않게 노력을 한 때가 있었다. 우리가 결혼하기 훨씬 전, 아이리스는 결코 나와 결혼하지 않을 것이라고 생각했을 때, 그녀는 학구적인 변호사와 그 아내를 저녁 식사에 초대하기로 작정했다. 그들 집에서 아이리스와 나는 처음으로 함께 식사한 적이 있었다. 그녀는 다른 손님을 한 사람 더 초대했는데 나를 초대 손님에 포함하지 않은 데 대해서 내게는 아무런 사과도 하지 않았다. 그 당시 아이리스는 보몬트 스트리트에 있는 아파트의 맨 위층에 살았다. 식당은 없었고 아이리스의 지붕 밑 부엌방은 거의 부엌이라고 부를 수도 없었다. 그러나 나는 약간 마음에 상처를 입었고, 존슨 부부를 꼭 대접해야 한다면 식당에 가서 대접할 수 없겠느냐고 아이리스에게 제안했다. 그녀는 달래는 투로 그렇게 하고 싶지 않다고 말했다. 그들이 그녀를 그렇게 여러 번 집으로 초대를 했기 때문에 그녀는 최소한 자신이 수고해야 하는 게 당연하지 않겠느냐고 했다. 내가 그때 우울하게 이해한 바로는 아이리스는 그런 일에 매우 정성을 들일 수 있다는 것이었다.

그녀는 대단한 노력을 기울였다. 우선 아이리스는 값이 비싸고 뚜껑이 꽉 닫히는 보트 모양의 빨간 에나멜 캐서롤 그릇을 샀다. 무척이나 무거운 그릇이었다. 우리는 그런 것을 그때 처음 보았다. 나는 경의에 차서 그 그릇을 바라보았으며, 아이리스는 새로운 소유물을 자랑스럽게 쳐다보았다. 요리하기 좋아하는 그리스 혈통을 지닌 그녀의 친구가 스테파도스라는 매우 특별한 그리스 요리를 준비하는 데 필요한 것이 바로 이것이라고 그녀에게 말했던 것이다. 쉽지는 않지만 제대로 되기만 하면 그 요리가 세상에서 제일 맛있는 요리라고 그는 아이리스에게 말했다. 그는 플라톤 추종자로서 철학자였지만 그가 정말 흥미 있어 하는 것은 요리와 전화였다. 그 요리를 준비하도록 아이리스를 격려했기 때문에 그가 초대받은 세 손님 중에 포함되는 것은 자연스러운 일이었다.

아이리스가 그 요리를 준비하는 데는 꼬박 이틀이 걸렸다. 아이리스나 내가 또다시 그 요리를 준비할 엄두를 낸 적이 없어서 그 요리 속에 정확히 어떤 것들이 들어갔는지는 기억할 수 없다. 그러나 시장에서 사온 질이 좋은 소고기가 많이 들어갔고 올리브 기름과 가지, 양념, 허브, 토마토 간 것 등도 듬뿍 들어갔었다. 물론 그 요리는 대단히 성공하였다. 아이리스는 그 남은 것을 다음날 차가운 상태로 나와 함께 먹었는데, 정말이지 내 생애에 그것보다 더 맛있는 음식을 먹어보지 못했다고 나는 생각한다.

그녀가 온갖 종류의 일들을 특출나게 할 수 있었을 것처럼 아이리스는 요리도 완벽하게 할 수 있었다. 그러나 내가 다음날 그녀와 그 요리를 앉아 먹고 있었을 때 - 그런데 만족스럽게도 그녀는 뜨거울 때보다 차가우니까 더 맛있음을 인정했다 - 나는 실망감을 누를 수가 없었다. 어쩐지 그런 일을 하는 것은 아이리스답지 않아 보였다. 존슨 부부를 깜짝 놀라게 했음에 틀림이 없는 요리의 대성공은 그녀에게 어울리지 않는 것이었다. 존슨 부부는 아이리스를 좀 이상하지만 사랑스러운, 비세속적인 사람, 철학가, 전도 유망한 소설가, 그리고 자신들이 그 역량을 안다고 생각하며 그들 나름대로 선심을 쓸 수 있는 그런 사람으로 생각하곤 했다. 그들이 그렇게 생각하기 때문에 아이리스가 그런 일을 했을까? 만약 그렇다면 나는 존슨 부부와 동감하지 않을 수 없다. 우리의 삶에서 어떤 위치를 부여받은 친구는 전적으로 특징 없게 행동해선 아니 된다. 더욱이 나처럼 그런 친구를 사랑할 때는 더욱 그렇다.

어쩌면 아이리스도 이런 점을 알았나 보다. 아마도 그래서 그런 일이 그렇게 한 번으로만 끝난 것이 아니었겠는가. 지금 와서 생각하면 그 일이 사소해 보일 수도 있지만 그 일은 나를 놀라게 했고 계속 그랬다. 그 일을 내가 기억해 내는 것은 내가 지금 이러한 상태의 아이리스에 관해서 쓰는 것이 어려운 것처럼 어려울 수 있다. 내가 아이리스를 현재의 그녀로서만 생각할 수 있을까? 현재의 그녀는 내게 항상 그래왔던 그녀와 똑같은 아이리스이다. 어쨌든 아무리 사랑하는 사람이라도 누구를 묘사한다는 것이 그 묘사되는 사람에게서 비껴나가지 않는 경우는 없을 것 같다. '진실'이 무엇이든 그것을 왜곡해서가 아니라, 묘사하는 사람 자신이 그가 그려내고 있는 사람의 모습을 제대로 묘사할 수 없을 정도로 온통 자신을 잃기 시작하기 때문이다. 내가 말로 표현하는 아이리스는 지금까지 존재해 온 어떤 아이리스일 수도 없음을 나는 안다. 스테파도스 일화에 대해 쓰면서, 그런 일을 할 의지를 지녔었고 그녀답지 않게 그런 일을 했던 아이리스를 내가 묘사하는 것을 나는 더 이상 믿을 수 없었다.

여하튼 그 일화를 이야기하는 단어들이 내 마음속에서 뒤범벅이 되고 있다. 아이리스가 내 옆에서 졸다가 깨어나고 있고, 그래서 나로 하여금 글 쓰는 일에 집중하지 못하고 그녀에게 주의를 기울이게 하기 때문이다. 바로 이 사람이 내가 알고 있는 유일한 아이리스이다. 항상 여기에 있었으며 그래서 내가 늘 알아온 유일한 아이리스 말이다.

그 값비싼 빨간 캐서롤 그릇은 그 후 다시 사용되지 않았다. 아니 거의 사용되지 않았다. 아마 한두 번 내가 확신도 없이 성공도 하지 못한 요리를 하느라고 그것을 썼을 뿐이다. 한두 번 스튜를 끓였는데 손님들은 그 스튜에 대해서 아무 말도 하지 않고 먹었거나, 여자 손님 한 사람이 상냥하게 통상적인 칭찬을 하면서 먹었거나 했다. 그 그릇은 집안의 많은 다른 것들처럼 잊혀져서 찾을 수 없다. 거미줄이 쳐진 채 찬장에 놓여 있었던 것을 마지막으로 본 기억이 난다. 그 그릇은 마치 아주 오래되어서 낡은 것처럼 보였다. 바닥의 철에서 나온 녹이 빨간 에나멜 밖으로 스며 나와 있었다. 그런데 그것이 새 것이었을 때는 한때 그 요리를 하기에 가장 적격자가 아닌 것처럼 보였고 어떤 의미에서는 적격자가 아닌 사람이 만들었던 가장 완벽한 요리가 그 그릇 속에 담겼었다.

나는 아이리스의 생애에 있었던 또 다른 요리 경험을 적을 수 있는데, 그 경험을 기억하면 나는 지금도 상당히 화가 난다. 그 일은 내가 아이리스를 처음 만났던 무렵, 아니면 아마 그녀를 만나기 전에 일어난 일인 것 같다. '원격 결혼' 중이었던 마음이 강한 여류 철학자와 총각이었으며 국제적 명성을 지닌 수리 논리학자는 둘 다 아이리스의 친구였는데, 아이리스가 없을 때 그녀의 방을 하루 빌렸다. 그 당시 아이리스가 살던 방은 가스 풍로와 세면대 외에는 별다른 것이 없었기 때문에 그들이 그 방을 빌린 것은 비밀스런 성적 모임을 위해서가 아니라 수학자가 요리 실험을 해보고 싶어서였다. 그런 목적을 위해서 왜 그들이 아이리스의 방을 필요로 했는지 나는 지금도 이해할 수 없다. 그 방이 편리했고, 그들이 아이리스가 한없이 좋은 성품을 지녔고 신중한 사람이었기 때문에 그들이 주제넘게 굴었다는 것 이외에는 말이다. (물론 그들은 옳았다. 그러나 이제 나는 틀니를 하고 있어서 내 치아는 아니지만 내가 그 생각을 하면 아직도 이가 갈린다.) 요리 실험이란 정어리 스프를 끓이는 것이었는데, 비엔나 출신이지만 발틱 해에서 온 듯싶은 그 수학자는 자신이 그 국을 거의 완벽하게 만든다고 큰소리쳤다. 여류 철학자는 그를 믿지 않는 척했고 아무리 그 요리가 절묘하게 만들어진다 해도 어떤 상황에서도 그런 식사에 참석하지 않겠노라고 맹서했다. 그 발상 자체가 그녀를 역겹게 했다. 그래서 그들은 내기를 하기에 이르렀다.

  수학자가 그 내기에서 이겼다. 그 스프는 대성공이었다. 철학자는 항복했고 스프는 대성공이라고 말했다. 실상 그녀는 그 국을 매우 맛있게 먹었다. 며칠 후 아이리스가 돌아왔을 때 그녀의 방에서는 생선 냄새가 코를 찔렀고, 집주인은 화가 나서 펄펄 뛰었으며, 방은 상상할 수 없을 정도로 난장판이었다. 다른 세입자들은 시끄럽고 냄새가 난다고 불평했었다. 한 점의 흠도 없었던 머독 양의 평판은 이제 다 망쳐졌다. 여자 집주인의 눈에는 아이리스는 타락한 여자였다. 자신의 집에서 입에 담을 수도 없는 야릇한 파티를 하도록 내버려두고, 의심할 바 없이 그 파티에 참석하기조차 한 타락한 여자였다. 그 집이 있는 곳이나 상황이 그녀에게는 매우 적절했지만 아이리스는 얼마 후 그 집을 떠났다. 아이리스가 성내는 기색은 전혀 없이 관대하게 즐겁다는 투로 그 얘기를 내게 했을 때 내가 화났던 것은 그녀가 그 집을 떠나게 되어서가 아니었다.

사실상 아이리스는 아직까지도 그 두 사람과 사이가 아주 좋다. 그 두 사람은 어느 누구도 일어난 일에 대해 사과하려고 했거나 사과할 필요가 있다고 생각한 것 같지 않다. 그런데도 아이리스가 그들을 아직도 존경하는 것이 나를 무지하게 화나게 한다. 그보다 더 나를 화나게 했고, 무슨 이유인지 지금도 나를 창으로 찌르는 것처럼 아프게 하는 것이 있는데, 아이리스가 가장 아끼는 물건이 아주 못쓰게 되어서 방바닥에 나뒹구는 것을 그녀가 발견했다는 사실이었다. 그것은 아이리스의 어머니가 생일 선물로 특별히 그녀에게 주었던 푸른색의 실크 쉬퐁 스카프였다. 아이리스가 그 스카프를 보았을 때 그 상태가 얼마나 역겨웠는지 그녀는 코를 잡고서 그것을 집어서 곧장 쓰레기통에 버릴 수밖에 다른 도리가 없었다. 그 수리 논리학자는 그의 걸작을 완성하기 위해서 가장 발이 촘촘한 채가 필요했는데, 여류 철학자는 서랍을 열어서 아무렇지도 않게 그 스카프를 채로 쓰도록 그에게 주었던 것이었다.

나는 아직도 그 두 사람이 정어리 스프의 마지막 한 방울까지도 짜내는 모습을 상상할 수 있다. 나는 그 사람들을 한두 번 만났을 뿐인데, 그들을 만났을 때 나는 최소한의 예 이상은 갖추기가 어려웠다.

이제 아이리스에게 그 이야기를 상기시키기에는 너무나 늦었다. 그러나 내가 그렇게 할 수 있다 하더라도 아이리스는 예수님과 같은 관용과 즐거움과 선량한 성격을 보였을 것이다. 의심할 것도 없이 아이리스는 용서했을 것이다. 그 끔찍한 장면을 보았을 때 그녀는 틀림없이 그렇게 느꼈으리라. 아니 그녀가 내게 한 이야기 속에서만 그 장면이 끔찍한 장면으로 보였을까? 내게 이야기하는 방식에서 그렇게 되었을까? 나는 아직도 나의 모든 본능이 나로 하여금 그 반대되는 거친 행동을 하도록 했을 것이라고 느낀다. 내가 그 두 사람을 쫓아가서 그들을 살해하거나 그들이 가진 소유물을 가능한 한 많이 예리한 칼로 잘게 찢어놓았어야 했다. 그런데도 아이리스가 그 이야기를 했을 때 나는 그처럼 천사같이 행동할 수 있었던 여인과 내 생을 함께 살고 싶다는 생각을 하면서 거기에 있었다.

무엇보다도 나를 화나게 했던 것은 바로 아이리스가 천사처럼 행동할 수 있었던 점이었다. 그것은 대단히 부자연스러워 보였다. 아직도 그렇게 보인다. 아이리스가 정말 그렇게 천사처럼 행동할 수 있었을까 하고 생각할 때, 만일 조심하지 않는다면 나는 아직도 화를 낼 수 있다. 어떤 의미에서 그러한 야단스러운 힘의 행사가 자신에게 행해지도록 그녀가 자초한 것은 아니었을까? 헴스테드의 괴물 신에게 복종했듯이 아이리스는 이들 논리학자와 철학자 신에게 복종하고 있었던 것은 아닐까? 아이리스는 자신의 소설에서처럼 그녀가 그 곳에 있었다면 기꺼이 희생자로 참여했었을 그런 희생제의 없었던 희생자였을까?

그런 생각을 하면 지금도 약간 몸서리가 쳐진다. 나의 삶을 정말로 그런 사람과 함께 살아왔단 말인가? 그렇다 해도 별로 문제가 되지 않았던 것으로 보인다. 아이리스가 나와 너무 다르게 행동한다는 생각이 때론 내게 쉽사리 믿어지지 않는 충격을 주긴 했지만 말이다. 한 가지 변하지 않고 지속되는 것이 있다. 아이리스는 언제나 생선을 싫어했고 특히 청어 종류는 모두 혐오했다. 아마 그런 일이 있기 전에도 그랬을 수 있겠지만 그 사건 이후는 확실히 그랬다.

물을 그렇게 좋아하는 사람이 그 물에서 사는 생물들은 왜 그렇게 달가워하지 않을까? 아니면 아이리스는 무의식적으로 생선들과 동류 의식을 느껴서 그것을 먹는다는 것은 꿈도 꾸지 못하는 것일까? 엄격히 말하자면 그녀는 내가 만드는 커리로 맛을 내는 정어리 빠떼는 먹을 것이다. 그것이 생선이라는 것을 알아보지 못하는 것일까? 완전히 못 쓰게 된 자신의 스카프를 집어 들었을 때 그 끔찍한 냄새가 어디서 나는 것인지는 조금도 의심할 여지가 없었다. 나 같으면 본능적으로 그 스카프를 집어 들고서 냄새를 씻어내려 했을 것이다. 그러나 아이리스는 그렇지 않았다. 그녀는 기분 좋게 그 스카프를 희생시켰다. 겉으로 보기에는 적어도 건전한 우정이라는 제단 위에 말이다.

6

  옛 문서에 묘사된 대로 씨더럿지라고 알려진 집과 그 주위의 땅은 따뜻하지도 건조하지도 않았다. 앞문 가까운 곳에 거대한 삼나무의 자취가 남아 있었는데 그것은 썩어 가는 거대한 나무판으로서 지면과 거의 같은 높이였다. 어쩌면 사람들이 거대한 나무를 잘라서 집안을 따뜻하게 하려는 헛된 시도를 한 것은 아니었을까? 우리 자신도 집안을 따뜻하게 하려고 여러 가지를 시도했었다. 나의 어머니께서 주신 오래된 레이번 스토브, 밤에 피우는 난로, 전기 난로, 앞쪽 홀에 놓았던, 세로로 홈이 파진 앞판을 지닌 아름다운 스테인리스 스틸로 된 값비싼 난로는 그 난로만큼이나 비싼 석탄 덩이를 태웠다. 어떤 난방 기구도 효과가 있는 것 같지 않았다. 아이리스의 소설 한 권이 영화로 만들어진 후 우리는 드디어 부분적으로나마 중앙 집중식 난방을 설치했는데 그것 역시도 적절히 작동하지 않았다. 어느 부분인지는 모르지만 중력에 관한 장치, 오일 탱크의 위치, 파이프의 설치 등이 제대로 작동하지 않았다. 그때쯤은 우리 친구 팔머 씨는 세상을 떠났으므로 그의 아들이 그것을 설치했다.

그래도 우리는 추위나 습기는 아랑곳하지 않았다. 실상 우리는 그것을 즐겼다고 생각한다. 침대 안은 항상 따뜻했다. 되돌아보니 나는 내 시간 대부분을 침대에서 보낸 것 같다. 나는 곧 침대에서 일하는 습관을 가지게 되었다. 눈오는 저녁에 집에 와서 아무 자국도 없는 눈 위에 우리의 발자국이 폭폭 파이는 것을 바라보면서 둘이 손을 잡고 야성적인 소리를 지르며 정원을 마구 달렸던 기억이 난다. 거의 눈이 오지 않았던 옥스퍼드보다 몇백 미터 높은 지대에 있었던 스티플 애스턴에는 눈이 자주 왔다. 침대는 또한 나에게 우리 집이 안전하고 자연스럽다고 느끼게 해주는 곳이었다. 우리의 존재를 알지 못하는 미지의 생물이 기다란 집의 다른 쪽 끝에 살고 있었을지도 모르지만 그 침대는 내게는 집이었다.

아이리스가 하루 이틀 집을 떠나 있었을 때, 나는 그러한 존재들이 결코 환상이 아니라는 것을 깨달았다. 무슨 소리를 들은 적은 없지만 정원에서 어둡고 좁은 층계를 올라갈 때에 나는 무언가가 내 앞으로 올라가는 것을 보았다. 커다란 쥐였다. 쥐는 꼭대기에 이르러 유유히 사방을 두리번거리고는 상수리나무 판자 사이에 있는 넓은 틈새로 폴짝 뛰어들었다. 쥐는 집에 돌아온 것이었다.

쥐들은 신사적이었다. 그 순간까지 우리는 그들의 존재를 전혀 알지 못했다. 일단 그들의 존재를 알고난 뒤에도 처음에는 그들이 있다는 게 우리에게는 별 방해가 되지 않았다. 쥐들은 그들의 삶을, 우리는 우리의 삶을 살았다. 그렇지만 우리가 쥐들이 그 곳에 있음 알았고, 그들도 우리가 자신들이 그 곳에 있음을 발견했다는 사실을 알았기 때문에 우리 관계는 결코 옛날과 똑같을 수는 없었다. 한 가지만 말하자면 그들은 더 이상 사려 깊게 행동하지 않았다. 이제 우리는 마루장 밑 단단한 그들의 지하 세계에서 그들이 움직이는 소리를 종종 듣게 되었다. 비록 집의 상태가 좋지는 않았지만 그 집은 그 시기의 든든한 스타일로 지어졌기 때문에, 쥐들이 있는 그 다른 동네에는 충분한 공간의 여지가 있었고 갉아먹을 나무 재목이 매우 풍부했다. 쥐들은 밤일 삼아 나무를 갉았고, 때로는 단순히 삶이 즐거워서 새벽 한두 시에 눈에 보이지 않는 긴 복도를 이리저리 뛰어다녔다. 그들은 틀림없이 몇 세대에 걸쳐 이 곳에서 살아왔고, 그래서 그들이 확립한 질서는 지금쯤은 그들에게 완전히 적절한 것임에 틀림없었다.

확실히 무언가 조치를 취해야 할 것 같았다. 시골 약사에게서 나는 쥐를 고통 없이 죽일 수 있을 뿐 아니라 기분 좋게 죽어 갈 수 있다고 알려진 쥐약을 많이 구입했다. 우리는 그것을 수저로 듬뿍 떠서 판자 틈새에 넣었다. 우리는 곧 쥐들이 즐기는 소리를 들을 수 있었다. 밤에는 이제 기뻐 날뛰는 소란함뿐 아니라 환희에 찬 비명조차 들렸다. 아이리스는 걱정하기 시작했다. 실상 고통스러워했다. 아직 시간이 있을 때 우리가 마땅히 그만 두어야 하는 것이 아니냐고 했다. 나는 망설이기 시작했는데 다행히도 쥐들이 그 문제를 해결해 주었다. 갑자기 쥐 소리가 들리지 않았다. 마치 쥐들이 우리가 게임을 하지 않는다면 자신들도 하지 않겠으며 차라리 집을 떠나겠다고 결정이라도 한 것처럼 말이다. 아이리스는 더욱 더 고통스러워 보였고, 나는 죽어 나자빠진 쥐들이 냄새를 풍길까봐 걱정했다. 그러나 오래되었고 추웠기 때문에 집안에서는 아무 냄새도 나지 않았다. 쥐들이 최후의 잔치를 치르고 떠난 것 같았다.

그 비슷한 일이 일어났을 수도 있다. 서로의 존재를 의식하게 되었기에 쥐들이 불안하여 그들의 습관을 변화시켰을 수도 있다. 전에는 그 쥐들이 밤에는 바깥으로 일하러 가고 낮에는 집안에서 잠을 잠으로써 우리의 편의를 도모했었다. 그래서 아무런 문제를 일으키지 않았다. 이 집의 전 주인인 친절한 미망인 블랑쉬 탱커빌 챔버레인(그녀의 진짜 환상적인 이름인데)은 쥐들을 괴롭히는 적이 없었고, 쥐들도 그녀를 귀찮게 하지 않았다고 나는 감히 말한다. 그 부인은 아마 쥐들이 거기 있다는 것조차 결코 알지 못했을 것이다.

이제 우리는 물론 쥐들을 그리워했다. 아이리스는 더 이상 고통스러워 보이지 않았으며, 우리는 쥐에 대해 이야기를 나눈 적이 없다. 그러나 밤중에 잠이 깨었을 때 우리는 때때로 처량하게 쥐 소리가 날까 하고 귀를 기울였다고 나는 생각한다. 바로 쥐들의 머리 위에 있는 테이블에서 쓰인 아이리스의 몇몇 소설에서 나는 쥐들과의 동정적인 친구 관계를 느낄 수도 있고, 그들의 소리를 들을 수도 있다. 왜냐하면 우리가 쥐들의 존재를 알게 된 후 아이리스는 밤낮으로 그들의 존재를 의식하게 되었으며, 그들을 좋아했고, 그들이 자극제가 되기까지 한다고 말하곤 했기 때문이다. 쥐 소리는 여름에는 정원에서 나는 개똥지빠귀의 노래, 창밖 전화줄 위에서 지저귀는 제비 '웨더비'들의 소리들과 섞였다.

세인트 앤 칼리지에서 가르치는 일을 그만둔 후 아이리스는 매일 아침 9시에서 11시까지 글을 썼다. 내가 옥스퍼드에 가 있을 때면 그녀는 라디오의 뉴스를 듣고, 식사를 하고는 정원으로 나갔다. 실제로 정원 일은 별로 하지 않았지만 물건을 둘 장소를 찾고 싶어했다. 그때는 옛 넝쿨 장미가 유행하던 때였다. 기스 공작, 존 잉그람 대위, 님프의 허벅지, 님프 애뮈의 허벅지 등 그 넝쿨 장미들 이름은 훌륭했다. 그 꽃잎들은 얇은 명주 같았고 냄새는 포도주 같은 향기를 뿜었다. 하얀 꽃잎은 얼음처럼 투명했고 한가운데에는 초록색이 선명했다. 책에서 '범벅이 된 중심'이라고 부르는 초록색 중심은 아이리스가 좋아하는 말이 되었다. 잉그람 대위 같은 짙은 보랏빛 꽃잎은 거의 검정색으로 시들어 갔다.

우리는 주말에 그 꽃나무들을 장미원에서 사와서 내가 정원에 서투르게 심었다. 곧 아이리스는 장미 산책로를 지니게 되었다. 그런데 어떤 의미에서는 그 장미들이 모두 그녀 소설의 여주인공 페니 포로네가 인정해 주었을 은밀한 장미들이었다. 아이리스 소설의 타이틀 《은밀한 장미》는 아이리스가 항상 좋아했던 루퍼트 부룩의 시에서 따온 것이었다. 곧 장미들은 병든 것같이 보이기 시작했고 나뭇잎에는 검은 점들이 생겼다. 그 장미를 본 아이리스의 친구는 그녀에게 꽃 집단 수용소를 지닌 것 같다고 놀렸다. 취미가 고상하지 못한 농담이었고 그것은 곱게 받아들여지지 않았다. 적어도 얼마 동안은 그 친구에 대한 아이리스의 태도에서 분명히 냉기가 느껴졌다. 아이리스는 성을 낼 때도 있었지만 성내는 것이 결코 오래 가지는 않았다. 그래서 그 친구는 다시 곧 아이리스의 사랑을 받았다. 나는 그 사람 때문에 아이리스가 장미를 싫어하게 되었다고 생각하지는 않는다. 그러나 어쨌든 장미들은 대부분 전성기를 지났고 더이상 살지 못했는데, 우리 두 사람 다 그것 때문에 마음이 상하지는 않았다. 관심을 기울이거나 돌보아 주지 않아도 되는 것처럼 한 그루만이 계속 살아서 번성했다. 그 장미는 열대 식물처럼 깊게 골이 지고 가장자리가 톱니 모양으로 생긴 두껍고 호화로운 잎을 지녔다. 진홍빛 열매는 열대 과일처럼 크고 윤기가 났다. 내 생각에 그 나무의 이름은 덴마크의 여왕이었다.

 그 집에서 내가 해야 한다고 느꼈거나 하기를 원했던 일로 인해서 그 집에 입주한 지 채 1년도 못 되어서 나는 편도선염에 걸렸다. 빅토리아 시대의 질병처럼 편도선염은 환자를 마치 고통 없이 시들어 가게 하는 것처럼 약하게 만들었다. 또한 그 병은 간격을 두고 계속 재발한다. 첫 번째 편도선염에서 회복한 후 나는 아이리스의 옆에서 키가 큰 풀 사이를 비틀거리며 걸어서 연못가로 갔다. 아이리스는 그 곳에서 더러운 진흙을 헤치며 수영, 아니 노를 저었다. 나는 그 연못가에 반드시 가야 한다고 느꼈지만, 만약 연못에서 아이리스가 어떤 어려움을 당하더라도 나는 너무 쇠약해서 손을 쓸 수 없었을 것이다.

 물론 아이리스는 어떤 위험도 당하지 않았고, 쇠약한 상태에 있었던 나는 수양버들 그늘 밑에서 축복 어린 미소를 나에게 보내는 아이리스의 얼굴을 보고 대단히 명랑해졌었다. 그리고 나서 감사하는 마음으로 힘들게 돌아와서는 다시 침대로 기어올랐다.

 침대는 기어오르거나 기어들어 가야만 할 정도로 넓었다. 참나무로 된 침대의 틀은 조각이 되어 있었고 매트리스는 거의 몸이 파묻힐 정도로 폭신했다. 우리가 이사할 때 옥스퍼드에서 열린 경매에 참가한 적이 있었는데 거기에서 이 침대를 1파운드에 샀다. 그 침대를 원하는 사람은 아무도 없는 것 같았다. 내가 용기를 내서 드디어 입찰했을 때 그 경매 관리인은 아주 고통스러운 얼굴을 했다. "선생님, 썩 좋지 않은 입찰 가격이군요." 그가 말했다. "입찰 가격이 참으로 좋지는 않지만 다른 제안이 없으니 받아들일 수밖에 없군요." 그 여름에 그 침대는 내 집이 되었다. 우리 집 자체는 결코 내게 집다운 역할을 하지 못하는 것 같았다. 나는 침대 속에서 책을 읽었고 음료를 마셨으며 서평을 썼다. 아직도 《스펙테이터》지를 위해서 소설평을 쓰고 있었기에 침대는 소설평 등의 원고로 덮여 있다.

　침대 속에 앉아서 나는 세상으로부터 안전하게 보호를 받는 것 같아 이것이 결혼 상태의 진정한 해탈, 즉 결혼이구나 하고 느꼈다. 그러한 꿈 같은 상황에서 쓴 서평 중 하나는 과학자이자 홍보 활동가며 그 역시 소설을 썼던 C. P. 스노의 아내인 파멜라 핸스포드 존슨의 책에 관한 것이었다. 그녀는 매우 능력 있는 1950년대의 소설가였다. 스노의 주요 관심사는 권력이었는데 그의 《거장들》이란 소설은 케임브리지 대학의 학장이 되기 위한 권력 다툼을 그리고 있으며, 그것은 초창기의 독창적인 대학 소설이다.

　내가 보기에 스노의 아내의 관심은 스노의 관심보다 좀더 섬세했다. 나는 그녀의 삼부작의 마지막 소설을 즐겼다. 나는 이전 두 편을 읽지 못했는데, 두 소설의 광고가 책 겉장에 있었다. 그 소설은 존 던의 시 〈침대는 당신의 중심〉에서 그 제목을 빌려 왔었다. 후에 나는 그 작가가 그 제목을 풍자적으로 붙인 것을 알게 되기는 했지만 그것은 좋은 징조라고 느꼈다. 그 소설은 여성이 성적으로 가정적으로 복종해야 한다는 것에 항거하는 초기 여성주의자의 외침이었다. 침대 위에서 그리고 침대 안에서의 길들임은 내게는 오로지 축복이었다.

　분명히 아이리스는 그 큰 침대가 그녀의 중심이라고 여기지 않았다. 아이리스가 그렇게 생각하는 것을 알고서 나는 우리가 완벽하게 조화를 이루는 부부인 것같이 느꼈다. 우리는 함께 결혼 생활을 했지만 그 침대는 내 차지였다. 목의 임파선 궤양 때문에 내가 유일하게 마실 수 있는 보리차나 오렌지 젤리를 가져온 후 아이리스는 침대 옆에 앉곤 했다. 내가 좀 나아지면서 우리는 주로 수란을 먹고 살았다. 아이리스는 수란 만드는 솜씨가 좋았는데 그 후 나는 그 기술을 부러워했다. 나는 결코 아이리스처럼 수란 만드는 것에 숙달되지 못했다. 수란 만드는 솜씨야말로 궁극적인 요리 기술이라고 나는 생각한다.

내가 또한 가장 감사히 여기는 것은 아이리스가 여성적 도우미의 이미지에 전혀 관심이 없다는 것이었다. 적어도 그녀는 플로렌스 나이팅게일은 아니었다. 그녀는 단지 나를 돌보았고, 나를 돌볼 때의 그녀의 얼굴 표정에서 나는 그녀의 마음은 먼 곳에 가 있다는 것, 그녀가 쓰고 있는 이야기의 플롯을 쫓고 있음을 알 수 있었다. 내가 병을 앓고 있는 동안 아이리스는 아무런 방해도 받지 않고 글을 쓸 수 있었다. 실상 그녀는 후에 내게 그 특정한 이야기를 창조할 수 있었던 것은 나의 질병이 가져다 준 조용한 시간 덕택이었다고 말했다. 그 말에 어찌나 만족했던지 나는 곧바로 병이 나아 버렸다.

두 번째 편도선염은 첫번보다 더 심했다. 그래서 단추 구멍에 항상 장미를 꽂고 다니는, 단정하고 바지런한 나이 지긋한 우리 가정의 전문가다운 명랑한 태도를 지녔지만, 약간 걱정하는 표정을 지었다고 나는 생각한다. 그의 빅토리아 시대 선배도 그렇게 했을 것이다. 의사의 이러한 태도와 아이리스가 별로 내게 신경을 쓰지 않았기 때문에 나는 만족했다. 어떻게 해선지는 모르겠지만 그녀는 걱정할 거리가 없다는 것을 알았다. 혈액 검사를 한 후에 의사가 검사 결과에서 '폴 버넬 효과'를 볼 수 있다고, 다시 말해서 문제는 편도선염에서 생긴 것이지 그보다 심한 다른 것이 아님을 뜻한다고 알려 주러 들렀을 때에 아이리스도 의사와 함께 기뻐하긴 했지만 말이다. 매력적이고 어쩌면 매우 유능하기도 한 그 의사는 반짝반짝 빛나는 늙은 눈으로 마치 이처럼 괴팍하고 매혹적이기도 한 두 사람이 아내와 남편인 척하면서 이 집에 살고 있다는 사실을 믿을 수 없다는 듯이 나와 아이리스를 번갈아 바라보고는 했다. 내가 병을 앓는 동안 그는 상당히 먼 블레이든에서 매일 나를 방문했다. 국가 보건 서비스가 생긴 초기 단계였는데 닥터 비반은 - 그의 이름은 이 서비스를 계획하는 데 가장 크게 기여했던 장관의 이름과 똑같았다 - 개인적인 환자는 받지 않았다. 그런데도 그는 마치 우리를 그가 돌보아야할 유일한 환자인 것처럼, 그렇게 하는 것이 그에게 아무런 문제가 되지 않는 것처럼 행동했다.

    닥터 비반이 우리를 결혼한 부부라기보다 이상한 두 아이들로 생각하고, 우리를 믿을 수 없다는 듯이 즐기는 시선으로 바라봄에도 불구하고, 그 여름에 내가 앓았던 병은 결혼 생활의 즐거움을 내게 확인해 주는 것 같았던 공간, 거리, 별거에 대한 나의 느낌을 더욱 더 편안하게 해주었다. 학기가 시작되었을 때 나는 병가를 내었다. 아이리스는 일하고 나는 병을 앓았는데, 나는 그런 상황을 즐겼다. 그녀는 소설 쓰는 작업을 계속 했는데 소설이 거의 완성되어 가고 있었다. 그럭저럭 침대는 나를 격려해 주었다. 나는 후에 〈사랑하는 사람들〉이란 제목으로 출판된 책을 구상하게 있었다. 세 개의 텍스트를 세밀히 연구한 책이었다. 시, 극본 그리고 소설이었는데, 이 텍스트들은 이 모양 저 모양으로 내가 아이리스와의 관계에서 알게 된 사랑에 대한 이해를 구체적으로 보여 주는 것 같았다. 초서의 장시 〈트로일러스와 크리세이드〉, 셰익스피어의 《오셀로》, 헨리 제임스의 《황금 그릇》에 대해 언급한 어떤 부분들은 내가 지금 다시 읽어 보아도 매우 복잡해 보인다. 하지만 그 책에서 내가 나타내려는 생각은 매우 순진한 것이었다. 그 당시 그런 종류의 비평서가 유행이었고 《사랑하는 사람들》도 상당한 성공을 거두었다. 그렇지만 요즘 영문학 비평 이론을 훈련받은 사람들이 그 책을 읽기 원한다거나 실상 그 책을 읽을 수 있으리라고 생각할 수는 없다. 그 책의 비평 어휘라던가 비평 방식은 현재 유행중인 것과 너무나 다르기 때문이다.

내가 그 책을 쓰면서 느꼈던 진정한 만족은, 뜻밖에도 아이리스가 그 느리게 진전되던 것을 읽고 싶어한다는 것, 그녀가 따뜻한 반응을 보였다는 데 있었다. 그것은 내가 아팠을 때 그녀가 나를 간호해 준 것이 아내다운 행동을 모방하는 것이 아니었듯이, 단순히 습관적으로 내게 충성하기 위해서 그리고 내가 취미로 하는 일에 관심을 보이는 척하기 위한 것은 아니었다. 아이리스의 관심은 진심이었다. 아이리스가 학생들, 친구들, 동료들과 늘 벌이게 되는 합리적이고도 심각한 토론을 시도하지는 않았지만 우리는 그 책에 대해 많은 대화를 나누었다. 우리 부부는 톨스토이가 《전쟁과 평화》에서 묘사하는 피에르와 나타샤 부부의 수준에 이미 도달해 있었다. 거기에서 피에르와 나타샤는 뜻이 통하지 않아도, 일관성 있는 말을 하지 않아도, 서로 상대방의 견해를 이해하는 남편과 아내 사이다. 우리가 함께 느끼고 대화했던 것 중 상당히 많은 것들이 후에 아이리스의 이정표적인 에세이 속에 들어가 있음을 발견했을 때 나는 황홀했다. 아이리스의 에세이 《메마름에 반하여》와 《선의 통치권》은 적어도 횡설수설은 아니다. 그것은 '범벅이 된 중심'이 아니라 투명한 이슬, 정제된 지혜의 진주들이다. 그렇지만 그 에세이에서 나는 우리 부부가 우리 방식으로 이야기하곤 했던 것들, 우리가 개인적이고도 공동적인 방법으로 의식하게 된 것들을 알아볼 수 있다.

　의심할 바 없이 아이리스는 내가 지금까지 만난 사람들 중에서 가장 겸손한 사람이다. 겸손에 대해 말하자면 아이리스는 내가 상상할 수 있는 가장 겸손한 사람이다. 사람들은 꾸며서 겸손한 체하는 경향이 있다. 겸손은 사람들이 반 의식적으로 다른 사람들이 자신을 의식해 주기를 바라는 외적 인격을 구성하는 무기의 일부이고, 사람들은 그러한 외적 인격으로서 세상을 대할 마음을 가지고 있다. 아이리스는 겸손에 대해 아무런 프라이드도 가지지 않는다. 자신이 겸손하다는 것을 알고 있다고 생각하지도 않는다. 성공적인 작가가 보통 자신의 신분이나 장래에 대해 마음을 쓰고 몰두하는 것, 좀 성공한 작가들이 그 성공을 유지할 수 없을까 봐 걱정하거나 몰두하는 것을 아이리스에게서는 전혀 찾아볼 수 없었다. 어쨌든 그 모든 것을 잊어버린 지금의 아이리스에게서 나는 현재 아이리스가 기억력을 상실한 것과 과거에 아이리스가 그런 일에 무관심했던 것 사이에는 거의 등골이 오싹할 정도로 비슷한 점이 있다고 느낀다. 그때 아이리스는 조용히 은밀하게 자신의 일을 했고, 그것에 대해 말하고 싶어하지 않았다. 서평을 읽거나 서평에 대해 듣기를 결코 원하지도 않았으며, 결코 서평을 비교, 대조 혹은 토의 할 필요를 느끼지도 않았다. 대부분의 작가들은 자신들이 작가라는 것을 확인하기 위해서 친구나 대중이나 대중 매체로부터 끊임없이 보장받기를 원한다. 그러나 아이리스는 결코 그런 것을 필요로 하지 않았다.

　이처럼 신분과 보장에 대한 정상적인 욕구, 아무리 겸손한 수준이라도 '책을 출판하는 작가' 라는 느낌을 갖고자 하는 욕구에는 사람의 마음을 끄는 데가 있다. 그러한 욕구는 종종 진정한 겸손함, 작가가 자신이

할 수 있는 것과 할 수 없는 것에 대해서 정확하게 자기 평가를 하는 것과 병행된다. 이러한 점이 바바라 핌 같은 작가에게서 실제로 나타나는 것을 본다. 나는 그녀의 소설을 레이몬드 챈들러, C. S. 퍼레스터, 앤소니 파월 그리고 한두 작가의 작품과 더불어 항상 즐겨왔고 되풀이하여 읽었다. 나는 그들의 소설을 마치 은밀하고 위안이 되는 악습에 열중하듯 읽고 또 읽을 수 있다.

아이리스에게 핌의 소설을 추천하고 그녀 앞에 가져다 놓았지만 아이리스가 그 소설들을 읽었다고 생각되지는 않는다. 친구가 혹은 친구의 친구가 쓴 소설이 아니라면, 그리고 그녀의 견해를 말해 줄 수 있겠느냐는 요청을 받았을 때가 아니면 아이리스는 현대 소설을 거의 읽지 않았다. 요청을 받으면 그녀는 한마디 한마디 세심하게 소설을 읽곤 했다. 그렇게 세심히 읽고 나서 아이리스는 매우 열광했다. 그녀가 요청 받은 책을 나 또한 읽었을 때에는 어울리지 않을 정도로 열광적이었던 것 같다. 이러한 아이리스의 열광은 따뜻하고 충성 어린 우정뿐 아니라 일종의 천진함에서 기인한 것이라고 나는 생각한다. 아이리스는 요즈음의 소설이 어떤지를 경험하지 못했다. 그래서 내가 그녀에게 바로 최근의 소설 방식으로 쓴 것이라고, 최근의 형식과 스타일을 단순히 모방한 것이라고 이야기해 줄 수 있는 것에 감동했다. 내가 그녀를 만나기 이전에 아이리스는 위대한 고전 소설들을 읽는다기보다 거기에 흠뻑 빠져 있었으며, 우리가 사귀던 초기에도 그녀는 도스토예프스키나 디킨즈, 때로는 프루스트를 읽고 또 읽곤 했다. 우리는 점심 시간에 각각 책을 들고 읽는 습관을 가지게 되었는데, 아이리스는 내가 열중해서 즐겁게 책을 읽는 것처럼 즐기며 책을 읽었다. 그러나 내가 읽고 있던 부분이 나를 즐겁게 해서 그것 때문에 그녀의 독서를 방해해도 결코 신경 쓰지 않았다.

아이리스는 항상 이러한 즐거운 순간들을 나와 함께 나누었다. 핌의 소설에 폭 빠져서 읽었던 시기에 내가 우스운 장면들을 큰소리로 읽는 것을 그녀는 좋아했으며, 그럴 때 아이리스는 정말로 즐겁게 웃었다. 어떤 면에서는 내가 읽으면서 너무나 많이 웃었기 때문이라고 생각되기도 한다. 아이리스는 내가 그렇게 웃는 것을 좋아했다. P. G. 우드하우스에 의하면 코믹한 글을 읽어 준다는 것은 상당히 피로한 일일 수도 있다. 즐거운 체할 필요가 있는데 갑자기 그 순간 그렇게 느끼기가 쉽지 않을 수도 있기 때문이다. 그러나 제인 오스틴의 경우처럼 핌의 작품은 짧은 문단을 함께 읽기가 특히 좋았다. 우리는 나의 학생이었던 핌의 젊은 친구와 함께 그녀를 딱 한 번 만난 적이 있다. 비록 만남의 시간이 짧았고 흔히 경험하는 영국적인 어색함이 있었지만 우리는 핌과 그녀의 자매를 굉장히 좋아했다. 그녀는 매우 키가 컸다. 사후 출판된 그녀의 일기에서 자신이 아이리스를 "능가하는 것처럼 느낀다"라고 쓴 것을 읽고 우리는 웃었는데, 이 글은 필립 라킨에게 보내는 편지에 쓴 것이었다. (물론 그녀는 키에서는 아이리스를 능가했다.)

바바라 핌은 자신에 대해 냉소적일 만큼 겸손했다. 그녀의 일기에서 볼 수 있는 것처럼 핌이 자신에 대해서 겸손한 것이나 냉소적인 것은 아이리스와는 전적으로 달랐다. 아이리스는 작가로서의 자신을 의식할 필요를 느끼지 않았다. 핌의 일기에는 자신에 대해 이야기를 들었을 가능성이 있는 사람이 "저기 작가 바바라 핌이 있네"라고 말하는 것을 상상하는 매력적인 순간이 있다. 그녀는 분명히 자주 그런 상상을 했고, 우리 대다수도 그런 상상을 한다.

*

독일인들이 존경스럽게 시인이라고 부르는 문학적 인물이 있다. 그런 인물은 대단히 훌륭하고 영웅적인 계급으로 형상화되기 때문에 그런 인물에게 겸손이나 이미지나 점잔빼기 등은 거의 문제가 되지도 않는다. 그런 작가 한 사람을 내가 이미 언급했는데, 그 사람은 내가 아이리스와 사귀던 초기에 햄스테드 괴물이라고 여겼었던 사람이다. (그의 여자 제자 가운데 한 사람이 그런 괴물에 관한 주제로 소설을 썼다.) 이 대단한 인물은 노년에 드디어 노벨상을 받았다. 그는 젊었을 때 맨체스터 가까이 살았었고 오랜 기간을 런던에서 생활했지만 그는 특히 독일에서 존경받게 되었다. (그는 독일어로 작품을 썼다.)

나는 그 시인을 몇몇 행사에서 만나기는 했지만, 어느 문필가들의 모임에서 딱 한 번 그와 대화를 나누었을 뿐이다. 그는 《리어왕》에 대한 나의 의견을 물었다. 결코 대답하기 쉬운 질문은 아니었다. 내가 옥스퍼드의 학생들에게 그 드라마를 '가르치려고' 시도했던 경험은 그 순간 전혀 도움이 되지 않았다. 그렇지만 나는 어쨌든 대답을 했고 그는 내 대답을 주의 깊게 들었다. 잠시 그의 꿰뚫어보는 시선을 조용히 감수하다가 나는 "《리어왕》을 어떻게 생각하시나요?" 하고 질문했다.

그는 오랫동안 여전히 침묵을 지켰다. 드디어 "친구들이 내 책은 견딜 수 없다고 해요"라고 그는 말했다. 운 좋게도 나는 그가 자신의 긴 소설 《현혹》을 말한다는 것을 알아차리고는 엄숙하게 고개를 끄덕였다. 침묵이 더 흘렀다. 드디어 그는 "《리어왕》 역시 견딜 수 없어요"라고 말했다.

나는 머리를 숙여서 절했다. 셰익스피어와 그의 걸작이 결코 이보다 더 대단한 찬사를 받을 수는 없을 것이었다. 그 마술사는 분명히 매혹적이었다. 엄숙한 비밀 회의 같은 분위기 그 자체를 나는 참을 수 없었다. 그래서 최고의 자부심을 지닌, 오만하지만 애교스러운 청년이 끼어들었을 때 나는 안도하였다. 현대적 '고뇌'에 대해 조사하여 펴낸 그의 책이 걸작으로 환영받았으며, 예기치 않게도 그 책은 베스트 셀러가 되었었다.

"선생님, 제 책을 어떻게 생각하시나요?"라고 그 젊은이는 쾌활한 어조로 물었다. 그는 이 위대한 인물이 자신의 훌륭한 책을 읽는 경험을 놓쳤을 리는 없다고 확신하고 있었다.

그 시인의 외모는 항상 인상적이었다. 거대한 머리, 숱 많은 검은머리를 지녔지만 키는 거의 난쟁이라고 할 수 있을 정도로 땅딸막한 이 시인은, 독일인들이 지쯔리제(sitzriese, 앉은 거인)라 부르는 허리께에서 짧게 재단한 거인 같았다. 그 시인은 온화하고 자비롭게 그 청년을 바라보았는데 질문을 확실히 이해하지 못한 것 같았다. 비록 영어가 그의 모국어와 다름없었고 독일어를 구사하는 만큼 완벽하게 영어를 구사했지만, 그 청년의 질문의 요점을 파악하지 못한 것 같았다. 오랜 침묵이 흘렀다. 그 청년은 점점 더 기대에 차서 그러나 또 한편으로는 점점 더 당황해하면서 답을 기다리는 것 같았다.

드디어 그 시인은 강조하거나 빈정대지 않고 놀라는 투로 말했다. "내, 내가 당신의 책을 읽었느냐고 묻고 있나요?" 그가 내라는 대명사를 되풀이 한 것은 가능한 오해를 없애기 위해서인 것 같았다. 이 젊은이가 보통 사람에게 이야기하고 있다고 생각한 것은 아니었을까? 시인이 그 젊은이에게 상냥하게 미소짓는 동안 또다시 긴 침묵이 흘렀다. 드디어 무언가 사과하는 말을 중얼거리면서 그 젊은이는 사라져 버렸다.

내 마음은 무의식적인 찬탄과 심한 혐오감 사이에서 갈등을 겪었다. 내가 그 괴물, 혹은 마술사를 만났던 다른 때처럼 나의 혐오감이 이겼다. 그런데도 그는 오로지 상대방을 위해서만 간직하는 듯한 따뜻한 태도뿐 아니라 수줍어하는 매력을 분명히 보여 주고 있었다. 그러니 사람들이 그를 숭배하는 것도 놀랄 일이 아니다. 그 순간 나 자신도 분명히 그에게 매료되었고 그가 계속 어떻게 행동할는지 보고 싶었다. 그는 거기에 있는 모든 작가들, 지식인들, 중요한 사람들을 무시하는 행동을 했고, 또한 그들이 그를 무시하지 않을 수 없도록 하는 것 같았다. 그 첫번의 만남이 있은 후 그는 혼자 편안하게 이리저리 다녔으며 모든 사람들은 그를 피했고 아무도 감히 그에게 말을 걸지 않았다. 사람들이 의도적으로 그를 냉대하기로 작정했을지도 모른다. 그게 사실이라면 그는 그런 상황을 즐기고 매우 만족스러워했다. 나는 그가 사람들의 무리 가장자리에 서 있던, 분명히 그 곳에 있는 사람을 아무도 알지 못하는 것 같은 다른 젊은이에게 말을 거는 것을 보았다. 곧 그들은 함께 웃었고 열심히 대화를 나누었다. 나는 그들 가까이 가지 않을 수 없었다. 가서 보았더니 그 젊은이는 가까이에서 보면 우스꽝스럽고 악당같이 생긴, 종종 갱 영화에 나오던 배우였다. 나는 그때 갱 영화에 중독이 되었었다. 대화를 나누는 때여서 나는 그에게 가끔 그가 영화에서 하는 연기를 즐겼다고 말했다. 그는 기뻐하는 것 같았다. 그러나 그는 자신은 결코 주연 역할을 한 적은 없고 조연만 했다고 말했다. 방금 도착한 동료 배우의 인사를 받고 그는 가버렸다. 그에게 대단히 끌렸던 그 시인은 내게 그가 어떤 역을 했는지 물었다. 그 배우야말로 "여기서 대화를 나눌 가치가 있는 유일한 사람"이라고 그는 미소지으며 덧붙였다.

그의 이러한 판단에 나도 포함되어 있다고 느끼면서 나는 도망가려고 했다. 바로 그 순간에 운 좋게도 안주인이 그 시인을 찾았고 내가 서 있던 곳에 그 젊은 배우가 돌아왔다. 그 배우는 우스꽝스럽게 보이는 그 놈이 누구냐고 내게 물었다. "정말로 얼마나 '멋진' 사람인가요!" 그는 말했다. "정말 재미있는 사람이에요. 나를 좋아했어요." 그는 감격한 것을 무대에서 연기하듯이 극화하면서 덧붙였다. "낚시에 대해 이야기했지요. 나는 낚시에 미쳤거든요. 내 진짜 취미이지요. 그가 어떻게 알았는지 알 수 없지만, 그는 내 취미를 아는 것 같았어요."

옥스퍼드의 명사인 이사야 벌린은 거의 모든 면에서 그 시인과 달랐다. 한 가지만 말하자면 그는 진실로 자의식이 없이 관대했다. 그러나 이사야에게는 그 시인처럼 사람들에게 관심을 보임으로써 사람들을 매료하는 능력이 있었다. 한번은 그는 따분한 사람들을 좋아한다고, 그 사람들이 결코 자신을 따분하게 만들지 않는다고 내게 말했다. 그것은 사실이었을 것이다. 마음이 따뜻하고 거침없는 러시아식으로, 그는 수줍어하는 학자들의 아내, 세속적인 호스티스들, 과학자들과 지식인들, 철학자들과 음악 애호가들 등 그가 만나는 모든 사람을 친하게 만들었다. 그의 필치는 평범했다. 그런 이유로 해서 어떤 사람들은 그가 누리는 명성과 인기는 진정한 천재성이나 업적 때문이라기보다 거의 전적으로 그가 사교적으로 잘 어울리기 때문이라고 넌지시 그에 대해서 선심을 쓰듯 말했다.

이사야 벌린이 좋아하는 작가는 러시아의 회고록 작가 헐즌과 소설가 투르게네프인데, 헐즌의 작품은 그에게는 성경과 같았다. 벌린 자신은 결코 그렇게 이야기하지 않겠지만 스타일이나 취향, 개성 등에 있어서 이 두 작가는 거의 비슷했다. 앞에서 말한 그 독일 시인의 문학성은 훨씬 알쏭달쏭 했는데 의심할 바 없이 의도적인 것이었다. 그는 자신의 추종자들에게 어떤 텍스트는 중요한 것, 정말로 훌륭한 것이라고 지적하곤 했는데, 그 이유를 토론하도록 하지도 않고, 왜 그것이 그렇게 중요한지 이유도 대지 않은 채 그랬다. 그가 한번은 예언이나 하는 듯한 태도로 그의 제자들에게 《핑칭메이》를 정독하도록 부추겼다. 《핑칭메이》는 길고 복잡한 17세기 중국 소설이다. 아이리스를 포함해서 모든 사람이 서둘러서 그 책을 읽었다. 그러나 어느 누구도 왜 그 작품이 그렇게 특별한지를 알 수 없는 것 같았다. 그 책은 마치 헨리 제임스의 '카펫의 인물' 처럼 그 시인을 이해하는 데 열쇠가 되는 것이었던가? - 그것이 시인의 진정한 위대함을 이해하는 열쇠였던가? 헐즌과 투르게네프는 이사야 벌린처럼 개방적이고 명석하며 분명히 매혹적이다. 그러나 시인 자신이 인정한다고 보증하는 다른 작품이나 《핑칭메이》의 비밀은 무엇인가? 그런 이야기를 하자면 그가 쓴 작품의 비밀은 무엇일까? 이런 의문에는 답은 없는 것 같았다. 신비로움은 항상 그 시인 마술사의 보증서였다.

아이리스의 작품은 적어도 내게는 셰익스피어의 작품처럼 진정으로 신비스럽다. 그녀가 위대한 소설가라는 것을 나는 조금도 의심하지 않는다. 아이리스는 성공적인 현자나 마술사가 되기 위해서 가장 중요한 요소인 카리스마를 연마하려 하거나 소유하거나 필요로 하는 성격은 아니었지만 말이다. 그녀의 소설들은 새로운 세계를 창출하며 그 세계는 영감으로 쓰였다는 의미에서 보통세계이기도 하다. 그녀의 작품에는 다른 속셈이 없다. 거기에는 지적 자만도 없고 다르게 보이려는 욕구도 없다. 그녀의 소설은 그녀를 찬양하는 사람들을 매료하고 감화시키는 그녀 개성의 일부도 아니다. 어떤 독자는 아이리스의 소설에 나오는 인물이나 사건은 단지 그녀의 소설에만 나올 수 있는 인물이나 사건이라고 느끼거나 말할 수도 있겠지만, 그렇다고 그것이 작가 자신의 개성이 확실하게 두드러진다고 하는 말은 아니다.

이 점에서 아이리스의 겸손함은 그 자체가 대부분의 겸손함과 달라서 매우 꾸밈이 없는 것 같다. 그녀는 곰곰이 생각하기를 원하지 않았고 사람들과 그들의 말을 액면 그대로 믿었다. 나는 종종 얼마나 쉽게 그녀가 속아넘어갈 수 있는지를 보고 놀랐다. 아이리스는 결코 '알' 필요가 없었다. 사람들을 꿰뚫어보고 그들의 약점을 발견할 필요가 없었다. 나폴레옹이 "어떤 사람도 자신의 시종에게는 영웅이 아니다"라고 한 말을 상기하면서 헤겔은 그것이 사실이라고 했다. 그러나 영웅이 아니어서가 아니라 시종이 시종이기 때문이라고 헤겔은 말했다. 아이리스가 만나는 모든 사람은 그들이 그렇지 않다는 명확한 표시나 증거를 보이기 전까지는 그녀에게는 영웅이었다. 그토록 천성적으로 낙관적인 사람을 나는 만나 본 적이 없다. 그녀가 개인적인 판단을 한다면 그것은 그녀 마음속에서만 그랬고 사람들 앞에서 그것을 말하는 적이 없었다.

학문적이고 지적인 세계에서는 이러한 태도는 매우 드물었기 때문에 천성이 더 활기차고 뒷공론하기 좋아하는 사람들은 계속해서 아이리스를 상당히 존경하기는 하지만 실제로 아이리스와의 대화가 지루하다고 생각했을 수도 있다. 그녀의 학생들처럼 종교적인 사람들은 즉각적이고 본능적으로 그녀에게 끌렸다. 그러나 그녀는 그들과 종교나 믿음에 대해 토론하는 것 같지 않았다. 학생들도 그랬다. 어쨌든 마땅히 '정신적' 이라고 불러야 할 것이 분위기 속에 떠다니는 것 같았고, 그들은 그러한 것의 존재를 당연하게 여겼다. W. H. 오든이 그녀의 학교에 강연하러 왔을 때 아이리스는 그를 만났고, 그 해 그가 얼마 동안 옥스퍼드에서 살게 되었을 때 그들은 여러 다양한 행사에서 만났다. "오든은 기도에 대해 이야기하기를 좋아해요." 아이리스는 미소지으며 알려 주었다. 어떻게 기도해야 하는지에 대해서 의견을 나누었느냐고 물었다. "아니, 우리 둘 다 그런 말은 하지 않아요." 아이리스는 말했다. "그런데 그는 자신이 기도한다면 어떻게 할 것인지에 대해서 농담은 하지요."

아이리스가 플라톤주의 철학자이고 그녀의 여러 소설에서 그것이 분위기의 일부를 형성하고 있지만, 어떤 종류의 조직화된 종교도 그녀의 삶에서 중요하지 않은 것처럼 플라톤 철학은 그녀의 삶에서 아무런 중요성을 띠지 않는다. 그녀의 절친한 친구인 피터 콘라디와 제임스 오닐을 통해서 상당히 많이 알게 된 불교도 그녀의 삶에서 중요성을 지니지 못한다. 콘라디와 제임스 오닐은 불교의 가르침을 실천하는 사람들이다. '경건한' 혹은 '진지한' 불교도라고 부르는 것이 적절한 표현이 아닌 것처럼 가르침을 실천하는 불교도라는 그런 묘사도 적절치 않다고 생각한다. (나는 때로 작가로서의 아이리스와의 유사성이 떠올랐다. 아이리스를 실천하는 소설가, 혹 심지어 '진지한' 소설가라고 설명하는 것은 아무런 의미가 없을 것이다. 또다시 셰익스피어적인 비교가 생각난다. 그는 어떤 의미에서 심각한 극작가였던가?) 피터와 짐이 그들 나름의 방법으로 명상했던 것처럼 아이리스도 명상을 했으리라고 생각하지는 않는다. 그녀의 사물에 대한 감각은 그 나름대로 그들과 다르게 작용했지만 아이리스는 그들의 웨일즈 태생의 양 지키는 개 클라우디를 당장 사랑하게 되었다. 꽤 오래 전에 있었던 일이다. 클라우디는 회색과 흰색 털 그리고 푸른 눈을 지닌 잘생긴 동물이었다. 그는 그녀가 쓴 마지막에서 두 번째 소설 《녹색 기사》에 애낙스라는 개로 등장한다.

아이리스는 기독교적 정신을 타고 난 사람이었다. 과거에도 그랬고 지금도 그렇다. 그녀는 종교를 가지고 있지 않았지만 종교적이었다. 그녀는 결코 예술을 종교로 삼지 않았다. 그러나 문학과 철학을 포함해서 어느 정신적인 산물보다 그녀에게 더 중요한 것은 회화였음이 분명하다. 나는 이미 피에로에 대해 언급했다. 그리고 그가 그린 예수 부활을 보르고 산 세볼크로에서 우리가 보았다는 이야기를 했다. 우리가 신혼 여행을 다녀온 후 5,6년이 지났을 때 피에로에게서 많은 영향을 받은 화가 알렉스 콜빌을 우연히 캐나다에서 만나게 되었다. 우리가 함께 신대륙을 방문한 것은 그때가 처음이었다. 결혼 후 1,2년이 지났을 때 아이리스는 한 달간의 장학금을 받아서 예일대학교를 방문했었다. 그녀는 마지못해서 혼자 갔는데 그 곳에 도착해서 즐겁게 지냈다. 아주 최근까지 아이리스에게 미국에 가는 것은 항상 문제였다. 누구든 간에 전에 공산당원이었던 사람에게는 비자 발급을 엄격히 제한하는 법령 때문이었다. 아이리스는 옥스퍼드 대학생이었을 때 잠시 공산당원이었다가 제2차 세계대전이 일어나기 전에 탈당했다. 그러나 그녀는 양심적이어서, 많은 옥스퍼드의 정치적인 친구들과는 다르게 비자 발급을 위한 문서를 기록할 때 편리하도록 하기 위해 그런 사실을 잊어버리지 않았다. 따라서 아이리스의 비자는 엄격히 학문적인 목적으로, 단 한 번 입국하는 것으로 제한되었다.

그러한 비자 제한이 없었던 캐나다에 우리가 머물렀을 때 이러한 미국 비자 제한은 불편했다. 우리를 초대했던 맥매스터 대학교의 사람들은 우리가 미국 쪽에서 나이아가라 폭포를 볼 수 있게 해주고, 또 버팔로에 있는 미술관으로 우리를 안내하려고 계획을 세웠었다. 아이리스는 이러한 즐거움을 포기해야 했다. 영국으로 돌아가는 길에 아이리스가 논문을 발표하기로 되어 있는 시카고에 들러야 했기 때문이었다. 아이리스는 시카고의 미술관을 방문하고 싶어했다. 그녀는 예일에 있는 동안 워싱턴 D.C.의 미술관을 방문할 수 있었다. 그녀가 지닌 한 번밖에 쓸 수 없는 귀중한 입국 사증을 버팔로 방문에 쓰지 않아야만 시카고 방문을 할 수 있었다. 나머지 사람들은 버팔로에 가야 한다고 아이리스는 계속 주장했고, 우리가 돌아올 때까지 그녀는 캐나다 쪽에서 기다렸다. 다음 날 셰익스피어 페스티발에 가기 위해서 스트레트포드로 가기로 했을 때 그녀의 기다림에 대한 보상이 있었다. 나는 스트레트포드에서 상연하기로 되어 있는 셰익스피어 연극에 대해 강연을 하기로 되어 있었다. 휴론 호수 가를 돌아서 갔는데 우리는 짠맛 없는, 바다의 파도 같은 격렬한 휴론 호의 파도 속으로 뛰어들어갔다.

 스트레트포드에서 기억할 만한 것은 셰익스피어 연극보다도 더 이상 훌륭한 공연을 상상할 수 없는 《미카도》(역주: 영국의 작곡가 아서 설리반이 작사가 윌리엄 길버트와 함께 만든 희가극)였다. 그러나 캐나다 방문에서 우리가 정말 뜻밖으로 발견하게 된 것은 알렉스 콜빌의 그림이었다. 캐나다의 뉴부른스윅 주의 세인트 존에서 조용히 칩거하며 살고 있었던 이 화가는 그때 매년 한 점 아니면 고작해야 두 점의 그림을 그리고 있었다. 그는 심혈을 기울여서 정확한 구도를 잡았으며 흠잡을 데 없이 세부를 다루었다. 그리고 이러한 정확성은 피에로의 그림에서처럼 거대하고 신비스럽지만 현대적인 평범한 삶의 활동에만 몰두하고 있는 인물들의 당당한 견고함과 대조를 이룬다. 아이리스는 그의 그림에 매혹되었다. 아이리스와 콜빌은 당장 서로를 좋아하게 되었고, 그는 그가 가져온 화첩을 모두 아이리스에게 보여 주었다. 그는 수없이 많은 작가들과 학자들에게 편안한 일과로 되어 있는, '예술은 어디로 향해 가는가' 라는 심포지움에 참석하도록 권유받았다. 그러한 행사는 무미건조하긴 하지만 상당히 즐거웁기도 했다. 그러나 콜빌이 거기 참석한 것과 우리가 그와 수월하게 대화를 나눌 수 있었던 것은 그 모임에 예기치 못했던 특성을 부여해 주었다. 마치 우리가 뜻밖에 그의 그림 속으로 안내된 것 같았다. 발가벗은 남편이 안쪽에서 비추이는 희미한 불빛으로 냉장고 안을 살펴보며 생각에 잠긴 채 서 있거나, 아니면 피에로의 어느 그림에서나 볼 수 있듯이 육중하고 수수께끼 같은 여인이 아이들이 들어가도록 자동차의 문을 열고 있는 그림들 속으로 안내된 것과 같았다.

우리는 알렉스 콜빌을 더 자주 만나고 싶었고 그와 대화하고 싶었지만 그는 유럽에 그리 자주 오지 않았다. 그가 어쩌다 유럽에 왔을 때 우리는 그를 런던에서 만나볼 수 있었다. 〈암소 보러 들르기〉란 그의 그림 한쪽 귀퉁이가 아주 조금 손상되어서 그것을 다시 그리려 헤이그로 가는 길이었다. 박물관에서 그의 그림을 다루는 과정에서 아주 살짝 한 귀퉁이가 긁혔는데 박물관 관계자들은 그것을 다시 제대로 살리려고 알렉스가 그 먼 길을 와서 그림을 바로 잡도록 그의 여비를 지불할 준비가 되어 있었다. 그들은 그의 그림을 높이 평가했음에 틀림없다. 그것은 당연한 일이었다. 뺨과 엉덩이가 통통한 큰 소녀가 눈에 보이지 않는 운전사에게 맞서느라고 돌아서면서 그녀의 당당한 팔을 들어올리고 있다. 그녀의 앞에는 검고 흰색의 털을 지닌 올더니종 젖소의 육중한 엉덩이와 꼬리가 자리 잡고 있으며, 광활한 하늘은 멀지 않은 곳에 바다가 있다는 것을 암시한다. 어떤 면에서 그 그림은 건강하고 유머러스하게 육체적인 점에서 확실히 네덜란드 풍이다. 그러나 그 그림은 겉보기와는 완전히 대조적으로 신비하고 낯선 모습으로 가득 차 있다. 콜빌이 어떻게 이런 효과를 내는지, 어떻게 그런 구도를 계획하고 상상하는지는 수수께끼이다. 아이리스가 당장 콜빌의 이러한 점이 자신과 친숙하다고 생각한다는 것, 콜빌의 이러한 면은 예술에 대한 그녀 자신의 견해와도 친숙하고 친구 같다고 생각한다는 것을 나는 안다. 한때 그녀는 앉아서 콜빌의 모사화 화집을 꼼꼼히 몇 시간이고 자세히 보곤 했었다. 이제 아이리스의 집중력은 사라지고 그림에 대한 흥미도 잃었다. 그러나 내가 콜빌의 화첩을 찾아내서 그녀 앞에 놓으면 그녀는 아직도 잠시 예전에 그 화첩에 매료되었던 모습과 비슷한 모습을 보인다.

아이리스가 콜빌에게 매료된 이유 중 하나는 의심할 바 없이 그가 전혀 현대풍을 풍기지 않는다는 것이었다. 콜빌만큼 현대풍을 의식하지 않고, 미술계에서 새롭게 일어나는 것에 무관심한 현대 미술가도 없을 것이다. 우리의 오랜 친구 레이놀즈 스턴이 그린 숲 수채화들처럼 그의 그림들은 미술 분야의 사교계나 미술계의 영악한 중심 집단에 가까이하려는 충동을 전혀 지니지 않았다. 아이리스도 그랬다. 아이리스는 사교적으로나 예술적으로 성공하기 위해 핵심을 찾아가는 직감을 결코 지니지 못했다. 만약 그녀의 소설에 나타나는 사교적 장면이 비난받을 수도 있다면, 아마도 그런 장면에 대한 그녀의 감각이 순진해서라기보다 그녀가 그런 사교적 감각을 전혀 지니지 않은 때문일 것이다. 아이리스의 세계는 진정한 의미에서 어떠한 세속성도 지니지 않았다. 그녀는 소설에서 사람들이 실제로 어떻게 행동하는가를 날카롭고 매우 훌륭한 관찰력으로 묘사하지만, 그 소설에는 그녀 자신의 세계에 대한 단서가 될 수 있는 것이나 알게 하는 것이 전혀 나타나지 않는다. 그녀의 사물에 대한 느낌은 그녀가 잘 알고 좋아했던 킹즐리 에이미스나 그의 명석한 아들 마틴이 도시 서민 생활에 익숙했던 것과는 거리가 멀었다.

작가나 소설가들에서 이러한 비세속적인 면을 흔히 볼 수 있는 것은 아니다. 톨스토이는 그가 사망할 때까지 무의식적으로 상류 사회에 계속 끌렸었다. 그가 모든 육체적인 유혹을 포기했다고 여겨지는 시기 이후에도 오랫동안 그는 계속 사람들이 어떤 춤을 추는지, 여자들이 어떤 옷을 입는지 알아 내는 데 열심이었다. 고상한 도덕가들, 정치적으로 사교적으로 올바른 작가들 가운데 사생활에서는 프루스트의 베르뒤랭 부인만큼 고집 센 사람도 있다. 옛 의미에서의 사교적인 거만함은 오늘날 사라지는 추세이다. 그러나 사정에 밝고자 하는 욕구는 여전히 강하고 그 자체가 민주적인 위선의 산물이다. 과거에는 한때 여우 사냥 그 자체를 반대했었는데 이제는 여우 사냥의 형식을 반대하려는 욕구가 있다. 아이리스가 영국의 귀부인 작위를 받았을 때 친구들이나 동료 소설가들은 비판적이었다. 그들은 그런 명예는 민주적인 혹은 정치적인 입장에서 받아들일 수 없는 것이라는 견해를 보였다. 그러나 나는 그들이 그런 것을 오늘날 단순히 행해지지 않는 것, 이미 한물간 것이라고 여겼다고 생각한다. 아이리스는 그것이 한물간 것인지 아닌지 에는 관심이 없었다. 그러한 명예는 그녀의 어머니와 진정한 친구들을 기쁘게 했고, 그것이 그녀에게는 중요했다.

콜빌은 캐나다에서 아무도 그를 귀찮게 하거나 자신들의 패거리에 넣어주거나 하지 않아서 행복했음에 틀림없다. 그런데도 그는 그림을 국제적으로 팔았는데 우리에게는 거금으로 보이는 금액을 받았다. 한번은 그 나름의 냉담한 투로 아이리스에게 "나는 시골뜨기가 되는 것이 좋아요" 라고 말했다. "그리고 내가 그 똑같은 이유로 당신과 당신의 책을 좋아한 다고 이야기해도 괜찮겠지요? 내 말을 이해하신다면, 사교계에 나가려고 애쓸 필요가 없다는 것이지요." 이 말을 하는 그는 매우 익살스러워 보여 서 나는 미소짓지 않을 수 없었다. 나는 물론 시골뜨기만이 '피셔 미술 관'에서 전시를 하고 브라운즈 호텔에 묵는다고 응수해 그를 놀렸다. 그 는 런던에 올 때는 그렇게 하는 것이 습관이 되었다고 이미 이야기했다.

아이리스와 그는 사실상 우리가 생각할 수 있는 사람들 중에서 가장 출세할 생각이 없는 사람들이다. 두 사람 다 의식적으로 사교적이지 못 했으며 사교적인 활동으로 좋은 것을 얻어내는 재능도 없었다. 콜빌이 지방색에 대해 이야기한 것은 흔하지 않은 자기 풍자였다. 그러한 자기 풍자는 그 날 아침 토론에서 법을 주장한 똑똑한 뉴요크 사람과 그보다 더 똑똑한 그의 아내가 회의석상에서 보인 행동 때문에 불거진 것이었 다. 그 부부는 미술 평론가들이었다. 그 후 콜빌은 음모를 꾸미듯이 우리 에게 자신은 '약간 살짝 돈 사람'이 되었다고 속삭였다. 그래서 우리는 그 날 저녁에 차를 얻어 타고 해밀턴으로 가서 바에서 술을 마셨다.

그렇지만 나는 아이리스가 어떤 사람의 자만이나 행동 때문에 그 사 람을 비난하는 것을 본 적이 없다. 제이 비 프리스틀리가 아이리스로 하 여금 플라톤, 정치 혹은 페미니즘에 대해 이야기하게 만들려고 교활하고 도 보기 흉할 정도로 자신을 대단히 뽐냈을 때 아이리스는 그런 분위기 에 휩쓸리지 않고 상냥하게 그것을 즐겼다. 그는 아이리스를 '오리 새 끼'라 불렀는데 아이리스는 그것도 즐겼다. 프리스틀리는 아이리스의 현명하고 이치에 맞는 대답에 무척 짜증을 내는 척했다. 그는 아이리스에게 만약 자신이 한 세대 전, 즉 정부가 세금 정책을 통해서 성공적인 작가들에게서 수입을 빼앗아 가기 전에 살았다면, 극지방 탐험 기금을 모았거나 옥스퍼드나 케임브리지에 연구소를 세웠을 것이라며 큰소리를 치곤 했다. "그렇다고 케임브리지 대학교가 당신에게 감사하지는 않을걸요. 내가 당신한테 그 말은 할 수 있어요, 잭" 하고 그의 아내 자캐타는 무미건조하게 말하곤 했다.

그 부부는 애교 있게 어울리지 않는 한쌍이었다. 그 부부의 행복한 관계는 항상 내게 《한여름 밤의 꿈》에 나오는 티테이니아 여왕과 보틈을 연상케 했다. 아이리스는 그 두 사람을 매우 좋아했다. 나는 잭과는 잘 어울렸지만 자캐타는 다소 두려웠다. 그녀는 옥스퍼드의 사람들은 당신 앞에서는 미소짓지만 뒤돌아서면 욕을 하는 데 비해서 케임브리지에서는 사람들 얼굴 표정은 불만스러워 보여도 행동은 친절할 수도 있다는, 어느 노학감이 한 말을 내게 늘 생각나게 해주기 때문이었다. 정확히 말해서 자캐타가 불만스러워 보인다는 것은 아니다. 그러나 그녀의 다정한 미소에는 항상 약간 싸늘한 데가 있다. 그녀의 부친은 바이타민을 발견한 케임브리지의 유명한 생물학자였는데, 그녀는 일종의 과학적인 냉정함을 지니고서 갑자기 속을 털어놓는 버릇이 있었다. 한번은 케임브리지에 있을 때 거만한 남자 친구에게 강한 인상을 주기 위해서 창에서 뛰어내렸다고, 그래서 그녀의 자궁에 큰 상처를 입었다고 말했다. 또 한번은 "매력이 있으세요"라고 내게 말했는데 마치 친한 친구 사이에는 그런 말은 하지 않는 것 같은 투로 말했다. 그것은 나를 매우 불안하게 했는데, 또 한번은 똑같이 초연한 태도로 잭이 사귀는 여자 중에서 자신이 질투를 느끼지 않는 것은 아이리스뿐이라고 말함으로써 나의 불안을 해소시켰다. 그렇게 말하는 것을 들으니 티테이니아는 매우 상처받기 쉽고 인간적인 것 같았다.

잭의 활기찬 어조 역시 똑같이 상처받기 쉬운 면을 숨기고 있었다. 한번은 잭이 아쉬운 듯한 표정으로 영국 학술원에 아는 사람이 있느냐고 내게 물었다. 어떻게 하면 학술원 회원이 될 수 있느냐는 것이었다. 나는 그런 것을 전혀 알지 못했지만 그는 내가 학자로서 그 답을 틀림없이 알 것이라고 생각했다. 또한 자신이 한때는 이블린 워처럼 훌륭한 사교계에서 활동하기 위해서는 어떤 희생도 감수했을 것이라고 말했다. 야릇하게도 그가 '훌륭한 사교계'에 속한다고 하는 말은 영국, 정치, 페미니즘에 대해서 올바른 견해를 가진다는 것을 의미하는 것처럼 들렸다. 그는 그런 것들을 잘 해내었다. 그래서 사람들은 그를 유명한 무리에 끼어 주었다. 그러나 그런 대열에 끼이려면 훌륭한 사교계에 속했어야 했을 것이다. 그의 그런 말들은 나를 황홀하게 했지만 나를 불안하게 만들기도 했다. 그런 기색을 보이지는 않았지만 아이리스 역시 그랬으리라 생각한다. 아이리스와 잭의 교제는 아이리스가 그의 삶에 대해서 질문하는 식으로 이루어졌다. 그래서 나는 그녀를 인터뷰한 신문 기자가, 발견한 것이 전혀 없는데도 이제 아이리스에 대해 모든 것을 알게 되었다고 언급했던 때를 기억했다. 아이리스는 딸이 아버지를 따르듯이 잭을 좋아했으며, 그가 사망했을 때 그를 대단히 그리워했다.

시간이 흘러가면서 아이리스는 잭을 점점 더 좋아하게 되었지만, 그것 못지 않게 즉각적으로 친구를 사귀기도 했다. 어떤 점에서는 아직도 그렇다. 일전에 아일랜드의 어느 수도원에서 전화가 왔었다. 전화를 건 사람은 오랫동안 아이리스의 소설에 감탄했으며 그녀에게 편지를 보냈었노라고 했다. 이제 편지 쓰는 일은 내가 맡게 되었다. 그는 자매 기관에 있는 수도승을 마중하러 가려고 리메릭에서 출발하는데 그 길에 잠깐 아이리스를 방문할 수 있겠느냐고 물었다. 그는 많은 수도사들이 그렇듯이 정말로 훌륭한 사회에서 활동함으로써 지니게 되는 무엇이라고 단언하기 힘든 분위기를 지니고 있었는데, 키가 무척 컸고 검은 양복을 입었으며 세련되어 보였다. (나는 톨스토이, 잭 프리스틀리, 이블린 워를 생각했다!) 그는 애버콘 공작 부인께서 안부를 전하셨다고 했다. 우리는 푸슈킨 축제와 관련해서 공작 부인과 한번 만난 적이 있는 것 같았다.

  이 모든 것들은 잠시 뒤숭숭했지만 아이리스와 키가 큰 수도승이 함께 자리에 앉았을 때 당장 변화가 일어났다. 그들은 매우 활기찼다. 아이리스는 문장을 시작하거나 마무리를 했고, 그는 넘치는 직업적인 사랑으로 아이리스의 말들이 미처 전하지 못하는 틈새를 채워가며 그녀가 질문하려는 뜻을 당장 이해하는 것 같았다. 게다가 그의 얼굴은 참으로 고상해 보였고 몇 분 후 아이리스의 얼굴도 그래 보였다. 그들은 곧 그의 어린 시절에 대해서, 왜 그가 수도원에 들어갔는지에 대해 이야기를 나누었고, 무엇보다도 그가 그렌스탈 교회에서 정규적으로 아이리스의 소설을 토론할 계획을 세우고 있음을 이야기했다. 아이리스의 소설 가운데 《책과 형제애》,《선의 견습생》두 권은 최근 수도원의 설립과 그 수도원의 운영 방식에 영감을 주었다 할 수 있다고 했다. 아이리스는 처음으로 멍해 보였다. 아마 아일랜드 풍의 과장을 알아차렸나 보다. 그저 단순히 자신의 소설 제목에 골머리를 앓았을 수도 있다. 어떤 소설들이었다구요? 누구의 소설인가요? 아이리스가 물은 것은 아니었고 단지 세 번 네

번 질문했다. 어디에 사시죠? 어디서 태어나셨지요? 더블린을 아시나요? 등을.

신성화는 오래 지속되지 않는다. 수도사의 열정은 곧 대부분의 종교인들이 가지는 평범한 열정 정도로밖에 보이지 않게 되었다. 아이리스의 활기는 멍한 표정으로 잦아들었다. 아이리스는 이제 키가 크고 잘생긴, 어울리지 않는 도시 복장을 한 수도사의 면전에서 당황해하는 것 같았다. 그런 일을 많이 경험했기 때문에 이제 유익한 시간이 다 지나갔음을 아는 수도사는 재빠르게 일어나서 아이리스를 축복하고 문 밖으로 나섰다. 그가 리메릭에서 홀리헤드로, 또 웨일즈를 가로질러서 옥스퍼드로 몰고 왔던 작은 밴이 길거리에서 기다리고 있었다. 우리가 한번은 그런 밴을 몰고 아일랜드의 이곳저곳을 다녔노라고 내가 말했지만 그는 관심을 보이지 않았다. 그가 내 사람됨을 알아보았다고 느꼈다. 그는 영리해서가 아니라 경험을 통해서 지식인들이 어리석고 정말 중요한 일에는 둔하다고 하는 것을 알았기 때문이었다. 그는 지금 베네딕투스회의 동료 수도사를 마중 가는 길이었다. 헤어지면서 빈정대는 투로 나는 베네딕투스회는 가장 학식이 있는 회라고 들었다고 말했다. 큰소리로 웃으면서, 그리고 내가 받아 마땅하다고 느끼는 나를 경멸하는 표정으로 "그걸 믿지 마세요"라고 그는 대답했다.

집안에서 아이리스는 활기를 되찾았고 그 수도사의 방문으로 인해서 기쁨에 차 있었다. 아이리스는 방문객이 아일랜드 인이라는 것을 이해했지만 그것이 전부였다. 나는 몇 년 전 아이리스가 더블린 교외에 있는 커다란 천주교 신학교인 매이누스에 강연하러 갔던 때를 상기시키려고 했다. 북 아일랜드 문제가 절정에 다다른 때였다. 아이리스를 초청한 사람이 남쪽 아일랜드에서는 '철창에 갇힌 사람들'로 알려진, 북아일랜드에 억류되어 있는 아일랜드 공화국 군인들에 대해 언급했다. "우리 모두는 철창에 갇힌 사람들에게 동조하는 것이 아닌가요?"라고 그는 웅변조로 말했고 그의 동료 사제들은 그의 말을 인정한다는 투로 고개를 끄덕였다. 아이리스는 불같이 화가 났다. 거의 자신을 자제할 수 없었노라고, 그리고 그녀가 평상시에 취하는 정중하고 미소짓는 처신을 할 수 없었노라고 후에 내게 말했다. 수도사들은 온화한 태도로, 모든 런던 지식인들처럼 아이리스도 아일랜드 통일에 대해서 그때 유행하던 올바른 태도를 지녔으리라 생각했기 때문에, 자신들도 모르게 촉발했던 아이리스의 흥분을 전혀 알지 못했다고 나는 확신한다. 아이리스는 유행하던 그런 올바른 태도를 지니지 않았었다. 바로 이 한 가지 정치 주제야 말로 북아일랜드 인인 그녀 조상의 장로교도다운 격세유전이 아이리스를 완전히 꽉 잡고 있었던 것이다.

나는 때때로 아이리스의 에세이를 타자할 때 타자수가 낸 오타를 상기시켜 아이리스를 놀리곤 했다. 타자수는 아이리스의 필적을 확실히 몰라서 '이성(reason)'이라는 단어가 본문에 나타날 때마다 '피어슨(pearson)'이라고 쳤다. 피어슨은 아이리스가 자주 언급하는 어떤 철학자라고 생각했기 때문이었다. 그렇게 해서 일련의 문장이 '피어슨이 요구하기를' 혹은 '피어슨이 지적하듯이'로 시작되었고, 그 이후 피어슨은 우리끼리 쓰는 언어에서 낯익은 존재가 되었다. 그러나 그녀의 친구들이 북아일랜드의 장래에 대해 논의를 할 때는 아이리스에게 피어슨(이성)은 분명히 존재하지 않았다. 아이리스는 될 수 있는 한 침묵을 지켰으나 마침내는 폭발했다. 데이빗 흄이 "이성은 격정의 하인이고 하인이어야만

한다"라고 한 말을 재빨리 기억해 냈기 때문에 내가 북아일랜드의 장래에 관한 일로 피어슨(이성)을 익살맞게 언급하려는 시도를 했을 때 아이리스는 내 입을 다물게 만들었다. 아이리스는 다른 어느 상황에서도 그런 견해를 가지지 않았었다.

아이리스의 필적은 대개 명확했고, 사실 어느 다른 사람의 필적과도 비슷한 데가 없는 탁월하고 분명한 필치였다. 스티플 애스턴에서 아침에 그녀에게 커피 한 잔을 가져다 주면서 나는 때때로 멈추어 서서 원고지 낱장 위에서 그녀의 펜이 움직여 가는 것을 바라보곤 했다. 때로는 펜이 줄달음쳤는데 그렇게 되면 타이피스트가 그녀의 필적을 읽기 어렵게 되었다. 아이리스의 원고를 타자로 치는 일은 언제나 샤또 출판사의 노라 스몰우드가 주선하였다. 그녀는 인색하다는 평을 받지만 흔들림없이 친절하게 어머니처럼 아이리스를 대해 주는 우러러 볼 만한 훌륭한 편집장이었다. 그녀에게 아이리스는 귀엽지만 예측할 수 없는 딸 같았다. 자신의 아이가 없었던 노라는 젊은 여직원들이 어려운 일을 당하거나 자신이 그들에게 엄하게 대한 것 때문에 울음을 터뜨리거나 할 때를 제외하고는 그들에게 폭군 같이 굴었다.

아이리스는 일이 중단되는 것을 개의치 않았고, 항상 잠시 담소하기 위해서 기꺼이 일을 중단했다. 거기에 비하면 내 경우는 달랐다. 내가 침대에서 타자기로 무언가를 치려고 할 때, 내 마음속에 아직 확실하게문법적 어구들을 정렬하지 못했을 때 그 시도가 중단되면 그것들은 모조리 무너지곤 했다. 그 어구들이 마치 종이로 지은 집처럼 무너졌을 때에는 다시 문장을 시작하거나 내가 말하려던 것을 기억해 내는 데 어려움을 느꼈다. 그러나 항상 성격이 좋은 아이리스는 그 날 하루의 계획을 묻기 위해서 나를 향해 문 주위로 고개를 돌렸을 때, 내가 짤막하게 호통 치는 것을 별로 싫어하지 않았다. 그녀는 무언가 나를 달래는 말을 하며 물러서곤 했다. 요즘 그녀가 집안에서 걱정스럽게 나를 따라오거나 내가 책을 읽다가 눈을 들어서 그녀가 나를 물끄러미 응시하는 것을 볼 때 나는 위와 같은 때를 기억한다.

한번은 아이리스가 글을 쓰는 동안 내가 그녀 곁에 서 있었는데 여우 한 마리가 잔디 위를 어슬렁거리기에 아이리스에게 알렸다. 한때 집안에 쥐들이 살고 있었을 때처럼 여우들은 가다듬지 않은 정원 한 구석에 사는 식구들로서 우리에게 익숙한 존재들이었다. 아이리스는 항상 여우 보는 것을 즐겼다. 우리 이웃집의 고양이도 종종 우리 뜰을 방문했다. 고양이 한 마리가 잔디를 가로지르는 것을 본 지 몇 초 후에 크다란 비명 소리와 으르렁거리는 소리가 들렸다. 여우가 고양이 주위를 돌면서 춤추고 있었고 고양이는 여우와 맞서기 위해서 빙빙 돌면서 그런 소리를 내고 있었다. 여우가 고양이를 공격해서 잡아먹으려 하는 것인지 아니면 그냥 장난치는 것인지를 처음에는 전혀 알 수 없었다. 여우가 펄쩍 뛰고 재주를 부리다가 드러눕고 주둥이를 앞발 사이에 놓는 것을 보고 장난이라는 생각이 들었다. 드디어 여우는 놀이에 싫증이 난 듯했고 고양이가 제멋대로 하도록 내버려두고 어슬렁거리며 가버렸다. 그들이 서로 대결하는 동안 아이리스가 일층으로 쏜살같이 달려 내려가서 마치 옛 이탈리아 중부의 사빈 여성들이 포위 당한 로마 사람들과 자신들의 사빈 친척들 사이에 끼어 들었듯이 여우와 고양이 사이로 돌진하려는 것을 막느라고 나는 무척 애를 썼다. 아이리스는 마음이 산란해서 "저들을 떼어놓아야 해요. 꼭 그래야 해요" 하고 계속 이야기했지만 나는 마음을 빼앗긴 채 그 상황이 어떻게 끝날 것인지 보고 싶었다.

아이리스의 천성은 항상 평화스러웠다. 아이리스는 인간들이 서로를 해치는 것 못지 않게 동물들이 서로를 해친다고 하는 생각을 좋아하지 않았다. 그 지역의 사냥에서 부근의 들에 있는 여우 한 마리를 죽였을 때 아이리스는 말 위에 앉아 있는 상냥하고 당황해하는 사냥꾼에게 싸울 태세로 항의했다. "죄송합니다, 머독 양. 당신은 사냥지지자라고 이해했었지요"라고 그는 사과하는 분위기로 말했다. 지지자라는 것은 사실이었다. 그러나 지방 스포츠에 다소 호의적이라는 것과 그녀가 자신의 여우, 특히 새끼 때부터 알았을 가능성이 있는 여우가 가까이에서 죽임을 당하는 소리를 듣는 것 사이에는 차이가 있었다. 건조한 돌담 옆에 있는 들장미 넝쿨과 딱총나무가 무성하고 흙이 신비하게 솟아오른 우리 정원의 후미진 구석으로 아주 조용히 걸어가면 우리는 근시안적인 연한 푸른색 눈을 한 작은 얼굴이 우리를 내다보는 것을 볼 수 있었다. 암 여우는 보통 1년에 대여섯 마리의 새끼를 키웠다.

아이리스는 여우를 가족의 일원이라고 느꼈다. 여우들은 내게 집이 우리의 소유가 아니라 관대히 보아주어서 우리가 거기 있다고 하는 표시였다. 쥐의 경우에 그랬던 것처럼 말이다. 이런 것이 전혀 아이리스를 괴롭히지 않았다. 그녀는 런던에 있는 어머니와 친구들을 만나러 가느라고 종종 집을 떠나 있었다. 아이리스에게는 소유물이 잘 어울리지 않았다. 언젠가 아이리스는 자신의 존재에 대해 별로 상관 않듯이 소유물의 존재에 대해서도 별로 상관 않는다고 내게 말했다. 나는 아이리스의 의도를 이해했지만 그것은 사실이 아니었다. 아이리스는 돌멩이, 장미, 그림 같은 자신의 물건을 지키려고 애썼지만, 집을 가진 사람들이 은수저나 도

자기를 닮고 소중히 여기고 그것들을 둘러보며 사랑 어린 관심을 주는 그런 생각은 결코 그녀에게 떠오르지 않았다. 그 물건들이 치워지거나 옮겨지면 안 되었는데, 그것이 전부였다. 우리 집은 그래서 버려진 것 같은 모습이 되었고, 후에 아이리스의 어머니와 함께 지내면서 돌봐줄 사람을 구했을 때 우리가 구입한 사우스 켄싱턴에 있는 아주 작은 아파트도 마찬가지 상태였다.

나는 스티플 애스턴의 집에서 그랬듯이 런던에 있는 우리 아파트에서도 전혀 편안하지 않았다. 이상하게도 아이리스가 집에 없을 때는 스티플 애스턴의 집에서 좀 더 쉽게 생활의 틀을 잡을 수 있었지만 말이다.

1980년경 아이리스는 중국을 방문했다. (상당히 활동적인 위원회와 함께 가서 등소평도 만났다.) 나는 집을 대청소하느라고 무척 애를 썼다. 방학 동안이었고 옥스퍼드에서 강의가 없었기 때문에 오전에는 셰익스피어에 대한 연구를 했고 오후에는 집에서 청소하고 정돈하는 일을 했다. 나는 상당히 총각 같은 일상에 빠져들었는데, 더 쉽게 그렇게 할 수 있었던 것은 그런 생활이 지속되지 않을 것임을 알았기 때문이다.

아이리스가 집에 돌아왔을 때 그녀는 대단한 감명을 받았다. 감동하기까지 했다. 순간적으로 상심하면서 이것이 내가 항상 원하는 집의 상태라고 아이리스가 느꼈다고 나는 생각한다. 사실은 그렇지 않았다. 아이리스가 집에 있는 한 내가 이런저런 면에서 특별히 원하는 것은 없었다. 또한 아이리스는 장소나 자신에 대해서 정체성을 가지지 않았기 때문에, 아이리스가 없을 때만 나는 집에서 편안했다. 나날이 다달이 그녀가 끊임없이 만들어 내는 소설이 그녀가 사는 곳이었다. 그래서 내가 총각같이 단정하게 살았던 막간극은 끝났고 결혼 생활의 혼란이 재빨리 그리고 편안하게 되돌아왔다.

그렇지만 아이리스는 나보다 훨씬 더 그 집을 그녀 나름대로 사랑했다. 내가 그 집의 매력을 회상하고 음울한 즐거움을 느꼈을 씨더럿지로의 방문을 아이리스가 거부하는 것은 별도로 하고, 씨더럿지는 아이리스의 머리 속에서 항상 그녀가 원래 가졌던 편안한 장래에 대한 생각, 즉 행상인이 쳐들어오고 내가 집에 돌아 올 때 내게 그것을 알리러 자신이 달려나온다는 생각을 했던 카멜롯(역주: 아서왕의 궁궐이 있었다는 전설의 고을)이었다. 아이리스가 씨더럿지에 대해 갖는 그러한 비전이 그녀의 유일한 아내다운 비전이었다. 그 집을 팔음으로써 그 비전은 와해되고 사라져 버렸으며, 그 이후로 아이리스는 집도 그 비전도 보고 싶어하지 않았다. 한번은 집에 쳐들어 온 것은 여우이지 행상인이 아니라고 나는 아이리스를 놀렸다. 그러나 그녀가 지적했듯이 그것은 똑같은 것이 아니었다. 이상하게도 한번은 거기에서 행상인을 보았는데 그의 태도는 전혀 종잡을 수 없었다. 나이가 든 남루한 사람이었는데 틀림없이 행상인이었다. 내가 언덕의 길게 자란 풀 가운데 앉아 있었을 때, 그 사람은 마치 길을 잃어버렸는데 길을 찾는 동안 아무의 관심도 끌고 싶지 않다는 듯이 발을 질질 끌며 지나갔다. 대개 그들은 야행성이다.

나는 아이리스에게 그 사람 이야기를 했지만 그녀는 별로 관심이 없었다. 아이리스에게 중요한 것은 플라톤적인 개념이지 구체적인 예가 아니었다. 미확인 비행물체(UFO)가 유행이었을 때 아이리스는 그들의 존재를 당장 믿게 되었다고 말했다. 그리고 아이리스는 필경 영국 언론계가 꾸며낸 숭배 받는 전설적인 괴물, 깊이를 알 수 없는 물속에 살다가 수면으로 올라와서 그 지방의 사냥꾼의 안내인과 운 좋은 여행객들의 눈에 띈다는 네스호의 괴물이 실제로 존재한다고 확신했다. 스코틀랜드의 고지대에 사는 친구들 존과 펫지 그리그를 방문했을 때 아이리스는 호수 위쪽 히스가 무성한 곳에 여러 시간 동안 앉아 희망에 차서 아래쪽을 응시했었는데, 그녀를 말릴 수 없었다. 아무것도 나타나지 않았을 때 아이리스가 실망했다고 생각하지는 않는다.

진지하게 관심을 가진 것은 아니었지만 어린 시절부터 나는 잠수함이나 비행기 등에서 즐거움을 느꼈다. 아이리스는 나를 위해 일련의 양차 세계대전에 관한 잡지들로서 다양한 잠수함과 비행기의 유형을 싣고 있는 잡지를 주문했다. 자신은 그것들을 곰곰이 살펴보지 않았지만 우리가 '비행기 책'이라 부른 그 잡지를 내가 들여다보고 그것들에 관해 이야기하는 것을 좋아했다. 그녀 자신은 그때 틴틴의 모험에 몰두하였었다. 틴틴은 에르제가 고안해 낸 버릇없는 벨기에의 '소년 기자'였다. 에르제의 만화 이야기에는 옛 네덜란드의 거장들을 상기시키는, 세밀하게 그려진 현대풍의 그림 삽화가 곁들여 있었다. 한때 그녀에게 전설적인 스테파도스 조리법을 가르쳐 준 그리스 친구가 아이리스에게 이 만화를 소개해 주었다. 우리 둘 다 곧바로 이 만화에 중독되었다. 약간은 프랑스어 대사 때문이었다고 생각한다. 특별히 위트가 있고 도무지 적절한 영어로 번역할 수 없는 대사였다. 나는 틴틴을 통해서 프랑스어를 많이 배웠다고 생각한다. 대부분 이제는 쓰이지 않는 관용구들이었는데 우리는 적절한 경우에 서로에게 그 관용구들을 되풀이해서 썼다. 악당들이 잠수부를 고용하여 물밑으로 내려보내서 착한 인물의 배에 삿갓 조개류 지뢰를 장착하려는 순간이 있었다. 잠수부가 지뢰를 설치하려는 바로 그 순간에 위에서부터 닻이 풀어져 내려서 그의 머리에 쾅 부딪치고 잠수부와 그가 장착하려던 지뢰는 깊은 물 속으로 떨어지게 되었다. 잠수부는 거침없이 "참을 수 없이 나쁜 직업이야!"라고 자신의 잠수 모자에 대고 외친다. 그의 힘찬 프랑스 말은 시만큼이나 번역할 수 없는 말이다.

아이리스는 에르제 씨에게 팬레터를 보냈는데 그는 감사하다는 답장을 보내면서 리전트 스트리트에 있는 햄리스 장난감 상점에서 자신의 책에 사인을 해줄 것이라고 했다. 우리는 그 날 그 상점에 갔고 아이리스는 그 위대한 사람과 오랫동안 담소했다. 아이리스는 그에게 제2차 세계대전 직후 브뤼셀에 있는 구제 기구인 국제연합 구제부흥기관(UNRRA)에서 일했던 시절에 관해 이야기했다. 그녀는 어느 누구에게도 그 이야기를 한 적이 없었다. 몸집이 크고 연한 갈색 머리를 지닌 그 사람은 키가 호리호리하게 컸으며 영어를 아주 잘 했다. 후에 우리는 그가 보이스카웃 단장 같다는 데 의견을 같이 했다. 아이리스는 소년 기자와 그보다 나이가 많은 친구인 온건한 알코올 중독자 해독 선장을 좋아했고, 이들을 창조해 낸 작가가 동성애자일 가능성이 있다고 생각했다. 아이리스는 그 사람이 동성애자였기를 희망했다고 생각한다. 그녀는 이상하게도 남성 동성애자들에 대해서 낭만적인 느낌을 가지고 있었으며, 사람을 평가하는 데 때로는 고지식한 경향이 있었다. 나는 그녀가 틴틴의 작가를 옳게 보았는지 의심스러웠다. 최근 우연히 신문의 비망록 같은 기사에서 그가 오랜 기간 행복한 결혼 생활을 했으며 약간 바람둥이이기도 했다는 사실을 암시하는 글을 읽었다.

나는 그를 만났던 날을 기억한다. 그 날이 바로 우리가 전축을 산 날이었기 때문이다. 우리에겐 물론 텔레비전이 없었다. 그리고 우리가 라디오를 구입한 지도 불과 몇 년밖에 되지 않았다. 우리가 산 첫 번째 LP

판은 무소르그스키의 〈전람회의 그림들〉이었는데 그것은 우리에게 매우 새로웠다. 전축과 LP는 이제 사라진 지 오래이고, 나는 지금 라디오에서 그 음악을 들을 때마다 처음으로 아이리스와 함께 황홀하게 그것을 듣던 저녁, 그리고 '거대한 키에프의 대문'이 어떻게 우리가 먹던 스파게티와 적포도주와 조화를 이루며 울려 퍼졌는가를 기억한다. 음식과 음악은 그런 식으로 맥락이 매우 잘 통한다. 후에 우리는 주로 스코틀랜드와 아일랜드 가곡들, 초기의 비틀즈 곡 등의 노래 앨범을 좋아하게 되었다. 아무튼 우리는 우리들 사이에 태어나게 된 상상적인 유행가를 함께 부르게 되었다. 초기에는 그 가사는 다음과 비슷한 것이었다.

물새야, 물새야, 나는 너를 사랑해
물새야, 물새야, 우 우 우

이 가사는 우리 연못에 있는 쇠물닭이 꼬꼬 우는 낮은 소리에서 힌트를 얻었을 가능성도 있다. 아이리스는 후에 그것을 정리하여서(연못이 아니라 노래를) 그녀의 소설에 사용하였다.

라디오를 가지게 되었을 때 우리는 〈아처네 사람들〉을 경청했다. 그 프로는 장기간 계속되던 가정 연속극으로 우리의 점심 식사 시간인 1시 40분에 방송되었다. 우리들은 그 시간에는 책을 내려놓고 그 연속극에 귀를 기울였다. 그것을 들은 뒤에 우리는 거기 나오는 인물들과 그들이 모험하는 것이나 모험하지 않는 것 등을 토론했다. 나는 로맨스를 좋아했고 아이리스는 악당을 선호했는데, 악당은 항상 영국 국영방송식 표준 영어를 쓰는 반면에 정직한 사람들은 다양한 지방 사투리를 썼다. 〈아처

네 사람들〉은 아직도 계속 되지만 아이리스가 나와 함께 앉아서 경청하며 어떤 사람들이 나오는지, 그들이 어떤 일을 하려고 하는지를 이야기할 수 없는 지금 나는 그 프로그램에 흥미를 잃었다. 아이리스가 라디오를 즐겼던 절정기는 오래 전이었다. 그때에는 가정 서비스라고 불렸던 프로그램이 있었는데 저녁 5시와 6시 사이에 긴 이야기를 연속해서 내보냈었다. 아이리스는 〈어두운 공포의 집〉이라는 프로를 좋아했으며, 거기에는 검은머리를 지닌 날씬한 젊은 여주인공 메리 매카스카빌이 나왔다. 그 여주인공의 이름이 아이리스에게 아일랜드 북부를 생각나게 해주었는지도 모른다. 그래서 아이리스는 매일 저녁 그 무시무시하게 전개되어 가는 이야기에 완전히 사로잡혔었다. 나는 아이리스가 경청하는 것을 바라보기 좋아했다.

뜻밖에도 대중의 마음을 움직이는 힘을 가진 단순하고 직선적인 이야기를 꽉 잡고 작동하는 것 같은 아이리스의 창조적 정신력에 나는 항상 매료되었었다. 아무리 그녀 자신은 디킨즈, 도스토예프스키, 카프카 등의 작가를 즐긴다 해도 그녀의 창조적 정신은 결코 '수준 높은' 문학에는 별로 신경을 쓰지 않았다. 아이리스의 마음가짐은 이러한 대중적 호소력을 지닌 이야기들을 항상 이용했는데 아이리스는 이런 이야기를 책으로 읽지는 않았고 라디오를 통해서만 들었다. 나는 도스토예프스키가 신문에 나오는 으스스한 이야기에 흥미를 느꼈고, 그러한 이야기들이 종종 그의 소설에 포함되어 있다는 것이 생각났다.

7

 어떤 의미에서는 집 자체가 우리로 하여금 언제 떠나야 할는지를 알게 해주었다고 나는 느꼈다. 거의 15년 전 이야기이다. 우리의 가장 야심찬 계획은 내부 벽 한 군데를 제거하고 지금은 홀이 된, 계단의 어두운 아랫부분을 넓고 매우 여유 있는 공간으로 개조하는 것이었다. 젊은 팔머 씨와 그의 조수는 사다리 위에 위태롭게 서서 벽돌로 새로 쌓은 창과 창 사이의 공간에 거대한 금속 대들보를 맞추어 넣었다. 이 강철 대들보는 모습은 거대했지만 어떤 기본적인 계산이 잘못되었는지 창과 창 사이의 공간을 겨우 연결할 정도의 길이밖에 되지 않았다. 그래서 그 한쪽 끝이 간신히 벽돌 위에 얹히게 되었다. 거기에 페인트를 칠하고 석고를 입혔다. 후에 층계를 내려올 때 나는 때때로 조심스러운 눈초리로 그 대들보를 바라보곤 했다. 삼손이 팔레스타인 사람들 머리 위로 신전이 무너져 내리게 했던 날처럼 그 대들보가 우리 머리 위로 내려앉지는 않을까 걱정하면서 말이다.

그 대들보는 여전히 그 자리에 있고 집도 여전히 건재하다. 그러니까 그때 나를 안심시켰던 팔머 씨가 옳았다는 것이 판명되었다. 그러나 씨더럿지의 고색 창연한 정신은 이러한 극단적인 개조에 저항했다고 느꼈다. 한 가지만 말하자면, 우리가 희망하고 기대했던 것처럼 집이 더 넓어지고 아담해지지 않았던 것이다. 집은 단연코 더 추워졌고 새로운 홀의 넓게 트인 부분은 난방하기가 더욱 어려웠다. 우리 다음에 그 집으로 이사 온 사람은 더욱 더 극단적으로 집을 개조했다. 상당한 비용을 들여서 그 오래된 집을 맨션으로 변모시켜 《주택과 정원》이라는 잡지에 나오기까지 했다. 그러나 집도 마치 사람처럼 새로운 특성을 얻지 못한 채 옛 특성을 잃을 수 있다. 어쩌면 그 집으로 다시 돌아가지 않기로 한 아이리스의 직감이 옳았을지도 모르겠다.

아이리스가 사계절 동안 수영, 아니면 적어도 물을 튀길 수 있는 작은 수영장을 마련해 주고 싶은 생각이 간절해서 나는 젊은 팔머 씨와 함께 내버려둔 온실 안에 수영장을 만들 계획을 세웠다. 수영장은 사방 약 1.2미터 정도밖에 되지 않고 깊이는 약 1.5미터 정도여서 어떤 방향으로 가던지 손발을 몇 번밖에 놀릴 수 없는 크기였다. 지붕은 폴리스틸렌으로 단순한 모양을 해서 달았다. 일단 그 수영장에 물이 채워지면 지붕에서 내려오는 빗물로 수영장이 가득 차게 되었다. 물은 갈색을 띠었으며 진짜 강물 냄새가 났다. 콘크리트로 된 옆면은 만지면 상쾌하게 매끄러우면서 끈적끈적했다. 빗물은 보통 수영장에서는 볼 수 없는 부드러움을 지녔으며 놀랄 정도로 순수하다. 거기에 결코 화학 물질을 넣을 필요가 없었다. 나는 몇 마리의 초록색 잉어 종류를 수영장에 집어넣었는데, 그

물고기들은 어둡고 깊은 물속에서 매우 행복해 보였다. 돌보지 않은 온실에서 뻗어 나온 아름다운 초록색 식물들에 둘러싸인 수영장은 한여름에 가장 유쾌했다. 낙원 같은 수영장으로서 우리의 몇몇 친구들에게는 '아이리스가 뒹구는 연못'이라고 알려져 있었다.

내 야심은 아이리스가 그 수영장에서 일년 내내 수영할 수 있도록 하는 것이었다. 그래서 만약 전기 다루는 사람에게 시켰다면 그에게 악몽이 되었을 방법을 나는 고안해 냈다. 오래된 전기 난방 파이프를 쓰기 위해 그 장소에 전선을 끌어왔다. 전력 부분이 상당히 좋은 상태인 듯해서 나는 가정 난방에 사용하도록 되어 있는 액체에 담그는 난방 전극을 설치했다. 난방 전극은 수영장 바닥에 놓였고 스위치를 넣으면 갈색 물 속으로 수많은 거품을 올려 보냈다. 나는 조심스러워서 해골과 뼈를 그린 그림과 함께 경고의 글을 수영장 옆에 붙여 놓았다. 수영장에 들어가기 전에 전기 스위치를 꺼야 한다는 충고였다. 이런 기본적인 조심조차도 거의 필요하지 않은 듯했다. 어쨌든 전기 물주전자에 손가락을 넣는다 해서 감전사하지는 않기 때문이다. 그리고 이 난방 전극들은 액체에 잠길 때 작동하도록 고안되어 있었다. 그러나 피복 전선들 때문에 문제가 생길 수는 있었다. 아이리스 자신은 지극히 행복하게도 거기에 어떤 위험이 있다는 것도 알지 못하는 상태였지만, 나는 인사 불성으로 둥둥 떠다니는 아이리스를 발견하게 될까 봐 물이 데워진 상태에서 수영장이 가동될 때에는 주의를 기울여서 항상 그 곳에 가 있었다.

수많은 명석한 발명들이 그렇듯이 이 고안도 오랫동안 지속되는 성공을 거두지는 못하게 되어 있었다. 수영장은 훌륭히 작동되었지만 아이리스는 신경통이 더욱 심해져서(알 수 없는 일이지만 요즘은 신경통이 훨씬 나아졌다) 이제는 난방이 되는 수영장을 향해 가는 것이라도 추울 때 걷는 것은 마음 내키지 않아 했다. 어쨌든 이 수영장이 씨더럿지에서 내가 개조하고 개선한 마지막 시도였다. 그 후 나는 조용하게 지내게 되었다. 그리고 집은 그런 것을 인정해 주는 듯했다. 아이리스는 내가 어떤 일을 하든지 마음에 들어 했지만 그녀 자신은 그다지 일에 관여하지 않았다. 그 집과 정원은 그녀 소설 어디에도 나타나지 않는다. 아마 그녀 나름대로 그 집에 너무 익숙해 있었고 그 집은 너무도 그녀에게 가까운 존재였기 때문에 그녀의 상상적인 삶 속에 포함되지 못했을 것이다.

예전의 잔디밭에는 이제 풀들이 더욱 길게 자라고 덤불이 많아졌다. 나는 이제 잔디를 깎으려고 노력하지 않는다. 우리가 이사왔을 때 단정하고 깨끗했던 회양목 울타리는 이제는 거대한 크기와 높이로 자랐으며 거의 집 앞을 가려 버렸다. 집은 북향이었고 어쨌든 어두운 쪽에 있었다. 남쪽 '면'에서 정원으로 내려갔는데, 그 남쪽 면이 훨씬 햇볕이 잘 쪼이고 매력적이었다. 한때 거의 의식하지 못하고 따랐던, 사물을 멋대로 내버려두는 원칙은 이제 확고하게 힘껏 그 자체를 내세우게 되었다. 그 집은 서두르거나 후회 없이 관대하게 다음 주인을 기다리고 있는 듯했다. 어떤 면에서는 우리가 그 집에 살아야 할 부류의 사람들이 아니라는 것을 그 집은 항상 어떤 방식으로든지 명백히 해왔던 것이다. 우리는 지방 토호도 시골 사람도 아니었으며, 정확히 새로운 진취적 통근자들의 무리에 속하지도 않았다. 그 통근자들은 런던이나 버밍햄의 직장에서 일하기 위해서 마을을 떠나갔다가 주말에 돌아와서 자신들의 소유 재산을 개선했다.

훌륭했던 순간들이 더 많이 있었다. 물총새 일가가 연못 옆 어딘가에 살고 있었다. 어느 날 내가 내려갔더니 버드나무 사이에서 선명한 청록색과 빨간색의 모습들이 날카로운 소리를 지르며 터져 나오고 있었다. 그들은 물고기 뼈로 된 굴에서 태어나 방금 그 곳에서 기어 나왔음에 틀림없었다. 그 새들은 거의 날 줄도 몰랐다. 또 한번은 여름처럼 따뜻하고 습한 2월의 어느 날이었는데, 우리는 검고 흰 깃털을 지닌 딱따구리들이 보금자리를 만드느라고 나무에 구멍을 뚫는 것을 보았다. 그들이 구멍을 파던 나무는 거실 유리창에서 불과 몇 미터밖에 떨어지지 않았었다.

그럼에도 불구하고, 이런 형편에 맞는 온갖 오락거리들이 있음에도 불구하고 우리가 떠나야 할 순간이 왔던 것 같다. 스코틀랜드 여왕 메리가 처형당하기 직전에 여자 시종들에게 작별할 시간이 되었다고 말한 것을 기억한다. 시대 착오적인 생각을 발휘해 보면 그 여왕이 검은색 팔소매를 걷어올리고 손목 시계를 들여다보는 것을 상상할 수도 있다. 엘리자베스 여왕과 자신의 처형자들을 기다리게 해서는 안 되었던 것이다. 우리도 이제 떠날 시간이었다. 그렇지만 어디로 가야할는지 몰랐다. 시골에서 또 다른 집을 찾아야만 할 것인가? 그것은 무의미한 것 같았다. 우리가 살았던 집만큼 훌륭한 집은 없었다. 그러면 옥스퍼드로 가야 할 것인가? 그렇다. 명백하게 옥스퍼드로 가는 쪽을 선택해야 할 것 같았다. 나는 아직도 직장을 가지고 있었다. 아이리스는 에딘버러 대학의 신학 및 철학부에서 강의할 기포드 강연 준비에 깊이 몰두하고 있었다. 결국 그 강연은 그녀가 지금까지 해온 프로젝트 중 가장 길고 힘든 것이 되었다. 아이리스는 후에 그 강연들을 《도덕 안내자로서의 형이상학》이라는 책에 포함시켰다.

되돌아보면, 이때쯤 해서 우리는 체홉의 《벚꽃 동산》에 나오는, 독일

휴양지에서 세월을 보내며 러시아에 있는 자신들의 소유지를 진지하게 마음 깊이 그리워하는 불로소득 생활자들처럼 부재 지주가 되었던 것 같다. 씨더럿지는 아직도 여전히 우리 집이었지만 우리가 그 곳에서 보내는 시간은 점점 더 짧아지는 것 같았다. 거의 무의식적으로 우리는 호의를 베푸는 친구들과 점점 더 많은 시간을 보내게 되었다. 그들은 우리가 이제는 마치 제 집 같은 집보다 그냥 쉴 곳이 필요한 영구적인 떠돌이, 길 잃은 자들이 되었다는 것을 당연한 것으로 받아들이는 듯했다. 이런 식으로 우리는 나의 옛 개별 지도교수이자 동료였던 데이빗 세실과 함께 크랜본에서 여러 주를 지냈다. 나는 첫 소설을 그의 부인 레이첼에게 헌정했었는데 최근 그녀는 세상을 떠났다. 과부로서 솔즈베리의 경내 밖 강둑에 있는 오래된 거리의 작은 집에 살고 있던 제닛 스토운은 오후에 종종 차를 마시러 데이빗 세실을 방문했다. 우리는 그녀의 작은 정원에서 강으로 나가 수영할 수 있었다. 한때는 솔즈베리 평야에서 솔즈베리 대성당을 지나 해안가로 이르는 길의 일부였던 오래된 돌다리의 그늘 밑에서 수영했다. 솔즈베리 대성당은 내게 큰 감명을 주지 못했지만 항상 〈서부 순회 재판에서〉라는, 솔즈베리를 배경으로 펼쳐지는 잊을 수 없는 토마스 하디의 단편을 생각나게 했다. 아이리스에게 알츠하이머병 증세가 생긴 후 더 슬픈 상황에서 나는 그 단편의 줄거리를 상기했었다.

강가로 확 트인 재닛 스토운의 거실 창에서 우리는 에이번 강을 바쁘게 돌아다니는 검둥오리, 숫 물오리, 백조 등에게 먹이를 주었다. 재닛은 거기에 서서 우리가 수영하는 것을 바라보곤 했는데, 그녀의 진지하고 아름다운 얼굴은 항상 온화했지만 슬퍼 보였다. 그녀는 남편 레이놀즈가 갑작스럽게 사망한 뒤 그 충격에서 결코 벗어나지 못했다. 또한 그들이 여러 해 동안 살았던 도셋 주의 언덕 기슭에 있던 매혹적인 목사관인 리튼 체니에서 이사한 것도 극복하지 못했다고 생각한다. 멋있는 여주인이며 뛰어난 사진사였던 그녀는 많은 사람들 가운데 살며 그들을 돌보고 즐겁게 해주기 위해 태어난 사람 같았다. 과부 신세는 그녀에게 전혀 어울리지 않았다. 그녀는 방문객들을 사랑했고 아이리스에게 수놓는 방법을 가르쳐 주었다. 그것은 간단한 기술이었지만 애석하게도 알츠하이머 병의 증세로 아이리스는 곧 그 일을 할 수 없게 되었다. 커다란 네 기둥이 있는 침대에서 그녀가 마침내 세상을 떠났을 때, 그녀는 무덤 위에 누워 있는 중세의 성자같이 보였다.

  우리는 다시 외국 여행을 하게 되었다. 우리가 젊었을 때 했던 것처럼 우리끼리 하는 여행이 아니라, 아이리스가 소설 한 권을 그들에게 헌정했던, 절친한 친구 부부인 보리스와 아우디 빌러스가 안내해 주고 돌봐 주는 여행이었다. 아우디는 노르웨이 인으로서 - 보리스는 러시아 유태인계 폴란드 인이었다 - 예전에는 여행 안내원이었다. 그녀가 심한 천식으로 고생했기 때문에 그들은 카나리아 제도의 란자로트 지역의 내륙에 매력적인 작은 집을 지었던 것이다. 그 곳의 화산성 대기는 특별히 깨끗하고 건조하다. 적어도 그런 것같이 느껴진다. 그들의 집은 용암으로 된 검은 언덕과 들로 둘러싸여 있는데, 그 지역에서는 세계에서 가장 연하고 순한 마늘과 양파가 자란다. 비가 거의 내리지 않는 지역인데도 이런 현상을 왜 일어나는지 절절하게 설명하기는 어렵다. 그리고 다른 식물이라곤 어쩌다가 시들어 보이는 무화과와 야자수 나무가 있을 뿐이다. 용암뿐 아니라 독일과 영국 여행객들이 까맣게 붐비는 해안가만 피한다면 란자로트는 좋은 곳이다. 아우디는 기선이 다음 섬으로 떠나는 작은 항구로 우리를 데려가 수영하게 하곤 했다. 그 곳에는 물고기가 상당히 많았다. 대단히 아름다운 자줏빛 물고기가 때때로 검푸른 깊은 물속에 나타났는데 그것이 나를 망치게 한 원인이 되었다. 그 물고기를 보고 흥분하여서 나는 유리로 된 마스크를 통해 물을 마시게 되었다. 그 물을 뱉어낼 때에 부주의하게도 나의 의치를 함께 뱉어 버렸던 것이다. 우리가 거기에 머물렀던 남은 일정 동안 나는 맛있는 타파스나 갑각류를 포기해야 했다. 연한 카나리아 양파조차도 잘 씹을 수 없었다. 마치 가위 한쪽으로 자르려고 하는 것과 다름없었다. 아이러니컬하게도 우리가 집에 갔을 때 내 치과 의사는 카나리아 제도로 휴가를 가고 없었다. 그러나 그는 돌아와서 나를 환대하며 경고하는 이야기를 했다. 그는 의치를 한 사람은 개를 조심해야 한다고 말했다. 그의 환자 중에 에어데일테리어 종의 개를 가진 사람이 있었는데 그 개가 주인의 의치를 찾아서 먹어 버렸다고 했다. 그는 또한 아크릴 틀니의 영구성을 지적해서 나를 즐겁게 하려 했다. 그 틀니는 화장터에서도 마지막까지 남는다고 했다. 나의 의치는 썩지 않고 영원히 그 항구의 다섯 길 깊이에 놓여 있을 것이었다.

그런데 어떤 교훈들은 말하자면 그런 일이 일어남직 하지 않아서 배우지 못한다. 한 2년 후 이탈리아 북부 롬바르디아 주에 있는 코모 호수에서 수영할 때 나는 이 교훈을 잊었다. 우리는 어떤 학회의 초청을 받았었다. 나는 그 사고를 되풀이했다. 이번에 나를 망치게 한 것은 호수의 잡초 사이로 멋있게 줄을 그으며 항해하는 농어 떼였다. 이탈리아 철학박사들은 그들이 특별히 영국적인 불운이라고 생각하는 것에 매료되었다. 내 사고를 들은 별장 식당의 웨이트리스는 마치 무대에 선 소프라노처럼 기뻐서 떨리는 소리로 이탈리아 말로 노래했다. "영국 교수님, 치아가 하나도 없으시네요!"라고 즐겁게 외치곤 했다. 단지 아이리스만이 확고하게 동정적이어서 내 마스크를 쓰고 오리처럼 자맥질을 해서 의치가 사라져 버린 얕은 곳을 뒤지는 데 최선을 다했다. 물론 운이 없었다.

보리스와 아우디는 이탈리아 여행을 좋아했고 이탈리아에 갈 때 우리를 데려갔다. 그들 역시 그림 애호가들이어서 우리는 피에로의 〈부활〉을 다시 보았으며 프레스코 벽화에 대해서 그리고 단 한 폭의 거작을 지닌 외따로 떨어진 교회들에 대해서 식견을 지니게 되었다. 아우디는 여행객들을 카프리와 아말피 반도로 안내한 적이 있었는데, 어느 해에 그녀는 그 곳을 다시 방문하기로 작정했다. 나는 그런 아름다운 곳을 기피하는 성향이었지만 아우디는 북구의 여신 프리야 같은 미소를 띠고 "두고 보세요"라고 말했다. 그런데 그녀는 항상 그랬던 것처럼 옳았다. 아이리스는 소렌토에 홀딱 반했다. 그 곳의 오래된 부두가 어린 시절의 킹스타운 항구와 아버지께서 수영을 가르쳐 준 바닷물 수영장을 생각나게 해주었기 때문이라고 생각한다.

우리 호텔 방 창문 아래에 있는 수영객들은 모두 짙은 구리색이었는데 우리가 그 곳에 간 첫날 아침에 머리색이 검고 피부가 대단히 흰 키가 큰 여인이 – 180센티미터는 족히 넘었을 것이다 – 갑자기 나타났다. 짙은 자주색 비키니를 입은 그녀는 굉장히 품위 있어 보였지만, 제물을 요구하러 온 죽음의 여신처럼 사악해 보였다. 나는 매혹되어 아이리스에게 그녀를 가리켰다. 나보다 덜 낭만적인 아이리스의 견해로는 그녀가 마약 밀매자임에 틀림없다는 것이었다. 나는 실제 생활의 사건에서 시작되는 경우가 거의 없는 아이리스의 영감을 환기시키려는 생각은 하지 않았지만, 그래도 창 밑에서 벌어지고 있는 장면이 변질되어, 언젠가는 그녀의 플롯 속으로 들어가기를 바랐다. 그러나 놀랍게도 아이리스는 고개를 끄덕이며 "당신이 그 여자에 관한 이야기를 쓰는 것이 어때요?"라고 말했다. 보리스와 아우디도 그들의 발코니에서 그 도깨비 같은 여인을 보았다. 그 광경은 아침 식사 때에 우리가 함께 웃을 수 있는 공상거리를 제공해 주었다. 그들의 격려에 힘입어서 나는 가능한 시나리오를 문득 생각해 냈는데, 드디어 그것은 《앨리스》라는 소설이 되었다. 거의 40년 동안 내가 쓰려고 노력해 왔던 첫 번째 작품이었다. 《앨리스》의 후편으로 《이상한 캡틴》이 나왔고 삼부작의 마지막 작품인 《조지의 소굴》이 드디어 출판되었다.

알츠하이머병의 증상이 완전히 확실해진 것은 2, 3년 후이긴 했지만, 나는 이따금 아이리스가 소설가로서의 생애가 거의 끝났음을 스스로 알고 있었던 것은 아닌가 하는 생각이 든다. 그녀는 내게 다시 소설을 시작하도록 격려하고 있었던 것일까? 그 매력에도 불구하고 소렌토는 슬픈 곳이었다. 또한 그 곳은 보리스가 마지막으로 휴가를 보낸 곳이기도 했다. 몇 달 후 그가 사망했으며 아우디는 끔찍이도 그를 그리워했다. 그녀는 계속 란자로트에 살았고 우리는 계속 그녀를 만났다. 그녀의 휴가 계획 중 하나는 내게 또 다시 영감의 원천이 되었다. 그녀는 베르메르의 전시회를 볼 수 있도록 우리를 헤이그로 데려갔다. 사람이 너무 많아서 실제 그림을 보기는 어려웠지만 〈빨간 모자를 쓰고 있는 소녀〉는 포스터와 티켓에 복사되어 있었다. 이야기 하나가 머리에 떠올랐다. 우리가 유별난 식당에 앉았을 때 나는 그 이야기를 아우디와 아이리스에게 했다. 그 식당 자체도 소설의 플롯에 포함되기 시작했다.

나는 그 소설이 우리가 잘 아는 장소에서 끝나도록 만들었다. 스티븐과 나타샤 스펜더는 프랑스 프로방스에 다 허물어져 가는 오래된 돌로 지은 농가를 샀었다. 나타샤는 그 집을 몇 년에 걸쳐 솜씨 있게 다시 지었다. 그 집은 생 레미 근처의 석회암으로 된 알피이의 지역의 높은 지대에 동떨어져 있었다. 처음에는 그 곳에 물이 없었다. 아이리스와 나는 가까운 마을의 우물에서 양철통에 물을 길어오는 일을 즐겼다. 7월의 뙤약볕 아래에서 우리는 언덕의 가파른 등선을 굽이치며 가꾸지 않고 내버려 둔 살구와 올리브 숲 가장자리를 둘러싼 초록색 등나무, 로즈메리, 사이프러스의 빽빽한 덤불 사이로 재빠르게 달리는, 옛날 관개 수로였던 얼음처럼 차가운 '농수로'로 뛰어들곤 했다. 살구와 올리브나무 숲은 야생 상태로 되돌아간 듯했다. 6월에 심지어 7월까지도 거기에서는 나이팅게일이 노래했다. 아이리스의 소설 《수녀들과 군인들》에 나오는 일련의 매력적인 장면은 우리가 마키로 뒤덮인 언덕에 있는 굴을 발견한 데서 영감을 얻은 것이었다. 우리는 그 굴 끝에 있는 불빛을 볼 수 있었고 그 굴을 간신히 빠져나왔다. 그 소설의 주인공은 지하 냇물에서 더 신나는 모험을 했다. 그러나 그 매력적인 장소, 한낮의 강렬한 열기, 방치된 지역을 통해서 신기하게 흘러가는 고산의 회색 물줄기 등은 아이리스가 책에서 묘사하는 그대로였다.

한번은 점을 쳐서 수맥을 찾는 사람이 스펜더의 작은 집으로 물을 찾으러 왔다. 그 사람은 공손하였으며 언제나 만반의 직업적인 준비가 되어 있는 사람이었다. 양손에 낭창낭창한 그의 버드나무 가지를 잡고서 그것이 흔들리는 것을 느끼는 것은 신비로웠다. 그 사람이 공손하게 "부인, 부탁입니다"라고 말하며 그 나무 가지를 가져갈 때까지 아이리스는 황홀해서 몇 분 동안 움직이지 않고 서 있었다. 그는 물을 잘 찾았다. 물이 나오는 장소는 훨씬 아래쪽이었는데 드디어는 30미터 이상의 깊이를 지닌 우물이 만들어졌다. 그것으로 집안의 물 문제는 해결되었지만 아이리스와 나는 마을의 광장에 있는 우물에 갈 필요가 없어진 것을 좀 아쉬워했다. 그 일은 우리가 마치 잭과 질처럼 함께 할 수 있는 잡일이었다. 또한 한낮에 관개 수로에서 수영할 수 있는 기회도 없어졌다.

생 지롬 농가(역주: 스티븐 스펜더의 작은 집 옥호)에서 우리는 저녁때 스크래블 놀이를 하곤 했다. 스펜더와 나타샤는 스크래블에 명수였기 때문이다. 따뜻한 저녁에 밖에서는 청개구리가 잠을 부르는 부드러운 소리를 내었다. 스펜더가 있을 법하지 않은 낱말들을 스크래블 판에 놓으면서 때묻지 않은 영악한 미소를 짓는 것을 바라보는 것은 즐거운 일이었다. 한번은 나의 일곱 글자를 집어 들면서 나는 그 사람들이 '분피쉬(bunfish)'라는 말을 만든 것을 보았다. 나는 그 단어가 실제로 존재하는 어족을 지칭하는 것으로 얼렁뚱땅 넘어가려 했다. 다른 사람들은 어떤 단어도 대지 못했다. 그러나 그 단어는 영어 어휘가 되었고, 또한 스펜더 가족의 어휘가 되기도 했다. '분피쉬 짓을 한다'라는 것은 어떤 사람이 벌받지 않고 피해가려고 한다는 표현이 되었다.

*

옥스퍼드로 돌아와서 '매물' 표지를 찾으며 이리저리 차를 몰았다. 이제 나는 작은 집을 좋게 생각하게 되었다. 아이리스는 큰 집이 매물로 나오지 않은 것을 섭섭하게 여겼다. 흥분하기도 하고 안심하기도 하면서 우리가 집을 찾는다는 생각을 포기하기로 결정하고 집에 돌아가 보니,

집은 어느 면에서는 기대에 차 있었다. 그러나 우리가 돌아오기를 기대하지는 않았다. 집은 우리가 가버리기를, 그 동안 축적되어 온 먼지와 우리의 오랜 여행의 부스러기들이 우리와 함께 가버리기를 고대하고 있었다. 나는 약간의 공포감을 느꼈고, 우리는 서로를 바라다보았다. 우리는 지나치게 의인화하고 있었다. 결국 집은 집일 뿐이다. 그러니 우리에게 이래라 저래라 명령할 수는 없다.

그러나 집은 그렇게 명령했다. 아니면 그러는 것 같았다. 아이리스는 런던으로 갔다. 나는 옥스퍼드로 갔다. 하루의 수업이 끝난 후 나는 복덕방에 들러서 여러 채의 바람직한 집들이 있는 내용물을 받았다. 나는 옥스퍼드 북쪽 교외에 있는 나뭇잎이 무성한 써머타운의 길고 곧은 가로에 있는 첫 번째 집으로 차를 몰고 갔다. 그 집은 상쾌한 작은 벽돌집으로서 모퉁이에 있었다.

그 집에 곧바로 마음이 끌렸다. 우리가 진정으로 그 집을 소유하게 될 것이라고 느꼈다. 항상 다른 존재들의 소유였고 다른 존재들이 수시로 출몰하던 먼저 집에서 더 이상 그런 존재들을 눈감아주며 살지 않아도 될 것이었다.

복덕방에서 내게 상세하게 정보를 준 다른 집들을 살펴볼 생각조차 하지 않고 나는 서둘러 복덕방으로 돌아갔다. 나는 다른 사람이 성급하게 그 집을 구입하기 전에 그 집을 구입하기를 열망했다. 나는 사람들이 옥스퍼드의 이 지역에 있는 집들을 열심히 찾는다는 것을 알았다. 나는 그 복덕방 사람에게 곧장 이 집 대금을 지불하도록 해달라고 거의 간청하다시피 했다. 그는 우선 집 소유자와 상의해야 한다는 점을 지적했지만, 친절하게도 계약금을 치르도록 허락했다. 나처럼 순진한 사람이 그 복덕방 사람에게 온 적은 없었을 것이다. 그래서 그는 나의 열심을 매우 영악하게 이용했다. 그는 상당히 많은 다른 후보자들이 있는데 어떤 사람들은 하틀리 로드 54번지를 구입하기 위해서 은행에서 대출 받기를 기다리고 있는 것이 유감이라고 했다. 이처럼 효과적이고 단호한 구매자들을 생각하니 나는 더욱 더 조바심이 났다.

아이리스는 그때까지 런던에 있었고 나는 다음날 아침 일찍 그 집을 보러 갔다. 집주인들은 직장에 나가고 없었다. 그 집의 딸이 학교 가기 전에 아침을 먹고 있다가 내가 그 곳에 간 목적을 이야기했더니 당황한 표정이었다. 그러나 내가 이곳저곳을 둘러보는 것을 반대하지는 않았다. 그녀는 미치 즐거운 도시 전원 생활의 표상 같았다. 햇빛이 비치는 정갈한 작은 방들은 신선하고 향긋한 내음을 풍겼다. 카나리아 새 한 마리가 새장에서 노래했다. 화장대 위에는 고양이 한 마리가 잠자고 있었다. 지금까지 결혼 생활에서 경험해 보지 못했던 신기하고 그 예가 없었던 새로운 형태의 삶이 유혹적으로 그러나 겸손하게 그 자체를 제시하는 것 같았다. 나는 교외 생활의 기쁨을 노래한 시인 존 벳지만이 확실히 그 집과 그 집의 소유주를 인정했을 것이라고 느꼈다. 나는 아이리스가 이층에서 일하는 동안 가스불 옆에 앉아서 책을 읽는 자신을 상상했다. 곧 우리는 간단히 먹을 저녁거리를 사러 상점으로 유유히 걸어갈 것이었다. 스티플 애스턴에는 언급할 만한 상점이 없었다. 우리의 자연 그대로의 정원 밖에는 유유히 걸을 곳도 없었다.

아이리스는 나의 그 집에 대한 생각을 매우 잘 받아들였다. 그녀는 내가 취해 있는 상태에서 나와 논쟁하는 것은 아무런 소용이 없다는 것을 곧바로 알았다고 생각한다. 새로운 백일몽의 세력이 나를 압도했다. 환상치고는 전혀 야심에 찬 것도 아니었다. 그때까지 우리의 삶의 어떤 스타일도 내 감각에 맞지 않았는데, 그 집은 내 삶의 감각에 맞았다. 그리고 그런 감각은 분명히 여러 해 동안 나의 내부에 잠복하여 기다리고 있었다. 나는 아이리스가 그것을 이해했다고 생각한다. 그리고 거기에 대해서 일종의 죄의식까지도 느꼈다고 생각한다. 내 이상적인 집을 보았을 때 잠시 고통스러운 표정이 재빨리 그녀의 얼굴을 스쳐갔다. 그러나 아이리스는 마치 불 속으로 자신의 손을 밀어넣은 로마의 부인처럼 나의 이상 속으로 자신을 밀어 넣었다. 그녀는 마치 그녀의 열정이 나의 열정과 같은 것처럼 행동했다.

물론 그렇지 않다는 것을 나는 알았다. 그러나 나는 완강했다. 왜 내가 고집을 한 번도 부릴 수 없단 말인가? 그러나 새 집을 사고 옛 집을 팔기도 전에 그 꿈은 사라졌다. 나는 우리가 얼마나 실수를 저지르고 있는지를 깨달았다. 그러나 그런 실수는 피할 수 없는 것처럼 보였다. 아이리스가 애초에 가졌던 백일몽의 행복한 그늘 속에서 30년 이상을 시골에서 함께 보낸 결과로 우리가 고작 저지를 수 있는 실수인 것 같았다. 말하자면 그녀의 행상인의 정체가 드디어 명백해졌던 것이다. 옛 집은 끔찍한 상태가 되었고 우리는 그 집이 여전히 잡동사니로 가득 찬 상태에서 그 집을 떠났다. 그러나 오래된 먼지 낀 돌들을 포함하여 쓰레기의 많은 부분이 새 집으로 옮겨져야 했다. 가련한 아이리스가 너무나 선량해서 그것을 막을 수가 없었기 때문이다.

하틀리 로드에 있는 집의 실패는 예견할 수 있는 것이었다. 그러나 나는 그 주위의 아이들이 하루 종일 소리를 질러댔고, 이웃의 좀도둑들이 밤에 늘 우리를 방문했지만 그 집에 계속 끈질긴 충성심을 느꼈다. 우리는 그 집을 떠나기를 갈망하면서 3년을 참았고 드디어 나의 동료가 팔려고 내놓은 더 조용하고 더 우리에게 알맞은 작은 집을 찾았다. 이상하게도 아이리스는 하틀리 로드 집에서 기포드 강연을 포함한 걸작들을 썼다. 그 곳에서 그녀는 매일매일 펜을 놀렸는데 내가 잘 아는 것처럼 그 곳이 그녀의 마음에 들지 않았기 때문에 더욱 단호하게 글을 썼던 것이다. 말할 필요도 없이 우리는 함께 상점으로 산책을 간 적도 없었던 것 같다. 내가 기억하는 한, 나는 키츠가 어떤 편지에서 깔깔 웃으면서 묘사한 '그림 속에 나오는 어느 독서하는 사람처럼' 가스 불 앞에서 아늑하게 책을 들고 앉았던 적도 없었다.

우리에게 집을 파는 동료는(그녀는 경제사를 가르쳤다) 일수일에 이틀을 쇼스타코비치 부인을 파출부로 쓰기를 원하느냐고 물었다. 파출부로서 매우 추천할 만한 사람이고 집을 잘 안다고 했다. 쇼스타코비치라는 이름을 지닌 폴란드의 제대 군인과 결혼한 그 부인은, 우리를 만난 순간 우리를 꿰뚫어 본, 상냥하고 약간 두목 행세를 하는 여인이라는 것을 알게 되었다. 우리는 진지하게 집을 간수하는 집주인이 아니었다. 그녀는 월요일에 일을 시작할 수 있다고 했으며 월요일에 일이 끝날 무렵이면 집안일에 관한 한 어떤 일이 어떻게 되어야 하는가를 우리가 알게 될 것이라는 의미로 친절하게 말했다. 우리는 비겁하게 행동했다. 쇼스타코비치 부인에게 마음에서 우러나는 감사를 했다. 그리고 난 후 동료에게 우리 자신이 집안일 하는 것을 주선하겠다고 했다. 우리 집을 자신의 집으로 여길 파출부 아주머니의 구박을 받으려고 우리가 33년간의 가정생활을 이끌어온 것은 아니었다.

우리 자신이 집일을 계획하는 것은 수월하게 이루어졌고, 우리는 아일랜드인 여성 지배자에게서 놓여난 데 대해 안도의 한숨을 쉬었다. 1989년 8월에 우리가 도착했을 때 반짝반짝 하던 찰베리 로드 30번지 집은, 내가 개인적으로 희망하건데, 누추하기는 하지만 품위가 없지는 않은 우리의 예전 집들의 모습에 곧 합세했다. 모든 잡동사니들이 도착했고, 40년간의 먼지가 스며 있는, 우리가 쓰는 동안 회색이 되어 버린 책들과 안락의자들이 도착했다. 아마도 집은 은밀히 안도의 숨을 쉬며 그것들을 반겼을 것이다. 벽에는 블루택의 얼룩점들, 포스터 조각들, 내 동료의 아들이 붙인 그림들이 있었는데 쇼스타코비치 부인은 이런 것들을 그대로 남겨 두었었다. 나는 우리 그림들을 걸면서 그것들 몇 개를 떼어냈는데 아이리스는 곧 나를 말렸다. 그 그림들은 우리의 물건들이 곧 그렇게 되듯이 그 집에 속한 것이라는 것이다.

30번지 집 앞 정원에는 그 집의 앞모습을 거의 가려 버리는 두 그루의 키 큰 나무 이외에는 별다른 것이 없었다. 그 나무들을 보았을 때 아이리스는 그것들을 사랑하게 되었다. 1925년 이 집을 지을 때 사람들은 이 나무들을 상당히 튀는 작은 장식물로 생각했음에 틀림이 없다. 그 당시 어느 누구도 이 새로 수입된 중국 삼나무가, 이 나무의 사촌인 당당한 진짜 세쿼이어의 키나 몸통만큼 크지는 않더라도, 30미터 정도까지나 자랄 수 있는 만만치 않은 침엽수인 것을 알아채지 못했던 것 같다. 바람이 불면 유연한 붉은 색 잔가지와 그 보다 더 큰 가지들이 끊임없이 떨어져 내려서 일종의 어두운 탄넨버그를 만들었는데, 아이리스의 소설에 대해 논문을 쓰고 있었던 러시아 방문객이 질문을 하러 왔을 때 그 나무 밑에서 존경스런 눈으로 바라보면서 '야생 정원'이라고 중얼거렸다. 나는 훌륭한 러시아 인들이 하는 것처럼, 그녀가 갈색 잎 사이로 머리를 내미는 야생 버섯을 본능적으로 찾기 시작했다고 생각한다.

뒷정원에도 나무가 꽉 찼다. 세 그루의 오래된 옹이진 일본 자두나무가 있었는데, 여름에는 나뭇잎으로 뒤덮인 정자를 이뤘고, 그 잎은 봄에는 영국 아네모네처럼 하얀 꽃을 피우는 자수정 색깔이 되었다가 여름과 가을에는 어두운 붉은 색이 되었다. 그 나무들 밑에 5월이면 야생 블루벨과 카우파슬리가 – 앤 여왕의 레이스 – 솟아났으며, 그래서 그 작은 정원은 《한여름 밤의 꿈》에 나오는 한없이 매력적인 숲으로 후퇴해 들어가는 것 같다. 우리가 그 집에 이사왔을 때 아이리스는 밖에 앉을 수 있도록 무거운 티크로 된 정원 의자를 놓았다. 생전 처음 아이리스는 날씨가 좋은 때에는 밖에서 글을 쓰기 시작했다. 지금 생각해 보면 그것은 만사가 서서히 진행되기 시작하는 조짐이었다. 아이리스가 조용히 펜을 손에 든 채 앉아 있는 것을 창문을 통해서 보았을 때 나는 약간 불안했다. 예고라고 보기에는 어려운 것이었지만, 아이리스는 스티플 애스턴에서는 결코 즐겨 본 적이 없는 식으로 정원을 즐겼고, 지금도 그렇다. 스티플 애스턴에서 아이리스는 일하는 동안에는 정원을 내다보지 않았다. 정원 뒤쪽 담 위에 잘생긴 무화과나무가 있었는데 그 잎들은 성경의 〈창세기〉에 나오는 간단한 옷을 만들기에 충분할 정도로 컸다. 칼리지의 정원사는 내게 무화과나무에 비료를 주어서는 안 된다고 일러 주었다. 비료를 주면 잎만 무성하고 열매를 맺지 않는다는 것이었다. 나는 성실하게 골분을 주었는데 드디어 여름에는 창문에서 밖을 보지 못할 정도로 무성해졌다. 먼지와 더러움이 보이지 않는 우리 거실은 그늘진 짙은 초록색의 정자가 되었다. 정원사의 현명한 말을 들은 후 나는 곧 골분 주는 일을 중단했고, 그래서 다음 해에는 무화과가 매우 많이 열렸다. 고양이만큼이나 길들여진 개똥지빠귀들이 때때로 무화과를 쪼아 먹으면서 무화과 한가운데서 나른하게 포만 상태로 휴식했다. 그렇게 그 새들이 먹어도 우리에게 충분한 무화과가 남아 있었다. 나뭇잎들 또한 매우 컸고 거실은 언제나처럼 그늘져 있었다.

무화과나무 밑둥에 구리로 만든 아이리스의 흉상을 놓았다. 그것은 1963년 톨킨의 며느리가 만든 것이었다. 새들은 그 흉상을 존경하지 않았지만 아이리스의 평화스러운 모습은 흐트러지지 않은 채로 있었다. 페이스 톨킨은 시아버지 톨킨의 두상을 매우 훌륭하게 조각했는데, 그 두상은 옥스퍼드 영문과 교수 도서관 내에 있는 초석 위에서 인자하게 골똘히 생각에 잠긴 반지의 제왕 그 자체인 것처럼 보였다.

8

　1994년에 우리는 이스라엘의 네게브 대학교의 국제 회의에 초청을 받았다. 그 회의의 목적은 대학이 성년에 이른 것을 축하하기 위한 것이었다고 생각한다. 나는 '소설의 면모'나 '오늘날의 소설'에 관한 논문을 발표하기로 되어 있었다. 그 내용은 편안할 정도로 막연한 것이어서 발표하는 사람이나 듣는 사람에게 큰 부담이 되지 않는 것이었다. 아이리스는 논문을 발표하지 않을 것을 요청했고, 자신이 쓴 소설이나 철학 서적에 대한 질문에 응답하는 토론에 참여하겠다고 했다. 아이리스는 이런 종류의 일을 전에도 종종 했고, 언제나 성공적으로 해내었다. 발언권을 독차지하지 않으면서도 질문자가 내놓는 것은 어느 것이든 진지하게 받아들여서 그 질문의 가능성을 다정하게 공감적으로 탐구하는 재주를 지녔기 때문이었다. 그것은 청중에게는 즐겁고 보람 있는 일이었다.
　이번에는 그 일이 엉망이 되었다. 좌장은 인정 있는 사람이었지만, 아이리스가 원하는 단어를 떠올릴 수 없는 것을 보고는 당황하고 불안해했다. 아이리스의 말투는 항상 느렸고 사려 깊었으며 다소 망설이는 투였기 때문에 나는 처음에는 동요하지 않았었고, 그 모임의 감을 잡으면 아이리스가 몇 분 안에 곧 침착하게 될 것이라고 확신하고 있었다. 아이리스가 자신이 겪는 어려움을 얼마나 의식하고 있었는지는 말하기 어렵지만 그 효과는 곧 청중과 아이리스를 얼어붙게 만들었다. 청중은 공손했지만 그들의 얼굴에서 생기와 호기심은 사라졌다. 그들은 걱정스럽고 당황하는 모습을 보이기 시작했다. 이스라엘 사람들은 반응을 솔직하게 보인다. 몇몇 사람들은 자리에서 일어나 회의장을 떠나 버렸다.

나는 후에 아이리스가 그 일이 얼마나 끔찍했는지, 어쩐지 그 일을 해낼 것 같지 않았다고 내게 말해 줄 것이라고 생각했다. 그러나 그런 일은 일어나지 않았다. 아이리스는 알지 못하는 것처럼 보였다. 그녀는 내 조심스러운 염려도 그 사건도 무시해 버리는 것 같았다. 나는 크나큰 실수가 있었다는 인상을 주지 않으려고 했다. 후에 좌장과 한두 사람이 아이리스에게 왔는데 그녀는 그들에게 자연스럽게 말하고 웃었다. 한 사람은 그녀의 마지막 소설 《녹색 기사》에 대해 질문을 하고 사인을 받으려고 그 책을 내밀었다. 바로 그 순간 나는 몇 달 전 아이리스가 자신이 현재 쓰고 있는 소설에 어려움을 겪는다고 말했을 때 놀랐던 것을 기억했다. 그 책은 1995년 《잭슨의 딜레마》로 출판되었다. 전에 내가 묻거나 묻지 않거나 간에 아이리스는 자주 글이 막혔다고, 현재 쓰고 있는 소설이 잘 써지지 않는다고, 어쨌든 이 소설도 훌륭하지 못하다고 불평하곤 했었다. 나는 이런 상황이 지나쳐 가리라, 며칠 안에 우리가 부엌 식탁에서 식사하거나 음료수를 마실 때 갑자기 연필을 잡고 무언가를 쓰게 되리라는 것을 알고 있었기 때문에 아이리스를 안심시키는 소리를 하곤 했었다. "나아졌어요?"라고 내가 말하면 "그렇게 생각해요"라고 아이리스가 대답할 것이었다.

그러나 이번에는 상당히 달랐다. 어느 날 아이리스는 근심 어린 초연한 태도로 "이 잭슨이라는 사람 말이에요. 그 사람이 누군지 무얼 하고 있는지 도무지 알 수 없어요" 하고 내게 말했다. 아이리스는 자신이 쓰는 소설의 인물들에 대해서 거의 언급하지 않았기 때문에 나는 흥미로웠다. "아마 그 남자가 여자라는 것이 밝혀지겠지요"라고 나는 말했다. 아이리스는 내 농담에, 비록 신통치 못한 농담에도 항상 관대했었다. 그러나 지금 아이리스는 진지하고 엄숙하고 당황스럽기까지 한 표정이었다. 그녀는 "그 사람 아직 태어나지도 않았다고 생각해요"라고 말했다.

결혼 생활에서 관찰이란 대단히 습관적이고 그 관찰 대상을 당연한 것으로 받아들이기 때문에 우리는 제대로 관찰하지 못한다. 아이리스의 수수께끼 같은 말이 그때 내게는 정상적으로 들렸었다. "걱정 말아요. 이제 어느 날이고 태어나겠지"라고 나는 얼빠진 듯 말했지만 그녀는 계속 걱정하고 속상해하는 표정이었다. "나는 그 일을 해낼 수 없을 거야. 다시는 다른 책을 못 쓸 거야"라고 아이리스는 여전히 초연한 어조로 말했다. 이번처럼은 아니지만 그 전에도 그녀는 그런 말을 자주 했었다. 과거에는 그런 기분이 지나쳐 가리라는 것을 나는 알았었다. 아주 이상하긴 하지만 이번에도 그렇게 지나갈 것이라고 생각했다. 다른 것을 상상할 수 없었다. 그러나 네게브의 건조한 회색빛 햇살 아래 눈을 깜박이며 서 있었을 때 나는 불현듯 무언가가 심상치 않게 잘못되어 가고 있음을 처음으로 깨달았다.

나는 그것을 '깨달았지만' 놀라지는 않았다. 모든 것이 평상시처럼 굴러갈 것이라고 확신했기 때문이었다. 어떤 면에서 나는 옳았다. 알츠하이머병 환자가 시간 개념을 잃어버리게 될 때 시간은 미래적인 그리고 과거적인 의미를 잃어버리는 듯하다. 그 동반자에게는 그렇다는 의미이다. 아이리스는 항상 변하지 않을 것이라는 걸 알고 있었기 때문에, 우리가 '잭슨'에 대해 이야기했을 때 내가 눈치챘던 아주 미미한 불안스런 괴벽은 항상 존재해 왔었던 것임이 틀림없었고, 그것은 장래에도 변함없이 계속될 것이라고 느꼈다. 아이리스가 행할 수 있는 어떤 것도, 그리고 그녀에게 일어날 수 있는 어떤 일도 그녀를 달라지게 만들 수는 없었다. 우리가 네게브의 햇빛 아래 서 있었을 때 그 문제는 그저 내 마음을 스쳐 지나갔었다. 알츠하이머병이 시작될 때의 무시무시함은 또한 안심되는 것이기도 하다. 내 마음 한 구석에서는 장래에 대해 진지하게 걱정해야만 한다고 느꼈지만, 또 한편에서는 미래도 과거도 아무런 의미가 없다는 것을 알았다. 있음직한 가장 가까운 것을 보는 것, 시드니 스미스 목사님이 권한 것보다 더 가까운 전망까지도 아무런 의미가 없다는 것을 알았다.

　하지만 매우 친절한 이스라엘 소설가 에이모스 오즈 씨가 다음날 나와 대화를 나누러 왔을 때 그 불안이 위력을 발휘하며 다시 살아났다. 그 사람은 아이리스에 대해 아무 말도 하지 않았지만 그가 나를 바라보는 태도에서 나는 그가 모든 것을 안다는 것을 갑자기 의식하게 되었다. 아마도 그가 동료 소설가였기 때문에 알았거나, 어쩌면 단지 매우 영리하고 관찰력이 좋으며 식견이 있었기 때문에 알았는지도 모른다. 그는 멀지 않은 네게브 사막에 자신이 살고 있으니 우리가 그의 집에 와서 머물렀으면 참 좋겠다고 무심코 말했다. 우리가 원하는 기간 동안에는 언제라도 괜찮으며 자신에게는 전혀 지장이 없다고 했다. 나는 이것이 그의 순수한 친절에서 나오는 말인지 진심으로 하는 말인지 그가 외로워서였는지 아이리스가 좋아졌는지, 아니면 머리가 돌아버렸거나 돌려고 하는 동료 소설가를 살펴보고 싶어서 그랬는지 알 수 없었다. 오즈 씨의 잘생긴 젊은이다운 얼굴은 내게 약간은 아라비아의 로렌스를 연상케 했는데, 내가 이러한 동기 중 어느 하나를 부여하기에는 그는 너무나 자연스럽고 자발적으로 보였다. 아니면 그런 것 같았다. 자신의 제안을 말하고 제안한 대로 되기를 원하는 것이 그에게는 똑같이 매우 자연스러운 것이었다고 나는 생각한다. 때때로 그때 그의 집에 갔었더라면 좋았을 것이라고 생각하지만 이 천사와 같은 사람에게도 이제 그의 제안을 받아들이기에는 너무나 늦은 것 같다. 나는 항상 그의 소설을 즐겼다. 되돌아보면 그는 야곱에게 나타났었던 것 같은 사막의 천사였을 수도 있었다.

그것이 1994년 봄에 있었던 일이다. '빛과 구리와 금의 도시' 예루살렘은 신비하게 아름다웠다. 우연히 그 해 가을에 우리는 또 다른 외국의 초대를 받았다. 마치 아이리스가 사람들에게 응답하고 그 역할을 잘 해내는 능력이 떨어지기 시작하는 때 그런 초대가 오기 시작하는 듯했다. 여러 가지 이유로 해서 이런 식의 초대를 받아 외국 여행을 한 지 여러 해가 지났었다. 방콕으로의 초대였는데 동남아시아 작가 회의에서 행하는 수상식에 참가하는 것이었다. 만사가 잘 되어 갔다. 아마도 태국, 싱가포르, 말레이시아, 필리핀에서 온 작가들은 우연히 서방에서 온 유일한 작가인 아이리스가 연사의 사고 장애뿐 아니라 작가로서의 사고 장애로도 고생하고 있음을 눈치채는 데 있어서 유럽 작가들과 장단이 맞지 않았다.

작가들은 대개 자신들, 자신들의 일, 일을 하는 방법 등을 이야기할 때 뒤쳐지는 법이 없다. 이런 점에서 볼 때 아이리스의 수줍음은 이 입심 좋은 동양 모임에서 일종의 어울리는 겸손으로 보였을 수도 있다. 어쩌면 그들이 너무 공손하여서 눈치 채지 못했을지도 모른다. 왕자가 시상을 하고 우리 각자가 몇 마디씩 해야 했을 때도 아이리스는 훌륭하게 행동했다. 나는 아이리스를 연습시켰고 아이리스가 이야기해야 하는 것을 암시하는 글을 대문자로 써 주었다. 그 식에 참여하는 작가마다 연단에 이르렀을 때 자신들의 작품 한 권을 왕자에게 증정해야 했다. 아이리스는 펭귄 판 《그물 아래로》를 정식으로 증정했다. 왕자는 그 책을 받아서 옆을 둘러보지도 않고 뒤로 전달했다. 어떤 궁정 사람이 웅크린 채 그것을 받아서 마치 럭비에서 하는 것처럼 그의 뒤에 있는 관리에게 전달했다. 그것은 드디어 많은 사람들 끝에 이르러서 문을 통해 사라졌다. 그 날 이후 그 책들이 어떻게 되었는지 궁금했다. 그 책들이 왕립 도서관에 보관되고 있는지 아니면 어떤 떨어져 있는 건물에서 조용히 태워졌는지 궁금했다.

방문하는 동안 《사우스 차이나 타임즈》에서 근무하는 대단히 유쾌한 영국인이 자신의 업무에 지장이 없는 한 우리를 찾아왔고, 아이리스와 벗하고 대화하는 것이 그에게 고무적인 것으로 보였기 때문에 나는 더욱 안심했다. 그는 그 곳에서 때때로 매우 고독하고 우울하다고 말했다. 그것이 놀라워 보이지 않았다. 우리 자신도 일종의 극동적인 우울함에 짓눌리는 것을 느꼈는데 그것은 전적으로 우기였던 기후 탓만은 아니었다. 단조로운 비와 압도적인 온화한 온기는 적어도 얼마 동안은 즐길 만한 것이었기 때문이다. 호텔 앞에서 넘쳐나는 강물은 찻잔 받침에 넘쳐흐르는 차 같았고 우리는 우리 눈높이에서 빠른 속도로 둥둥 떠가며 소용돌이치는 초록색 덩굴 식물의 아주 커다란 가지에 매료되어 선 채로 그 강을 바라보곤 했다. 분주히 강을 누비는 날쌘 배들의 운전사들에게 그 나무 가지들은 아무런 위협도 되지 않았다. 그 배들은 마치 급행 열차처럼 방콕의 운하를 으르렁거리며 달리는 강력한 엔진 끝에 달린, 계란 휘젓는 것 같이 생긴 물체의 추진력으로 움직였다. 냉방이 잘된 호텔 방이 매우 서늘했기 때문에 밖의 따뜻한 비 속에 서 있는 것은 일종의 특별한 기분 전환이었다. 우리가 묵는 호텔의 수트는 화려한 식민지 풍으로 장식되었는데, 이 곳은 서머셋 몸이 극동을 방문할 때에 즐겨 머물었던 곳이라고 광고하고 있었다. 확실히 그의 으스스한 존재가 그 곳에 충만해 있는 것 같았다.

잭슨이 드디어 완성되어서 《잭슨의 딜레마》라는 제목을 지니게 되었다. 아이리스는 그 책 때문에 우울해했는데, 그녀는 다른 소설을 완성했을 때에도 그랬었기 때문에 나는 너무 불안하게 느끼지는 않았다. 처음으로 나는 그녀에게 다음 소설에 대한 생각을 물었다. 아이리스는 다음 소설에 대한 구상을 하고 있다고 했다. 그러나 생각이 잘 모아지지 않는다고 했다. 무언가 말미를 잡으려고 노력하고 있는데 그것이 항상 그녀를 피해간다는 것이었다. 체념한 것같이 들렸다. 요행이 있기를 기대하면서, 운이 좋았었느냐? 무슨 일이 일어났느냐? 계속 노력해야만 해요 등의 말로 나는 매일 아이리스를 귀찮게 하고 졸라댔다. 내가 너무 오래 계속하면 아이리스는 울기 시작했고 그러면 나는 곧 멈추고 그녀를 위로하려고 애썼다. 극동 여행 이후 내가 아이리스에게 모든 작가들이 때때로 사고 장애로 고생했다고 이야기하고 있을 때, 호텔 방 여기저기에 걸려 있는, 자신의 사인이 들어있는 사진에서 미소짓는 서머셋 몸의 냉소적인 얼굴이 여전히 나를 엄습했다. 몸이 "나는 작가의 사고 장애를 겪어 본 적이 없어요"라고 경멸하는 분위기로 이야기하는 듯했다.

아이리스도 그런 걸 겪어 본 적이 없다. 곧 그것이 명백해졌다. 알츠하이머병 증세는 마치 잠행성 안개 같아서 주위의 모든 것이 안개 속에 잠겨서 보이지 않을 때까지 거의 눈에 뜨이지 않는다. 그 후에는 안개 밖에 세계가 존재한다는 것을 믿는 것이 더 이상 가능하지 않게 된다. 처음에 우리는 친절하지만 매우 지친 듯한 일반 진료의에게 갔다. 그는 아이리스에게 영국의 수상이 누구냐고 물었다. 아이리스는 미소지으며 누군지는 전혀 모르겠지만 그것은 대수롭지 않은 일이라고 했다. 그 의사는 커다란 병원의 노인과 전문의와 예약하도록 주선해 주었다. 뇌 정밀 검사가 뒤따랐고, 이 유명한 소설가가 최근에 어려움을 겪는다는 것이 보도된 후 케임브리지 의학 위원회의 연구처가 특별한 관심을 가져서 아이리스는 언어와 기억력에 대한 일련의 검사를 철저하게 받았다. 아이리스는 이 검사를 공손하게 치렀는데, 연구자들의 비위를 맞추는 것처럼, 또 그들과 함께 작업하는 것을 즐기는 것처럼 보였다. 《잭슨의 딜레마》는 출판되자 유난히 좋은 평을 받았다. 나는 이 서평을 아이리스에게 읽어 주었는데, 아이리스가 서평 듣기를 결코 원하지 않았기 때문에 예전에는 한 번도 해본 적이 없었던 일이었다. 아이리스는 내용을 이해하지도 못하면서 공손하게 들었다.

그러한 아이러니는 그녀를 괴롭히지 않았고 그것이 아이러니라는 생각조차 그녀에게 떠오르지 않았다. 《잭슨의 딜레마》의 이야기에 작은 실수들이 있으며, 일관성이 없는 점이 있다고 지적해 주는 일련의 서평에 관한 편지들이 있었다는 것을 아이리스에게 전해 주지도 않았다. 자신들이 그렇게도 흠모하는 작가도 때로는 깜빡 실수할 수 있음을 지적하는 그녀의 독자들이 이런 주장을 했다는 것은 명백했다. 그러는 동안 나는 약으로 아이리스의 상황을 개선할 수 있는 가능성이 있는지 여부를 알기 위해 의학적 견해를 열심히 검토하고 있었다. 오랜 친구이며 독자인 스웨덴의 자폐성 전문가가 지적 과정을 온화하게 자극하는 알약을 써보라고 보내왔다. 실험중인 새로운 약을 추천하지는 않았는데 그것은 의심할 바 없이 현명한 처사였다. 그 약의 효과는 지나치게 일시적이며, 효과를 볼 수 있는 그 짧은 기간 동안에도 그 약을 복용하는 사람을 혼동시키고 공포스럽게까지 한다는 것이 그 이후 밝혀졌기 때문이다. 친절한 안개가 갑자기 흩어져서 발 앞에 있는 어떤 틈새를 드러내 준다.

알츠하이머병 증세가 시작되는 것에 관해 기록할 때, 일어난 사건을 순서적으로 기억하기는 어렵다. 어떤 일이 언제 어떤 순서로 일어났는지 기억하기란 쉽지 않다. 알츠하이머병의 상태는 화술에 침투하고, 그래서 말을 반복하고 그러한 반복 상황을 그대로 흉내내는 강박 관념적인 질문이 나타나게 되는 것 같다. 앞으로 아이리스의 전기를 쓸 것이며, 이미 절친한 우정, 격려, 지원을 해주는 기둥이 된 피터 콘라디에게 나는 이런 이야기를 했다. 그와 그의 친구이자 동반자인 짐 오닐은 아이리스의 오랜 친구들로서 아이리스는 종종 클래팜으로 그들을 방문하러 갔었다. 그는 아이리스의 소설을 열렬히 칭찬했으며 그녀의 소설들을 속속들이 알았다. 더욱이 그는 아이리스와 그녀가 생활하고 활동하는 분위기를 사랑했다. 그녀의 생각을 알았고 그녀의 지식에 깊은 감정으로 호응했다. 짐의 경우도 마찬가지였는데, 그가 아이리스의 생활에 대해 가진 감정은 아이리스에게 독특한 위안을 주었다. 그 역시 아이리스 소설을 널리 읽은 영리하고 실제적인 비평가였다.

아이리스는 푸른색 눈을 지닌 그들의 양 지키는 개 클라우디를 만나는 것을 좋아했으며, 이 유난히도 헌신적이고 관대한 두 사람에게 책, 철학, 불교에 대해 이야기하는 것을 좋아했다. 두 사람은 티벳이나 부탄에서 온 고위 인사 방문객들을 후대하고, 명상을 하며 묵상하는 일과를 자신들의 일하는 생활 속에 어떻게 해서든지 맞추어 넣었다. 짐은 정신 요법사이고 피터는 문학 교수였다. 이제는 오래 전 일이지만 아이리스는 그들을 방문한 것, 그들이 학교를 개조해서 만든 웨일스의 카테지에 대해 해준 이야기를 가득 가지고서 스티플 애스턴이나 하틀리 로드의 집으로 돌아오곤 했었다. 그들은 그 카테지 아래 있는 들판에 만들어 놓은, 물총새와 수달이 방문하는 수영장 이야기를 그녀에게 해주었다.

그들은 항상 자신들에게 와서 머물라고 우리를 졸랐다. 우리가 드디어 그들을 방문하게 되었을 때, 아이리스는 이미 이 훌륭한 부부가 그녀에게 줄 수 있는 모든 지원을 필요로 하고 있었다. 《잭슨》이 1995년 출판되었다. 그 전 18개월 동안 아이리스의 상황은 꾸준히 나빠지고 있었다. 마치 추위 속으로 나가지 않기 위해서 오래 버틸 수는 없다는 것을 아는 사람처럼 나는 아직은 전문적인 보살핌을 피하고 있었다. 도우미, 친절하게 노인들을 방문하는 사람들, 친절한 친구들의 노력마저도 피하고 있었다. 그런 모든 것이 필요할 때가 오겠지만 할 수 있는 동안은 연기를 하자는 것이었다. 만일 내가 없을 때에 그녀를 벗해 주고자, 아니면 그녀를 돌봐 주기 위해 방문자가 온다고 느끼면 아이리스는 근심할 뿐 아니라 당황하기 때문이다. 사실 내가 없을 때는 한 번도 없었기 때문에 지금은 도우미가 필요하지 않다. 우리가 익숙한 상황에서 계속 살아갈 수 있다는 것은 다행한 일이다. 아이리스는 아직도 필립파 푸트 같은 오래된 친구와 홀로 점심 식사하러 나갈 수 있다.

짐과 피터는 이 모든 것들을 더 쉽게 해준다. 그들은 자신들의 집이나 웨일스의 카테지를 마치 새 브로치처럼 깨끗하게 유지하지만 카펫에 흙이 묻는다거나 유리잔이 더럽게 되는 것을 아무렇지도 않게 여겼다. 그들은 할 수 있는 한 자주 우리를 차에 태우고는 웨일스로 데려갔다.

삶이 실패할 때
웨일스에 가면 무슨 소용이 있으리?

차의 뒷좌석에 앉아서 우리는 때때로 함께 오든의 시구를 즐겁게 외친다. 그것은 농담이다. 우리는 그보다는 더 잘 알고 있기 때문이다. 가는 동안 아이리스의 무릎에 머리를 묻고 잠자지만, 기대에 차서 푸른색 눈을 반짝이며 주둥이를 열어 미소짓는 클라우디도 그런 것처럼 보인다.

1992년 카프리에서.

레오 로스차일드가 개최한 신년 파티에서 주교 복장을 한 아이리스와 주교 부인 복장으로 분장한 베일리.

1992년 소렌토 근처에서 수영할 때.

란자로트에서 피터 콘라디와 함께.

1997년의 아이리스.

지금

1997

1997년 1월 1일

  마가렛 대처는 '상류 사회' 같은 것은 존재하지 않는다고 말하곤 하지 않았던가? 클라우디는 마가렛 대처란 이름만 들으면 짖어 대기 시작했었다. 물론 대처는 상류 사회란 말을 인용 부호 속에 넣지는 않았었다. 자신이 무엇을 뜻하는지 알았기 때문이다. 그렇지만 그녀가 '서민'이란 존재하지 않는다고 했다면 그녀의 요점은 분명히 사실이었을 것이다. 오늘날 '서민'이란 우연히 쓰던 의도적으로 쓰던 간에 어떤 주어진 상황 하에서 쓰일 때에만 의미를 가지게 되는 말이다. 그 후에 웨일스의 황태자비 다이애나는 '서민의 황태자비'였다고 언급한 것은 말이 된다. 그녀가 사망했을 때 모든 사람들이 공공연하게 다 함께 애도했기 때문이다. 그러나 '서민'이란 정치가들이 민주적인 감정에 호소하기 위해 지어낸 가상적인 집단이다. 거기에 비해서 '상류 사회'란 여전히 중립적으로 묘사하는 말이고 어느 맥락에서도 의미가 통한다. '서민'이란 말은 '보통 사람들'이라는 의미로 쓸 때에만 맥락에 들어맞게 된다. '보통 사람들' 이란 표현은 순전히 감정에 호소하는 또 다른 말인데 캔터베리 대주교가 그 말을 텔레비전의 새해 연설에서 방금 사용했다. 모든 '보통' 사람은 실상은 보통이 아니다. 때로는 괴기스러울 정도로, 그리고 어느 면으로 보나 보통이 아니다.

대주교의 새해 연설을 듣고 난 후 아이리스의 음료수를 준비하는 동안 나는 그런 생각을 했다. 이런 것을 평상적인 일로 삼는 것은 중요하다. 나는 12시경이나 아니면 그보다 조금 더 일찍 이 일을 한다. 음료수 자체는 약간 정직하지 못하게 만들어졌다. 물을 가득 붓고 거기에 백포도주 한 방울, 앙고스투라비터즈 약간, 오렌지에이드를 섞어서 만든 것이다. 아이리스는 이 음료수를 좋아하는데, 이것은 진정제 효과가 있어서 아이리스가 오래 앉아 텔레비전을 보게 만든다. 그렇지 않으면 아이리스는 일어서서 텔레비전에 등을 돌리고 그녀의 일감인 나뭇가지, 조약돌, 흙 한두 줌, 은박지 조각, 우리가 잠깐 산책할 때 주어 온 죽은 지렁이까지 끊임없이 만지작거리는 경향이 있다. 아이리스는 또한 창가에 있는 화분에 물을 - 때로는 그녀의 음료수 - 준다. 그 화분의 식물은 그런 대접을 받아서 지금 시들어 가고 있다. 그러나 그녀가 알코올이 든 음료수를 화초에 주는 일은 결코 없다. 사려 깊은 아이리스. 예전에 선술집을 좋아하던 것이 아직도 그녀에게 큰 도움이 된다.

1997년 2월 20일

　텔레토비. 텔레토비들은 내가 만들어 보려고 노력하는 오전 의례 행사의 일부이다. 알츠하이머병 환자는 일상적인 일에 반감을 가지게 되는 것 같아서 내가 조금 우겨야만 한다. 우리 모두는 본능적으로 일상적인 일들이 우리의 정신을 맑게 유지시킨다는 것을 알고 있는 것이 아닐까?
　10시가 조금 지나서 영국 국영방송의 제2방송에서 하는 어린이 프로그램에 텔레토비가 나온다. 텔레토비는 우리가 똑같은 기분으로 함께 볼 수 있는 얼마 되지 않는 프로그램 중 하나다. 나는 아주 신이 나서 "토끼들이다" 하고 외친다. 이 뛰어난 프로그램의 매력 중 하나는 풍경이 실제처럼 실감이 난다는 것이다. 점점이 조화가 있는 잔디에 자연스럽게 비치는 햇빛. 그 조화 옆에서 진짜 토끼들이 깡충깡충 뛴다. 작은 흰 구름 조각들이 떠 있는 아주 어울리는 푸른색 하늘도 진짜 같다. 텔레토비들의 지하 거처의 지붕은 단정하게 풀로 덮여 있다. 잠망경이 그 지붕에서 비어져 나와 있다. 진짜 아기의 얼굴이 하늘에 나타나는데 나는 그 얼굴에 대고 낯을 찌푸리지만 아이리스는 항상 명랑한 미소로 답한다.
　토끼 네 마리가 색깔이 다른 놀이옷을 입고 나타난다. 어떻게 그들을 움직이게 만들까, 천으로 만든 옷을 입은 그들의 통통한 몸 속에는 무엇이 있을까? 그들이 내는 남자 어른의 목소리처럼, 그들이 이리저리 뛰고 미소짓는 모습은 거의 징그러울 정도로 자연스럽다. 트위기인가 하는 토끼와 윙키, 푸 등… 그들은 별로 하는 일 없이 깡충깡충 뛰고 있다. 그러나 그들이 거기 있는 한 아이리스는 행복하다. 집중하는 것 같기까지 하다.
　이러한 유아적인 형태 그 자체가 가상적 현실 같다. 우리는 좀더 순수하고 자연스러운 가상 현실을 지녔었다. 우리가 결혼하기 직전, 이상한 듯이 이리저리 코를 문에 문지르는 우둔해 보이는 고양이가 그려져 있는 우편 엽서로 우리의 가상 현실은 시작되었다. '진저' 라는 적절한 꼬리표를 붙여서 아이리스는 카드를 내게 보냈다. 앞에는 풍선을 그려 넣고 그 속에는 "곧 가요"라고 쓰여 있었다. 아이리스는 진저였다가 후에는 궁가가 되었다.

내 자서전 첫 부분의 제목은 '궁가에 홀려서' 가 될 것이라며 나는 그저께 아이리스를 놀렸다. 그런 식으로 말하면 아이리스는 웃고 즐거워한다. 그렇지만 나는 그녀가 단어들을 인식한다고 생각하지는 않는다.

텔레토비의 어떤 모습은 와이탐 숲으로 블루벨을 보러 갔던 것을 내게 상기시킨다. 옥스퍼드에 살면서 블루벨을 보러 갔던 유적함을 경험한 이후로 우리는 매년 그 꽃들을 보러 갔었다. 만일 햇빛이 비치고 있을 때 그 꽃 앞에 이르게 되면 거기에는 무언가 텔레토비 나라가 지닌 것 같은 애매한 아름다움이 있다. 그 꽃들이 실제의 꽃들일까? 그 꽃들은 정말로 존재하는 것일까? 블루벨은 먼 쪽에 있는 울창한 숲속의 거무스름한 침엽수 아래 살고 있다. 침엽수들은 언덕 밑에까지 퍼져 있는데 블루벨은 어두운 쪽에 있을수록 더욱 더 강렬한 색으로 빛난다. 그 꽃들은 마치 끝없이 펼쳐진 짙푸른 호수가 시작되는 낯선 땅으로 사라지듯이 사라진다. 가까이에서 보면 그 꽃들은 훨씬 평범해 보인다. 희끄무레하고, 자줏빛을 띠기도 한다.

우리는 서서 그 꽃들을 바라본다. 지난 5월, 처음으로 아이리스는 그 꽃들을 전혀 감상하지 못하는 것 같았다.

꽃을 보러 가는 길에 진짜 나무들이 있다. 성당처럼 당당한 두 그루의 거대한 뽕나무가 있다. 그러나 아이리스는 지금 나무들을 대단히 두려워해서 나는 아이리스가 빨리 나무를 지나쳐 가도록 한다. 나는 이제 이번으로 이 곳에 오는 것이 마지막이 되었으면 좋겠다고 생각했다. 바로 작년에 있었던 일이었다.

차에 타면서 안심시키듯이 "곧 텔레토비가 있는 곳으로 갈 거요" 하고 나는 아이리스에게 말했다. 텔레토비가 무엇인지 그녀가 기억한다고는 생각하지 않는다. 나 자신도 텔레토비들을 잊을 수 있었으면 좋겠다.

다른 사람의 마음을 감지하는 것, 이제야 이것을 깨닫게 된다. 우리는 보통 다른 사람의 마음을 당연한 것으로 받아들인다. 때때로 나는 아이리스가 몰래 어떻게 도망갈 수 있을까? 무엇을 해야 할까? 하고 생각하는 것은 아닌가 하는 생각이 든다. 그녀가 마음속에서 글을 쓰고, 숙고하고, 살아 움직였던 때의 그녀의 마음의 움직임을 대신하는 것은 아무것도 없을까? 나는 경건하게 그렇지 않기를 바란다.

1997년 3월 1일

아이리스의 어머니를 정신 병원으로 모실 때 우리는 어디로 가는지 알려 드리지 않았다. 진정제를 드렸지만 그 병원으로 가는 찻길은 끝이 없는 것 같았다. 간호원이 모시고 들어갈 때 아이리스의 어머니는 섭섭해하지 않는, 멍한 표정으로 우리를 돌아다보았다.

내가 아이리스를 친구와 한 시간 지내도록 할 때, 아이리스의 얼굴 표정은 그때의 그녀 어머니의 표정과 똑같다. 학교에 남겨진 것처럼 말이다. 오래 전 초등학교에 갔을 때, 우리 자신의 자아 안에서 그런 순간들을 가지기 시작하지 않았더라면 지금 그런 순간들이 그토록 고통스럽지는 않았을 것이다.

부모님이 나를 학교로 데려갈 때 나는 어디 가는지를 알았다. 그러나 학교에 남겨질 때 나는 아이리스나 그녀의 어머니 얼굴에 나타나는 것과 똑같은 표정을 지었을 것이다. 사실 2, 3주 후 아이리스의 어머니를 정신 병원에서 집으로 모셔왔다. 후에 다시 병원으로 가셔야 했다. 그래서 그것은 학교 가는 것과 같았다.

그 표정을 보고 생각나는 것들이 있다. 그 표정을 보니 내가 학교에 갔을 때 처음 만났던 한 작은 남자아이가 생각난다. 나병 환자처럼 창백하고 작은 노인처럼 쪼글쪼글한 아이였다. 그 애가 무척 다정하게 굴었기 때문에 나는 더욱 더 몸을 움츠렸다. "비밀이야"라고 그가 말했다. "우리 아빠께서 해주신 이야기 들려줄까? 아빠 말씀이 세상에서 가장 중요한 것이 그거래." 그는 "남자와 여자 사이에 다른 게 없대. 전혀 아무것도 없대"라고 말했다.

나는 공포와 두려움에 차서 그 작은 소년을 바라보았다. 그 모든 것은 악몽과 같은 새로운 학교 세계의 일부인 듯했다. 그 당시는 그의 말이 내가 그때까지 들었던, 또 앞으로 들을 것 같은 말 중에서 최악인 것 같았다.

*

아이리스의 에세이집 《실존주의자와 신비주의자》에 대한 긴 기사가 《런던 리뷰》에 실렸다. 비평가는 아이리스의 소설에 대한 견해와 그녀가 실제로 소설을 쓸 때를 대조했다. 소설에서 중요한 것은 자유롭고 독립적인 개개인들과 인물 창조 등이라고 아이리스는 말하지만, 실제로 그녀가 소설을 쓸 때는 자신의 소설에 나오는 인물들이 '자유롭고 현실적인 삶을 살게' 하지 않고 '제멋대로 내버려두는 범죄자들처럼 자유롭지 않게' 만든다는 것을 대조시키는 데 역점을 두었다. 이 점은 항상 내가 흥미롭게 여겼던 점이다. 어떤 면에서 그것은 분명히 정확한 지적이다. 그러나 좀더 중요한 의미에서는 부적절한 지적이다. 왜냐하면 아이리스가 자신의 소설에서 창출하는 자유로운 세계는 어떤 세계와도 다르고, 어떤 사람의 세계와도 달라서 완전히 설득력이 있기 때문이다. 중요한 것은 바로 이런 점이고, 바로 이 점이 아이리스의 세계가 온갖 다른 종류의 사람들에게 최면적인 매력을 지니는 이유이기도 하다.

소설에서는 작가만이 자신이 하고 싶은 대로 할 수 있는 자유를 지녔기 때문에 소설에서 '자유' 라는 말을 이야기하는 것은 동의어 반복이 될 수밖에 없다. 푸슈킨과 그를 추종한 톨스토이는 자신들이 창조한 인물들이 '주도권을 쥐고 있다' 는 것을, 그리고 그 인물들이 행하는 것과 그 인물들에게 일어나는 일로 자신들이 놀랐다는 것을 강조하기 좋아했다. 이 말에는 일종의 진실이라 할 수 있는 것이 있지만, 그것으로 설명이 다 되는 것은 아니다. 그것은 소설가가 만들어 내거나 되풀이하는 진부한 말이다. 중요한 것은 소설가가 창조한 세계가 수긍이 가면서도 전적으로 독특한 세계인가 하는 것인데, 이런 면에서 푸슈킨과 톨스토이는 물론 최고 점수로 통과한다. 아이리스도 그녀 나름대로 최고 점수를 받는다.

여러 해 전 내가 톨스토이에 대한 연구를 하고 있었던 때를 기억한다. 우리는 위대한 소설가의 경우에 생겨나는 수수께끼 같은 종류의 의문들을 끝없이 토의하곤 했었다. 톨스토이가 어떤 인물을 만들어 낼 때, 많은 다른 종류의 소설 기법을 혼합하여 쓰는 영리한 방식이 가장 훌륭하면서도 가장 눈에 띄지 않는 그의 강점, 즉 '자유' 라고 나는 주장하곤 했다. 어떤 순간에는 그의 인물들은 마치 고의적으로 '소설에 나오는 사람' 들처럼 행동하고, 또 다음 순간에는 그들은 갑자기 우리가 알고 있는, 실생활에서 만나는 별로 중요치 않은 사람들 같다. 그들은 전적으로 창작된 인물들로 보이다가 다음 순간 그들은 우리 자신이 행할 가능성이 있는 행동을 하고 있다. 그래서 우리는 좀 으스스하고 불안하게 "이 작가가 어떻게 내가 어떤 사람인지를 알까?"라고 느낄 수 있다.

톨스토이의 인물들은 전적으로 독특하면서도 또한 일반적이다. 나의 토론이 이 지점에 이르면 (말하자면) 아이리스는 생각에 잠긴 듯했다. 철학자로서 그녀는 사물이 그보다는 더 명쾌하기를 원했다. 그리고 나는 철학적 마음과 자유로운 인물들과 창조물이 움직여 다녀야 하는 단연코 구별이 되지 않는 혼동 상태 사이에는 참으로 양립할 수 없는 것이 존재한다고 생각하곤 했다. 내가 느끼기에 톨스토이는 명확하게 생각하지는 않았다. 단지 한 가지를 선택하고 다른 것은 버렸다. 플라톤은 그런 것에, 톨스토이에, 일반적으로 소설에 관심을 가지지 않았을 것이 아닌가?

삶에는 우발적인 일들이 많이 일어난다는 것을 알기 때문에, 그러므로 소설에도 그런 일들이 있어야만 하고, 그래서 당신의 소설에 나오는 인물들은 우발적인 면을 지녔다고 나는 이야기하곤 했다. 그러나 어떤 소설에서의 돌발 사건은 그렇지 않다. 그 자체가 훌륭한 것이고 다른 목적은 없다. 《베로나의 두 신사》에 등장하는 개처럼 항상 재미있는 것이다.

"《베로나의 두 신사》에 개가 나오나요?"

"그렇게 생각해요. 그러기를 바라는데, 내가 극 제목을 잘못 알고 있을 수도 있어요. 어쨌든 내 뜻을 알겠지요?"

아이리스는 항상 그리고 마치 응석을 받아주듯이 내 의미를 이해했다. 그러나 그것이 반드시 그녀에게 어떤 중요성을 뜻한다는 것은 아니었다. 우리는 음식을 먹고 포도주를 마실 때 그런 대화를 나누기를 좋아했다. 배경에서는 전축이 돌아가고 몇 초 아니면 몇 분 동안 그런 대화들이 지속되었다. 그 모든 것이 재미있어 보이기도 했다. 그러나 우리가 스치고 지나갔던 많은 것들이 모두 명확하고 예리하게 되어서 피터 콘라디가 대단히 훌륭하게 편집한 《실존주의자와 신비주의자》에 실린 에세이에 나타나는 것을 보고 나는 놀랐다. 피터는 그 에세이집의 많은 부분이 내가 쓴 책 《사랑하는 인물들》이나 《톨스토이와 소설》 등에서 언급하는 것과 같다는 것을 내게 지적해 주었다. 우리가 나누었던 말들은 그저 우리의 일부처럼 보였기 때문에 그 전에는 내 주의를 끌지 못했었다. 우리의 마음이 그렇게도 다른데 – 그녀의 마음은 명확하고 내 마음은 뒤범벅인데 – 어떻게 그렇게 될 수 있는지는 아직도 수수께끼이다.

우리는 여전히 예전처럼 대화할 수 있다. 그러나 더 이상 두 사람 모두에게 대화의 의미가 통하지는 않는다. 나는 예전처럼 대답할 수 없고 오로지 아이리스가 지금 내게 말하는 식으로만 대답할 수 있다. 나는 농담이나 넌센스로 대답하는데 아이리스는 그런 내 대답에 웃는다. 그래서 우리는 아직도 서로의 일부이다.

1997년 3월 30일

때로는 아이리스에게 상황이 얼마나 고약한지 보여 주고자 하는 끔찍한 소망이 거의 충동적으로 나에게 일어난다. 그 사실을 아이리스도 알도록 강요해서 나의 고립된 것 같은 상황을 완화시키고 싶다.

나는 오늘 우리의 음울한 전망에 대해서 심한 말을 했다. 아이리스는 안심하는 것처럼, 재치 있는 것처럼 보인다. 그녀는 "그렇지만 당신을 사랑해요"라고 말했다.

*

　라디오를 켜둔 채 우리는 토스트, 치즈, 비트와 상추 샐러드로 점심을 들고 있었다. 이때 아이리스가 "왜 저 사람이 계속 '교육'이라고 말하고 있나요?" 하고 질문을 해서 나를 놀라게 했다. 걱정스러운 것처럼 들렸다. "우리 언제 떠나요?"를 끝없이 묻는 것처럼 아이리스의 대화 중 많은 부분을 차지하는 것은 걱정과 흥분이다. 그러나 점심과 저녁 시간에는 보통 상당히 평화스럽다. 나는 모든 것을 가능한 한 안심할 수 있는 일상으로 만들려고 노력한다. 그러나 라디오에서 들려오는 무엇인가가 아이리스를 매우 불안하게 한다. 장관들은 너무 자주 '교육'이란 말을 쓴다. 별 의미가 없을지라도 위로하는 말을 해야 마땅하다.
　교육이란 말이 무언가 다른 것, 자신이 이해하지 못하는 말이어서 아이리스가 걱정한다는 생각이 떠올랐다. 물론 어떤 의미에서는 그것은 사실이다. 교육이란 말은 우리가 도무지 알지 못하는 컴퓨터나 뭐 그런 것에 관한 기술을 뜻한다. 그러나 그녀를 괴롭히는 것은 그 말이 정치 연설에서 자주 나오는 데 있다고 생각한다. 그 말은 마치 아이리스가 질문을 되풀이하는 것처럼 되풀이된다.
　나는 교육의 중요성 그리고 누구나 교육을 충분히 받는 것에 대해 이야기하려고 노력한다. 아이리스는 여전히 걱정스러워 보인다. "사람들이 책을 읽나요?" 나는 요즘의 교육이란 것이 그녀가 중, 고등학교와 대학을 다닐 때처럼 주로 책을 읽는 것을 뜻하는 것일까 하고 생각해 본다. 그녀의 논리의 일관성이 나를 혼동시킨다. 이제 아이리스의 말에서 문장은 서서히 사라지고 완전히 막혔다가 다른 문장으로 시작된다. 그녀의 문장은 오로지 걱정스런 의문으로 끝나게 되고, 이러한 경향은 항상 마찬가지인 것 같다. 외부로부터 오는 다른 단어가, 말하자면, 기억의 회로를 말끔히 치워서 일시적으로 걱정스러운 언어를 완화시킨다고 조언하던 병원의 친절한 전문의가 생각난다. "학식의 문제라고 생각해요. 우리가 늘 익숙해 왔던 것처럼." 아이리스의 얼굴이 약간 밝아진다. 요즘은 학식이라는 단어를 흔하게 듣지 못한다. '책에서 얻는 학식'이란 말은 확실히 그렇다. '교육'이란 말이 그 자리를 차지했다. 그러나 학식이란 단어가 더 구체적이고 구체적이었던 단어이다.

땅이 팔리고 금전이 소진되었을 때
그때는 학식이 가장 훌륭한 재산이다.

음운이 맞는 오래된 격언이 머리에 떠오른다. 그 격언은 아이리스의 경우에는 작동되지 않는, 똑같이 신비스러운 회로를 타고 내 머리 속에 떠올랐을까?

*

"언제 떠나요?"
"갈 때 이야기할게요."
아이리스는 항상 농담 같은 어조에 반응을 보인다. 그러나 때로는 농담조를 유지하기가 어렵다. 너무나 심하게 화가 나서 나 자신을 억제하지 못하고 "우리가 언제 떠나느냐고 계속 묻지 말아요!" 하고 나는 소리지른다. 바로 얼마 전까지만 해도 이러한 고함은, 회로가 현저하게 그 스스로를 적응시켜서 '성질내기'로 등록하고, 그래서 자동적으로 그러나 한없이 환영하는 응답으로, 즐거움과 인내가 뒤섞인 완전한 이해로 응답 받았을 것이었다. 우리는 많은 여성들이 공공연하게 그리고 의심할 나위 없이 사적으로도, 딱딱거리는 남편에게 '상냥하면서 엄숙한 침착' 이라 함으로써 응답하는 것을 본다. 밀턴이 '상냥하면서 엄숙한 침착함' 이라고 이브를 효과적으로 묘사했던 그런 식으로 말이다. 이해와는 반대되는 것이다. 이브는 자신의 둘레에 담을 쌓아 성적인 비난을 피한 최초의 여성이었다.

아이리스는 결코 그렇게 하지 않았다. 화내는 적이 없었고 지금도 결코 화내지 않는다. 그러나 과거에 내가 화를 내면 특별히 안심시키는 투로 내가 화내거나 어리석게 굴거나 간에 따분할 때 그녀에게 가장 가깝고 사랑스런 존재라는 것을 암시하면서 나를 위로하곤 했다.

지금은 그녀의 얼굴이 눈물로 구김살투성이가 된다. 나는 서둘러서 아이리스를 위로한다. 그녀는 항상 나의 위로에 반응을 보인다. 지금 우리는 과거보다 훨씬 더 많이 키스하고 포옹한다.

*

요즘은 아이리스가 말하는 것, 그녀가 반복하는 단어가 종종 나로 하여금 점점이 산재해 있던 일련의 연상을 불러일으키게 한다. 나는 아이리스의 어머니가 알츠하이머병을 앓던 초기에 — 그때는 그렇게 진단되거나 분류되지도 않았었다 — 어떤 단어를 마치 그것이 부적이나 전조나 되듯 감동적으로 되풀이하던 것을 기억한다. 누군가가 '여행' 이나 그녀가 살고 있던 '배론스 코트' 이야기를 하면 간격을 두고 그 말을 되풀이하곤 했다. 그 말이 '샌디' (역주: 맥주와 레모네이드의 혼합주)이거나 '햄과

달걀'이었어도 마찬가지였다. 일단 마음이 이러한 무의식적인 습관에 개입하게 되면 그것은 의식적인 것이 된다. 나는 '학식'이라는 단어가 간격을 두고 마음속에 떠오르는 것을 의식하게 된다. 그래서 부질없이 그 말을 가지고 장난한다.

어떤 의미에서는 아마 그 단어가 경쟁적이기 때문에 중요할 수 있을 것이다. 학식 있는 자는 그의 동료들 가운데서 뛰어나지만, 교육받은 자는 특별히 그렇지는 않다. 그래서 교육이란 좀더 나은 단어이다. 만약 정부가 그 일을 올바르게 착수만 한다면 우리 모두가 받을 수 있는 것이 교육이다. 남의 말을 인용할 수 있기 위해서, 눈에 띄기 위해서 다른 사람이 읽지 않은 책들이나 책을 읽기 위해서 노력하는 것은 보통이었다. 버큰헤드 경인지 아니면 누군가 그와 같은 사람이 30년대에 – 옥스퍼드 대학교에서였던가? – "예리한 검에 수여되는 빛나는 상들이 아직도 많이" 있다고 선포했었다. W. H. 오든이 그의 〈옥스퍼드〉라는 시에서 그 말을 아이러니컬하게 번안하고 있으니 그런 종류의 말에 대한 태도는 이미 틀림없이 변화되어 왔다. 만약 상이 주어진다면 모두에게 주어져야 한다. 적어도 이론상으로는 그렇다.

사물이 변했다는 것은 어떤 의미에서는 안심되는 일이다. '학식'의 분위기는 항상 따분하고 억압적일 수 있다. 내가 무척 좋아하는 소설을 쓴 바바라 핌과 그녀의 패거리들 역시 젊었을 때 대단했었음이 틀림없다. 왜냐하면 그들은 항상 영리한 말로, 아니면 말끔히 마무리 된 인용구로 사람들을 감탄시키려고 애썼기 때문이다. 그녀의 초기 소설에서는 그런 것들이 천진하고 매력적이기까지 하다. 하지만 그녀의 생애에서는 피곤한 일이었음에 틀림없다. 사회적으로 본다면 그 당시에 사람들은 그렇게 시도해야 한다고 생각했다.

아이리스는 그런 모든 것과 큰 대조를 이룬다. 젊었을 때 그녀는 이미 대단한 학식을 지녔지만 그것이 결코 겉으로 나타나지는 않았다고 나는 확신한다. 진지한 여성이 그것을 겉으로 나타내는 것은 적절치 않다고 생각했던 것은 아닐까? 남성 학생감들은 분명히 서로 경쟁했고 나는 그 경쟁에 보조를 맞추려고 노력하면서 그것을 싫어했던 것을 기억한다. 요즘은 다행히 교수 휴게실에서 대화할 때 부담이 없다. 그렇지만 아직도 '학식'이 얼마나 중요한지 혹은 중요해야 하는지를 보이기 위해서는, 새의 깃털처럼 겉으로 드러나는 과시를 필요로 하는 것은 아닐까? 만약 블레어 수상이 그의 새 정부 정책이 '교육, 교육, 교육' 대신 '학식, 학식, 학식'이라고 했다면 사람들은 이상하게 생각했을 것이다. 그 경쟁적 성격에도 불구하고 학식이란 이상적으로 그 자체가 목적이다. 어떤 정부도 학식을 권장하기를 원하거나 학식을 위해 예산을 할당하려 하지 않는다.

1997년 4월 15일

한 단계에서 다음 단계로 넘어가고 있다. 얼마나 많은 단계가 있는 것일까? 앞으로 얼마나 많은 단계가 남아 있을까? 나는 아이리스가 깨어나는 것을 두려워하곤 했다. 적어도 한두 순간 그녀는 자신이 처한 상황을 완전히 아는 것 같았기 때문이다. 가능하면 시끄러운 소리를 내어 안심시키고, 그러면 그녀는 다시 잠들곤 했다. 나는 그녀 옆에서 독서하거나 타자를 쳤다. 그 소리가 그녀를 안심시키는 데 도움이 되는 것 같았다. 이이리스가 잠에 대한 욕심을 내는 데에는 무언가 절박한 면이 있지만, 그럼에도 불구하고 그녀는 잠을 잤고, 아직도 잠잔다. 아침에는 매우 수

월하게 오래 잠을 자고, 그것은 우리 두 사람에게 큰 위안이었다. 마치 릴레이 경주에서 다음 선수에게 바톤을 넘겨준 선수처럼 그녀는 내 옆에 누워 있다. 나는 아이리스가 해왔던 일을 잘 해낼 수는 없지만, 무언가는 하고 있었다.

좋은 비유는 아니다. 나 혼자 할 수 있는 일에 대해 아이리스가 아무 것도 모르고 있는 사실이 나를 안심시킨다고 이야기하는 편이 좀더 확실한 표현일 것이다. 만약 아이리스가 옛날처럼 우정어린 관심을 보였다면 참기 어려웠을 것이다. 일에 관한 한 우리는 항상 서로 간섭하지 않았기 때문에 그런 일을 모르는 척해 주는 것이 상당히 반갑다. 마치 어머니에 대한 아기들의 감정이나 욕구가 그런 것처럼, 현재 우리의 욕구와 감정은 그것이 간단할수록 그리고 원시적일수록 더욱 완전 무결하게 느껴진다. 아이리스가 집안에서 이리저리 나를 따라다니기 때문에 생기는 분노는, 아이리스가 나를 따라다니는 것이 내게 꼭 필요한 것만큼이나 강하고 순수한 것이다. 만약 그녀가 나를 피하거나 '약삭빠르게' 나를 홀로 내버려둔다면, 나는 그녀가 지금 나를 강박 관념적으로 따라다니는 것 같지는 않더라도 열심히 아이리스를 좇았을 것이다. 10분 정도 쇼핑하고 차에 돌아왔을 때, 나를 보고 아이리스의 얼굴이 환히 밝아지는 것에서 나는 특별히 어떤 즐거움이나 감정을 느끼지는 못한다. 그러나 밤에 잠에서 깨었을 때 나는 그것을 기억하고 아이리스를 향해 손을 뻗는다. 알츠하이머병 환자의 '사자 얼굴'은 그녀의 어머니가 딸 아이리스를 바라볼 때 그런 표정으로 변화되었었다. 아이리스의 얼굴이 그녀 어머니의 얼굴처럼 무표정하게 되었다는 것은 아니다. 나를 기다리며 차에 앉아 있을 때, 아이리스는 민첩하고 귀여워 보여서 지나치는 행인들이 그녀에게 미소짓는다.

그러나 고맙게도 아이리스가 잠에서 깨어날 때 가졌던 절망의 단계가 끝난 것 같다. 지금 아이리스는 조용하게 킬킬 웃는 소리를 내며 마치 텔레비전에서 푸른 하늘 아래 있는 텔레토비처럼 나를 바라본다. 걱정스러운 질문을 더 이상 던지지 않는다. 아이리스가 다시 잠들기 전에 우리는 옛날에 나누었던 넌센스 단어들을 몇 마디 주고받는다. 상황이 악화되다가 또 나아지기도 한다. 그래서 매번 새롭게 악화되는 것을 보상해 주는 것 같다. 그것에 대해 좀더 감사해야 한다.

*

요즘은 여행하는 것이 고통스럽다. 아이리스는 항상 여행을 좋아했는데 요즘은 어느 때보다 더 여행하고 싶어한다. 나는 항상 집을 떠나는 걸 싫어했고, 예전에는 아이리스를 역에 데려다 주고 작별 인사를 했을 때 매우 기뻤었다. 지금 나는 택시, 차표, 기차 시간표 등을 챙기느라고 불안한 여행 열병을 앓는다. 아이리스는 그런 것을 걱정한 적이 없었다. 그녀는 러시아 농부처럼 기차역에 가서 첫 번째 오는 기차를 기다리곤 했다.

여행은 우리 두 사람의 세계에서 가장 최악의 경우이다. 아이리스는 충동적으로 어느 곳으로든지 '떠나기'를 열망하지만, 그녀 나름대로 나만큼 갈팡질팡한다. 역에서 그녀는 계속 "왜 우리가 어디 간다고 알려 주지 않았어요?" 하고 말한다. 나는 아주 여러 번 이야기해 주었었다. 지금 나는 다시 심하게 그녀에게 말한다. 또 그녀만큼 투덜거리며 되풀이해서 말한다. 사람들이 돌아다본다. 나는 차표를 확인하기 위해서 지갑을 뒤진다. 차표를 분리하기가 어렵다. 차표를 다시 또 다시 이리저리 돌려보지만 여전히 한 장의 왕복 차표밖에 발견할 수 없다. 제도 전체가 불합리하다. 두 장만 있으면 될 텐데 왜 따로 떨어진 넉 장을 우리에게 주어야만 하는가. 차표가 분명히 없다. 나는 차표 파는 창구로 달려간다. 그 곳에는 줄이 쳐 있는 사이로 사람들이 꾸물꾸물 뱀이 똬리를 틀듯 줄을 이루고 서 있다. 내게 차표를 판 사람은 작은 커튼을 내리고 가버렸다. 다른 창구의 고객은 세계 일주 차표를 원하는 것처럼 조금도 서두르는 기색이 없어 보였다. 그 손님과 차표 파는 사람은 여유 있게 자세히 가능성을 조사한다. 아이리스는 나를 걱정스럽게 붙잡고 지금 방금 들어온 기차를 타러 달려가자고 나를 재촉한다. 나는 그 기차가 우리가 타야 할 기차가 아니기를 바란다. 드디어 차표 파는 사람이 일을 마쳤다. 나는 영수증과 올바르지 않은 기차표를 내놓았다. 그는 자신이 판매한 차표가 아니어서 어떻게 할 수 없단다. 나는 절망하며 돌아섰다. 왜 그냥 집으로 돌아갈 수 없을까?

아이리스는 문제를 이해하지 못해서 계속 우리 차가 아닌 그 기차를 향해서 타러 가자며 나를 재촉한다. 그때 어떤 남자가 다가와서 차표 한 장을 내민다. 원래 내게 차표를 판 그 사람이었다. 그런데 나는 그가 표 파는 창구에 앉아 있지 않아서 그의 모습을 볼 수가 없었다. 무슨 영문인지 설명은 하지 않고 약간 공모자 같은 미소를 보내며 그는 재빨리 일터로 돌아갔다.

기차에 타고서 나는 계속 차표를 센다. 맞은편에 앉은 나이 지긋한 부부는 동정적으로 아이리스를 바라본다. 분명히 문젯거리가 된 것은 나 자신이다.

완전히 지치고 땀에 흠뻑 젖었다. 심장이 뛰는 것을 희미하게 느낀다. 이 모든 일은 매우 사소한 것이다. 알츠하이머병이 나를 사로잡고 있다. 차표 파는 사람도 나를 사로잡고 있다. 아이리스도 그렇고 다른 사람들도 그렇다.

　돌봐 주는 사람도 부지불식간에 알츠하이머병 환자의 상태를 흉내내고 있는 것은 아닌가? 나는 그렇게 흉내낸다고 확신한다.

　지쳐서 기차에 앉아 있을 때, 나는 문득 아이리스가 나와 결혼하기로 결정한 것처럼 보였던 익살스런 순간을 상기한다. 아이리스는 상을 받기 위해서, 아니면 그 비슷한 용무로 그녀의 옛날 학교에 가면서 내게 꼭 함께 가야 한다고 했다. 그 곳에서 일이 끝난 후 그녀는 학교 안에 있는 아파트에 살고 있었던, 백발의 유명한 숙녀인 은퇴한 교장을 방문하고 싶어했다. 냉랭한 태도였지만 교장 선생님은 매우 친절했고 아이리스를 그녀의 왕관에 있는 보석처럼 여겼다. 아이리스는 나를 소개했고, 나는 몇 분 후 두 사람만 남기고 살짝 빠져나왔다. 아이리스가 나왔을 때 그녀는 매우 즐거워 보였다. "비엠비 교장 선생님이 당신을 어떻게 생각하는지 알고 싶어요?" 하고 그녀는 물었다. 나는 자연스럽게 호기심을 나타냈다. "글쎄 '그 사람 튼튼한 것 같지 않아' 라고 얘기했어요" 하고 아이리스는 말했다.

　나는 그 당시 튼튼해지려고 애쓰지 않았다. 지금 나는 튼튼하도록 노력해야 한다. 그러나 내가 그렇게 노력해도 그 교장선생님을 속일 수 없다는 것을 확신한다.

　우리 동네에 사는 친절한 친구들이 일요일 아침 음료수 파티를 연다. 나는 일요일이면 조용한 아침, 일요판 신문, 아이리스가 이층에서 일할 때 나 혼자 먹는 여유 있는 아침 식사, 그 날 해야 할 일들을 걱정하지 않아도 되는 것 등을 즐기곤 했었다. 그때는 아이리스의 묵인 하에 핑계를 대야만 했다. 아이리스는 그 파티에 가는 것을 괜찮게 생각했지만 내가 원하지 않을 것을 알았다. 이제는 그 파티는 반가운 기분 전환거리이다.

11시까지는 거기에 대해 아무 말도 하지 않는다. 내가 이야기하면 아이리스는 왜 진작 이야기해 주지 않았느냐고 하면서 겁먹을 것이다. 지금 그녀는 자신이 하고자 하는 것과 지금 일어나고 있는 일을 구별하지 못한다.

"런던으로 가나요?"

"아니 길 저쪽에. 도착하면 알 거예요. 좋은 사람들이에요. 좋아할 거예요."

이 말이 사실인 것을 나는 안다. 그러나 이 말을 들으면, 내가 마음속으로 '바지 벗을 때의 찌푸림' 이라고 부르는 찌푸림이 아이리스의 얼굴에 나타난다. 매일 저녁 우리는 바지 때문에 전쟁을 치른다. 아이리스는 바지를 입은 채, 그리고 다른 모든 옷도 입은 채 그대로 잠자기를 원한다. 내가 이것을 막으려고 하는 노력은 그녀의 결단력에 비하면 열의가 없다. 때로는 내가 이기고 그녀의 옷을 잡아당겨 벗긴다. 아이리스는 싸움을 포기하지만 지금까지 그녀의 얼굴에 나타나지 않았던 전적으로 새로운 끔찍한 찌푸림을 보인다. 그러한 찌푸림은 언제나 내 용기를 꺾는다. 그리고 다른 경우에도 더 자주 그러한 표정을 보게 된다.

그녀의 바지에 관심을 두는 것은 아니다. 우리의 습관이 정확하게 위생적인 적은 없었다. 그러나 밤낮을 구별하는 것은 지금 우리의 일상을 구제하는 데 중요한 것 같다. 아침 10시와 오후 5시, 하루에 두 번 공포와 공허함이 엄습한다. 우리가 해야 할 일 때문이 아니라 할 일이 없어서 그렇다. 우리의 일상에서 제안할 수 있는 것은 없다. 내가 할 수 있는 것이라곤 다음 일을 빨리 약속하는 것이다. 음료수, 점심 혹은 저녁 등을 말이다.

내가 없을 때 아이리스가 다른 사람들을 두려워하는 것이 너무나 애처로워서 나는 돌봐 주는 사람이 '그녀와 함께' 지내도록 하거나 그녀가 노인 진료소에 가도록 주선할 수가 없다. 이런 모든 일들이 반드시 일어나게 될 것이다. 그때까지는 나는 가차없이 아이리스가 파티에 가도록 준비시킨다. 어린 시절 사람들이 우리에게 이야기하곤 한 것처럼 그 곳에 가면 그녀가 즐거워 할 것을 확신하기 때문이다.

그녀는 즐긴다. 즐거운 파티이다. 내가 전에도 종종 그랬던 것처럼 손님들이 손님 노릇을 즐기는 것을 보고 놀란다. 어떤 사람의 맞은편에 서고, 계속 움직이며, 우리가 유리잔이나 카나페(역주: 얇은 빵에 캐비아, 치즈 등을 바른 전채 요리)를 잡듯이 이미 해본 똑같은 식으로 눈 맞추기를 하는 것은 마치 선박 대 선박, 돛 가름대의 끝과 돛 가름대의 끝이 서로 맞닿는 넬슨 장군 시대의 해전 같다. 때때로 소란한 전투 와중에 또 다른 선박이 어렴풋이 나타난다. 내가 목표를 바꾸어야 할까, 아니면 현재의 적에 대항하여 뱃전의 일제 사격을 늘여야 할까? 가차없는 집중력이 필요하다. 전투 중에는 어느 누구도 발사를 멈추거나 전투를 중지하지 않으며, 목적 없이 표류하고 싶어하지 않는다.

특별한 것은 아이리스도, 말하자면, 다른 사람들과 똑같이 총을 쏘고 총알을 되받아 발사할 수 있다는 것이다. 그럴 수 있다는 것을 알지 못했다면 아이리스를 데리고 오지 않았을 것이었다. 그녀의 얼굴은 활기를 띠었다. 바지 때문에 생기는 얼굴 찌푸림은 전혀 찾아볼 수 없다. 우리 모두처럼 자신의 역할을 한다. 이것이 좋은 요법이 아닐까. 나는 그렇게 생각하고 싶다. 그러나 그러한 의미라면 개선이나 회복을 뜻할 것이다. 이러한 행복한 기분 전환은 단지 그 순간일 뿐이다. 나는 아이리스와 대화하는 손님의 선미(아직도 자동적으로 넬슨적이다)에 조심스럽게 접근한다. 그는 훌륭하게 자신의 일을 수행하고 자신의 일에서 행복을 느끼는 사람이라는 강한 인상을 풍긴다. 나의 적에게 응수하면서, 동시에 그 손님의 말을 경청하며 그가 보험사무실에서 행하는 업무를 활발하게 설명하는 것을 엿듣는다. 아이리스는 미소지으며 열심히 듣는다. 그녀가 주의를 기울여 듣는 것이 틀림없이 상대편을 기쁘게 할 것이다. 그러나 나는 아이리스가 "무슨 일을 하시나요?" 하고 묻는 걸 듣는다. 그녀 상대방의 얼굴에서 나는 지난 몇 분간 그 질문이 두세 번 반복되었음을 확실히 알 수 있다. 실망하지 않고 그는 처음부터 다시 시작한다.

어떤 사람들은 실제로 아이리스와 같은 상황에 있는 사람과 대화하는 것이 좀더 편하다는 것을 알 수도 있다. 나는 그렇다고 생각한다. 아이리스 같은 사람과 대화하는 것이 우리로 하여금 사회에 기여한다고 느끼게 해 주는 것은 별도로 치더라도, 단기적으로 볼 때 파티에서 우리가 다른 사람들과 교제할 때 필요한 관습적인 기교보다 노력이 덜 들고 덜 부담스럽기 때문이다.

여주인은 내게 다가오며 "아이리스가 훌륭하지 않아요?" 하고 말한다. 그녀는 알아들을 수 없는 끽끽 소리를 내지 않는 것이 놀랍고 감사한 모양이다. 내 마음 속에서는 저질의 난처함, 분노까지 일고 있다. 그런 모임에서 아이리스를 보는 사람들은 별로 걱정거리가 없다고 생각한다. 내가 여주인에게 "집에서 어떤지를 보셔야만 해요"라고 말한다고 가정해 보자. 고맙게도 파티에서 우리는 그런 말을 할 수도 없고 하지도 않는다.

집에 돌아와서 얼마나 많은 사람들이 그녀를 만나서 기뻐했는지를 이야기하면서 나는 아이리스가 파티에 계속 흥미를 가지게 하려고 노력한다. 되돌아보면 그 파티는 행복한 시간이었던 것 같다. 나는 벌써 향수를 지니고 그 파티를 되돌아본다. 그러나 아이리스는 그 파티를 기억하지 못한다. "언제 가나요?" 하며 걱정스럽게 묻기 시작한다. 나는 보험 일을 하는 사람에게 아이리스가 몇 번이나 무슨 일 하느냐고 질문했을까 생각해 본다.

1997년 5월 10일

내가 간호 서비스, 복지 윤리, '독신' 모(그 전에는 미혼모)에 대해 경솔하게 말할 때 가장 예기치 않았던 사람들의 얼굴에 당혹스런 표정이 나타나는 것을 보고 계속 놀랐다. 품위 있는 사람들은 그런 것들을 농담으로조차 비웃을 수 없다는 것일까? 이제는 어느 누구도 섹스나 종교에 대해서 품위를 지켜야 할 필요는 없다. 그러나 사회적인 '연민' 혹은 국가적인 '연민'에 대한 현대인들의 감정은 이상스럽게도 예전에 섹스에 대해 침묵했던 것이나 종교적 신념에 대해 존경했던 것과 같다. 그것은 청교도적이기도 하고, 이제는 옛날 종교에서 인정했던 것처럼 믿음의 일부로서 인정되지는 않는, 신에 대한 모독과 같은 것이다.

'친절함'은 항상 우리 가운데 존재하며 좋은 것이기도 하다. 아직도 애매 모호한 뜻에 위태롭게 매달려 있긴 하지만, 그 말은 이제 입장을 바꾸었다. 아이리스의 소설 《친절한 자와 선한 자》는 유머러스하고 정확하게 이런 것을 훌륭한 방식으로 다루고 있다. 그러나 그 소설과 그녀의 다른 소설들은 어느 면으로 보면 안전하고 행복한 어린 시절을 보낸 데서 불가피하게 생기게 되는 천진 난만함을 벗어 주고 있는 것은 아닐까? 아이리스는 친절하고 착한 아동이었고 그녀의 부모들도 그랬다. 세 사람 다 종교는 가지지 않았었다. 그들 모두는 신학적인 의미에서 타고난 기독교인들이었다. 많은 철학자들이 그렇듯이 아이리스는 사악함, 그것의 진부하고 우쭐대는 자부심을 참을 수 없이 싫어했다.

악한 자는 선한 자를 경멸한다. 운 나쁜 착한 사람은 자신 있게 그리고 약간은 변명 투로 악한 사람을 '이해한다'라고 생각할 수도 있다. 그러나 사실 그들은 진정으로 악한 자를 알 수 없다. 아이리스는 자신의 소설에서 욕망을 권력으로 대치하는데, 권력은 그녀를 매료시킨다. 흔해빠지고 역겨운 사악함은 그녀가 이해하지도 못하고 그것에 끌리지도 않기 때문이다. 사악함을 이해하기 위해서는 우리가 그 사악함을 닮아야 하고, 적어도 그 기발한 착상과 우둔함을 어느 정도 소유해야 한다. 이사야 벌린이 도스토예프스키에 대해 말한 바와 같이 당신은 '그다지 좋은 사람이 아니어' 야만 한다.

한번은 그런 것에 관해서, 아니 선한 알리샤 카라마조프에 관해서 아이리스와 논쟁을 하였다. 나는 알리샤는 작가의 의지가 투영된 것이라고 했다. 거기에 비해서 도스토예프스키의 지하인간(역주: 도스토예프스키의 소설 《지하에서 온 편지》에 나오는 인물)은 사실 쉽사리 그리고 완전하게 존재하게 된다고 말했다. 왜 그럴까? 도스토예프스키는 따분할 정도로 자기 자신처럼 그의 지하인간을 잘 알고 있었기 때문이었다. 반면에 알리샤는 기본적으로 하나의 개념, 물론 훌륭한 개념이었다. 아이리스는 위대한 작가는 타고난 식별가이며 또한 탐구하는 사람이라고 이의를 제기했다. 후편에서 도스토예프스키는 알리샤를 지옥으로 보내 온갖 인간의 범죄를 저지르게 하지 않느냐고 했다. 그 죄악이 기발한 착상이거나 대단히 우둔한 것도 아니기 때문에 진정한 죄악은 아니라고 나는 이의를 제기했다. 자연스럽지 않다는 것이다. 그 죄악들은 작가의 의지 안에서의 죄악은 될 수 있지만 현실적인 소설의 죄악은 될 수 없었다.

나는 상당히 영악한 논지를 입증하기 위해 그런 말을 했지만, 아이리스의 대단히 훌륭한 판단력, 실상 그녀의 용이 주도함으로 인해서 나의 입장이 약화되었던 것을 나는 알았다. 나는 논쟁에서 어떻게 하든 하고 있었는데 아이리스는 그녀의 소설에서나 일상 생활에서 결코 그런 일을 하지 않았다. 동시에 우리가 사랑하게 되고 그토록 사이좋게 지낼 수 있었던 한 가지 이유는 우리 두 사람 모두 언제나 심층적인 치유가 가능할 정도로 고지식하고 천진했기 때문이었다. 두 사람 다 상대에게서 그런 점을 발견했으나 그런 이야기를 하지 않았고 그것을 알고 있지도 못했다. 아이리스는 착하다. 나는 속으로는 착하지 않지만 겉으로는 그럭저럭 착한 사람으로 통할 수 있다. 시릴 코널리의 얼굴 생김새에서 상냥함이 빛난다고는 할 수 없다. 한 재사가 그 사람은 "외모만큼 그렇게 착하지 않다"고 말했다. 아이리스는 외모만큼 착하다. 그녀의 경우에는 필요하지만 미약하고 보잘것없는 이 단어는 거의 초월적인 의미를 지니게 된다. 평범하고 또 다소 모호한 의미보다는 더 높은 다른 의미를 지닌다.

앎. '학식' 이라는 단어 대신 오늘 내 머리에는 이 단어가 떠올랐다. 피터 콘라디는 그 말이 프랑스어로는 '영악해짐' 이라고 했다.

실제로 존재하는지 거의 믿을 수 없는 그 어색한 단어는, 학교 시절 알았던 역겨울 정도로 아는 체했던 친구를 프루스트식으로 생각나게 했다. 오랫동안 그 친구 생각을 해본 적이 없었다. 어느 일요일 학교 채플에서 성경 말씀이 낭독되었을 때 그의 눈은 심술궂은 기쁨으로 빛났었다. 나는 호기심이 일어나는 것을 억누를 수 없었다. 그는 그 이유를 신나게 설명해 주었다. 예수 그리스도의 발을 값비싼 향유로 닦은 여인의 이야기였다. "예수는 매우 만족스러워했어. 사람들이 향유를 팔아서 그 돈을 가난한 자들에게 주었어야만 했다고 이야기했을 때 예수는 '농담

치워. 중요한 사람은 나지 거지가 아니야' 라고 말했지. 나는 거기에 대해서 하나님 클락을 놀릴 거야."

'하나님' 클락이란 교목을 두고 이름이었다. 그가 예상했던 대로 어떤 식으로 놀리겠느냐고 내가 물었을 때, 그는 학기 중간에 써내야 할 신학 에세이에서 그렇게 하겠다고 했다. 그는 실제로 그렇게 했다. 그러나 그는 교목을 약올리지 못했다. 교목은 소년들이 하는 방식을 너무나 잘 알아서 단지 그 친구에게 '잘 썼음' 이라는 축하의 말을 하고는 아무런 논평 없이 에세이를 돌려주었다. 그 친구는 실망했었다.

'하나님' 클락은 성자처럼 보이는 백발의 노인이었는데 '예수' 의 종 자 말이라고 알려진 무뚝뚝하지만 얼굴이 잘 생긴 검은머리의 젊은 조수를 두고 있었다.

왜 내가 지금 그것을 기억해야 할까? 예전 같으면 그렇게 기억을 해내면 달려가서 아이리스에게 그 이야기를 했을 테고, 아이리스는 분명히 즐거워했을 것이다. 안타깝게도 이제는 그렇게 되지 않는다. 그녀에게 이야기한다면 그녀가 귀찮아하고 당황하는 표정을 지을 것이다.

아직도 우리는 농담을 한다. 그러나 매우 간단한 농담만 할 수 있다. 일화는 이야기 할 수 없다. 더욱이 '앎' 에 대한 일화는 이야기가 통하지 않는다.

한때 아이리스는 자신에겐 '의식의 흐름' 이 없다고 했다. 그녀는 혼자 말을 하지 않았다. (나는 혼자말을 한다고 이미 말했다.) 그녀는 "나는 이 일을 하고 있다. 그 다음에 저 일을 해야만 해. 세인즈베리즈, 구름, 나무들이 멋져 보이네"라는 식의 혼자말을 하지 않았다.

그녀 내면에서 사소한 말장난도 하지 않았을까? 그녀는 내면에 존재하는 창작의 세계로 곧장 들어갔을까?

사람들은 흔히 강한 정체성을 가진 사람이 최악의 알츠하이머병 환자가 된다고 한다. 그런 사람들은 여전히 자신들의 내면에서 명확히 말하는 것을 다른 사람들에게 전달할 수 없다. 아이리스도 일어나고 있는 일들에 대해서 그녀 내면에서 말하고 있는 것일까? 내가 어떻게 알 수 있으랴. 그녀에게 남아 있는 것은 대단한 기대감이다. '언제?' 와 '나는… 하고 싶다' 이다.

그녀는 마치 포크너의 소설에 나오는 맹인처럼 "사람들이 언제 나를 내보내 줄까?"라는 말을 아직도 속으로 하고 있을까?

도피. 비록 그녀가 그 말을 하지는 않지만 그 단어는 맴돌고 있다.

가정은 최악의 장소이다. 결코 일어나지 않을 어떤 일이 마치 여기에서 아이리스에게 일어나야만 하는 것 같다. 매초 근심이 뒤에서 나를 밀치고 지나간다. 나는 마치 근심을 떨쳐버리기라도 할 듯 물건을 집어 든다. 마치 그 물건이 낱말이라도 되는 듯이 그것을 손안에 들고 있다. 그녀의 귀에 대고 "나는 더 비참해요. 훨씬 더 비참해!"라며 마구 소리 지르고 싶다.

텔레비전이 고장 난 후에 이렇게 되었다. 텔레비전이 없으니까 내가 아이리스보다 더 아쉽지만, 아이리스는 점점 들뜬다. 의사가 추천한 안정제가 도움이 되지 않는 듯하다.

언제 그들이 '나를' 내보내 주려나?

1997년 6월 4일

작년 어느 더운 여름날 템즈 강에서 수영을 하기 직전인지 직후인지 모르겠지만 우리에게 일어났던 악몽을 기억한다. 더운 열기와 내가 점심에 마신 한두 잔의 술(나는 보통 점심에는 술을 마시지 않으려고 하고 아이리스의 음료에는 오렌지 에이드에 백포도주 한두 방울을 넣었었다) 이외의 무엇이 그런 일이 일어나도록 자극했을까? 틀림없이 내가 유별나게 기분이 가라앉았었나 보다. 그와 같은 법석은 예기치 못하던 것이고 마치 어디서 부는지 알 수 없는 광풍처럼 불어 닥쳤다가 재빨리 가라앉는다. 그 후에 해가 나고 물은 잔잔하다. 우리는 그런 일이 또 일어나리라는 것을, 정말 곧 일어나리라는 것을 잊을 수도 있다.

원인이 무엇일까? 이유는? 이유가 반드시 있을 것이다. 언젠가 톨스토이를 읽다가 그가 묘사한 분노와 감정이, 톨스토이의 철학적 형제인 윌리엄 제임스가 이론화한 분노와 감정과 유사한 것을 보고 감명 받았던 기억이 난다. 적어도 내 기억에 의하면 제임스는 분노, 두려움 혹은 연민은 그 자체가 그러한 것의 원인이라고 한다. 이것이 큰 의미를 지녔는지는 모르겠지만 톨스토이의 소설에서는 이러한 개념이 특출나게 눈에 띈다. 안나(역주: 톨스토이의 소설 《안나 카레니나》의 여주인공) 아기의 주름잡힌 작은 손가락의 움직임이 자신도 모르게 카레닌의 손가락과 얼굴에서 모방될 때에 그렇다. 그 자신의 아내가 부정을 저질러서 다른 남자에게서 얻은 이 아이에 대한 그의 연민 내지 사랑은 순수하게 육체적으로 존재하였다.

지금 내가 무더위 속에서 아이리스가 풍기는 냄새에서 그녀의 어머니가 연로하고 어리석어졌을 때 풍기던 냄새를 기억하게 된 것일까. 그러한 기억이 사랑과 연민으로 나타나지 않고 혐오와 역겨움으로 나타나는 것일까? 프루스트가 알고 있었듯이 냄새란 확실히 즐거움과 정신의 완화와 일치하고 또 그러한 것과 동일시된다. 아니면 그 반대되는 것과 동일시되는 것일까? 아이리스는 냄새에 예민한 반응을 보이지 않는다. 나는 냄새에 매우 예민하다. 그것이 우리를 구분하는 것일까? 나는 킁킁거리고 냄새를 맡거나 냄새 때문에 몸을 움츠리는 적이 없이 내가 의식하게 되는 거의 모든 냄새를 좋아한다. 우리 집들은 모두 다른 냄새를 지녔었다. 분명히 좋거나 나쁜 냄새가 아니라 특징적인 냄새를 지녔었다. 아이러니컬하게도 그 중에서 하틀리 로드의 집 냄새가 특히 잊혀지지 않고 매력적이었다.

아이리스의 어머니가 살던 아파트 냄새는 비록 심하지는 않았지만 내겐 끔찍하였다. 용기를 내어야 들어갈 수 있었다. 그러나 상당히 오랜 기간 그녀를 돌보아 준 잭은 결코 그 냄새를 감지하지 못하는 것 같았다. 아이리스도 마찬가지였다. 그 냄새의 유령이 지금 때때로 아이리스에게서 난다. 가족의 냄새와 죽음이 배회하는 냄새이다. 그러나 지금 나에게 소동을 일으키도록 한 것은 그것이 아니었다. 윌리엄 제임스가 설령 옳았다고 하더라도 육체적인 원인들은 구별해 내기 어려울 정도로 그것들이 가져오는 정서적인 결과 속에 숨어 있는 것이다.

실내의 화분 때문에 내가 분노한 것이 문제였거나 문제였던 것 같다. 거실 창틀에는 시클라멘, 거미나무, 우리가 호랑이나무라고 부르는 점이 있는 나무 등의 화분들이 있었는데 나는 이것들을 상당히 사랑하게 되었다. 나는 그 화분들을 돌보아주고 시간을 정하여 물을 주었다. 불행히도 그 화분들은 길거리에서 주워서 집으로 가져오는 작은 물건들을 향해서 아이리스가 보여 주는 열성적인 활동의 범위 속에 포함되게 되었다. 그녀는 충동적으로 화분에 물을 주었다. 나는 아이리스가 계속해서 물주전자를 들고 있고, 창틀과 그 밑의 마루가 고인 물로 엉망이 되는 것을 발견했다. 나는 아이리스에게 화분들, 특히 시크라멘은 그런 대접을 받아서 시들어 죽어간다고 손가락으로 가리키며 그렇게 하지 말라고 계속 촉구했다. 그것은 사실이었다. 아이리스는 이해하는 것 같았다. 그러나 곧 그녀가 물주전자나 컵을 들고 화분에 물을 주는 것을 나는 보았다. 구멍이 가득 나 있는 그릇에 물주전자로 계속 물을 퍼붓도록 저주받은 그리스 신화에 나오는 슬픈 딸들처럼 말이다.

그때 나는 괴롭지 않았었다. 나는 매료되었었다. 그런 행동을 하는 아이리스를 놀라게 하려고 나는 매우 조용히 문으로 가기로 작정했고 나는 그렇게 했다. 한번은 아이리스의 절친한 친구이자 동료 철학자인 필립파 푸트가 아이리스를 방문했을 때, 나는 그 두 사람이 생각에 잠겨서 화분 위에 몸을 구부리고 있는 것을 보았다. 아이리스는 그녀의 부질없는 파괴적인 의식을 감행하고 있었고, 필립파는 이러한 일이 의미하는 도덕적 혹은 윤리적인 문제는 무엇일까를 가늠이라도 하듯이 짓궂으나 매우 공손한 태도로 아이리스를 바라보고 있었다. 무척 많은 학생들을 넋을 잃고 키웠고, 한번은 철학 모임에서 미묘한 언어적인 구별을 설명하기 위해서 한 문장 "너희가 그 접시를 깨트리면 주석 접시를 줄 테다"를 예로 들어서 청중들을 즐겁게 했던 그들의 친구 엘리자베스 앤스콤비가 생각났다.

그 화분들의 운명이 혹은 그 냄새의 유령이 상관이 있었는지 없었는지 알 수 없지만 나는 그 날 갑자기 신들린 듯이 광폭해졌었다. 분노는 놀랍게도 사람을 완전히 다르게 만든다. 분노하는 사람은 본래의 자기 자신을 밀어낸다. 그리고 본래의 자기 자신으로 되돌아와서는 자신의 음성으로 말하는 바로 그 순간에, 믿을 수 없이 역겨워서 분노했던 자신에게서 등을 돌린다. 분노는 순간적이며 절대적인데 도무지 난데없이 나타나는 듯하다. "그렇게 하지 말라고 했잖아요! 그렇게 하지 말라고 했지!"

그 난폭한 순간에 우리 두 사람 모두 내가 무엇을 말하는 것인지 전혀 알 수 없었다. 그러나 말하는 자는 곧 좀더 일관성 있게 말한다. 지독히 냉정하기도 하다. "당신 미쳤어. 멍청이야. 아무것도 몰라. 아무것도 기억하지 못하고 아무것도 배려하지 않아." 이러한 말과 함께 분노해서 펄펄 뛰는 공격적인 몸짓도 뒤따랐다. 아이리스는 벌벌 떨고 있었다. "글쎄…"라고 그녀는 분명히 논리 정연한 말의 서두로 쓰는 평범한 말을 했다. 그러한 어조는 영국 국영방송의 방송 토론에서 질문에 대답이 되지 않는 음흉한 말 뒤에 우리가 듣게 되는 그런 것이었다. 아이리스의 '글쎄'는 '그 사람이 올 때' 그리고 '다른 사람을 위해서 지금 해야만 하는,' '빌리려고 물건을 떨어뜨릴 때…' 등, 그런 알 수 없는 말로 퇴보한다. 나는 거울 속에서 말하고 있는 남자를 바라본다. 그 남자는 보기 흉한 자줏빛 얼굴을 하고 있다.

아이나 양을 걷어차듯이 계속 끔찍한 행동을 하면서 나는 불현듯 세인트 캐서린 칼리지의 회계를 생각한다. 매력 있는 학자다운 사람으로 그는 재정적 요술쟁이인 파르씨(역주: 7-8세기에 이슬람교의 박해를 피했던 페르시아계의 인도 조로아스터교) 교도였는데 한두 살 된 그의 어린 아들 미누에 대해 내게 말해 주었다. "그 애는 상당히 귀찮아요. 항상 물건을 망가뜨려요. 그러나 그 애에게 화를 낸다는 것은 불가능해요."

그 회계는 자신의 그런 반응에 놀라고 흥미 있어 하는 것 같았다. 나는 잠시 만약 우리에게 아이가 있었더라면 그 아이에게 화내지 않는 것을 내가 터득할 수 있었을까 생각해 보았다. 그런 것을 터득했다면 내가 아이리스에게 화내지 않을 수 있었을까?

1997년 11월 20일

분노는 무언가 잘못되었다는 것을 아직도 인정하지 않는 하나의 방편인 것 같다. 진지한 칭찬처럼 말이다. 당신은 한결같이 똑같다. 그런데 감사하게도(아니면 저주스럽게도) 나도 똑같을 것이다. 그렇지 않은 척해서 당신을 모욕하지는 않겠다.

란자로트 한가운데 있는 친구 아우디의 작은 집에서 우리는 행복하게 지냈다. 항상 휴가 가는 사람들로 전세 비행기가 문까지 꽉 차기 때문에 그 곳까지 가는 것은 고생이다. 제리코의 그림 〈메두사 호의 뗏목〉에 관한 오래된 농담이 생각난다. 그 그림은 배가 난파하여서 고통 받는 사람들이 비바람에 노출되어 갈증으로 목이 타는 마지막 단계에 여러 각도로 몸을 구부리고 매달리는 장면을 그린 것이다. 그 그림은 휴가 책자에 '그곳에 가는 여행길의 반은 재미다'라는 제목으로 재생되었다. 그러나 피터와 짐이 와서 우리를 돌봐 주고 그래서 그 고생은 거의 즐거움이 된다.

보름 후의 귀가. 여행은 더할 수 없이 수월했지만 나는 심한 감기에 걸렸고 그래서 자연히 고단하게 느꼈다. 피터는 우리를 옥스퍼드로 가는 버스에 태웠다. 감사하게 생각하며 나는 의자에 주저앉았다. 거의 집에 다 왔다. 버스는 마치 양옆에 있는 혼잡한 시간의 교통량을 떨쳐버리듯 어둠을 뚫고 계속 달린다. 몇몇 승객들은 잠자고 있다. 그러나 우리가 출발하자마자 아이리스는 흥분해서 길길이 뛰고 있다. 어디로 가는 거죠? 이 버스가 우리를 어디로 데리고 가지요? 아이리스는 조용히 앉아 있지 않고 달려나가서 걱정스럽게 앞을 내다본다. 나는 간신히 그녀를 자리에 앉힌다. "우리는 옥스퍼드로 돌아가요. 집으로 돌아가요"라고 나는 그녀에게 알려준다. "아니야! 집에 가는 것이 아니야. 왜 이렇게 가고 있어요.

이 남자는 몰라."

내가 아이리스를 말릴 수 있기 전에 그녀는 흥분해서 버스 기사에게 말하고 있다. 아이리스는 가방 하나를 잡아 들었는데 그 가방에서 물건들이 통로에 쏟아지기 시작한다. 나는 물건들을 집어 들고 아이리스를 밀어서 잠들어 있는 여인의 맞은편 자리에 앉힌다. 나는 험악하게 침묵하고 있는 기사에게 사과한다. 내가 자리로 돌아갔을 때 인상이 좋은 여인이 잠에서 깨어나 자신의 옆좌석에 있던 핸드백과 다른 소유물들을 필사적으로 다시 챙기느라고 혼란스러워한다. 나는 아이리스에게서 그녀의 것들을 가져와 제자리에 돌려놓으며 다시 사과의 말을 속삭인다. 아이리스는 "대단히 미안해요"라고 말하면서 아름다운 미소를 짓는다. 나는 아이리스가 자리에 앉도록 하고서 내가 잡고 있던 그녀의 팔을 몰래 억세게 두드린다.

금요일 혼잡한 시간에 게트윅 공항에서 옥스퍼드까지 가는 것은 먼 길이다. 가는 동안 내내 아이리스는 고통 당하는 다람쥐 같은 동작을 하며 중얼거린다. 아이리스는 앞좌석을 꽉 붙잡고 앞을 응시한다. 막연히 주의가 산만하고 불안하다는 느낌이 어두운 버스의 평온함을 따라서 소용돌이친다. 나는 지금 화가 나서 굳어 있는 사람들의 경계하는 얼굴을 볼 수 있다. 버스가 드디어 옥스퍼드에 가까이 왔을 때 나는 아이리스가 알아볼 수 있는 것들을 보여 주려 했지만 아이리스는 더욱 흥분된다.

승객들의 시선에서 어색하게 피했다. 부드럽고 교양 있는 목소리를 지녔으나 악당같이 보이는 인도 사람이 운전하는 낡은 택시 한 대만이 남아 있었다. 밴베리 로드의 반쯤에서 그가 길을 잘못 들어섰는데 나는 산란한 마음으로 그가 올바른 길로 가도록 한다. 그는 "어이구 저런! 실상 제가 더 잘 알았어야 하는 건데요. 대단히 죄송합니다"라고 말한다.

격자 줄 창살을 통해서 그에게 10파운드 지폐를 주었는데 거스름돈을 별로 받지 못했지만 나는 그것에 대해 그다지 신경쓸 수 없었다. 나는 거스름돈의 일부를 팁으로 주었는데 그는 아무 말도 하지 않는다. 차문을 열었고 집의 대문으로 들어갔다. 집은 지독히 춥게 느껴졌다. 힘든 외출에서 함께 돌아왔을 때 아이리스가 늘 그랬던 것처럼 그녀는 멋지게 나를 바라본다. 나는 그녀의 시선을 무시하고 중앙 난방 스위치로 달려간다. 그리고는 돌아와서 "버스에서 수치스럽게 행동했어요. 당신을 부끄럽게 느꼈어요"라고 냉정하고 화난 목소리로 말한다.

아이리스는 놀란 것같이 보인다. 그러나 옛날 신호를 상기한 듯 안심한다. 그녀는 상냥한 옛날 방식으로 자신의 궁지를 방어할 것이었다. 말하자면 방어하지 않음으로써 방어하는 방법으로 말이다. 내가 마치 어린 아이인 것처럼 나의 추잡함을 혼자서 풀어 버리도록 내버려둔 채. "글쎄"라고 그녀는 말한다. 이제 그 말은 한때 나를 달래는 투로 "정말 미안해요"라고 했던 말과 같은 말이다. 나는 목이 쉬었고 잘 들을 수 없었으며, 운전사의 침묵이 말보다 더 끔찍해 보였던 것처럼 보통 감기보다 더 지독해 보이는 감기에 빠져들고 있었다. 기침할 때 가슴이 아팠다. 몇 마디 불쾌한 말들을 한 뒤에, 나는 아마도 폐렴에 걸렸을지 모르겠다, 아이리스는 내가 아픈 것을 눈치채지 못했느냐고 말한다. 그녀는 다시 이해하지 못하는 표정이 된다. 이해하고 안심했던 순간은 그러한 감정을 일으켰던 나의 냉정한 분노의 발작과 함께 사라졌다. 내가 동정을 얻으려고 호소한 것이 그녀를 어리둥절하고 당황케 했다.

만일 내가 죽으면 아이리스는 어떻게 할 것인가? 만일 내가 아파서 병원에 입원한다면, 만일 내가 침대에서 쉬어야 한다면 어떻게 할 것인가? 버스에서 일어난 일로 아직도 화가 나서 점점 더 적대적이 되고 난폭해져서 나는 아이리스에게 이렇게 묻는다. 말은 했지만 그 결과로 얻은 것은 아무 것도 없어서 화는 나지만 그래서 또 안도하기도 한다. 그래서 내가 계속 내 마음대로 분노할 수 있다. 이런 일들이 일어날 수 있고, 앞으로도 일어날 것이란 걸 아이리스는 모른다. 아직도 내가 소리치고 있을 때에 그녀는 "갑시다. 이제 됐어요. 침대로"라고 말한다. 그녀는 이 말을 아주 조리 있게 한다. 우리는 꼭 껴안고 함께 이층으로 올라간다. 차가운 깃털 이불 속으로 웅크리고 들어가서 따뜻하도록 서로를 껴안는다. 다음 날 아침에 내 기분은 훨씬 나아졌다.

    내 생각에 아이리스는 기분 나쁜 적이 결코 없었다. 마치 알츠하이머 병이 세속적인 그리고 나날이 일어나는 질병을 막아 주는 부적이라도 되듯이 그녀는 감기에 걸리지 않았다. 란자로트에서 짐이 그녀의 머리를 감기고 잘라 주었다. 아우디는 그녀를 목욕시켰다. 아이리스가 아우디와 샤워기 아래에 함께 섰을 때 아이리스는 "천사가 보이는데 내 생각에 그 천사는 당신이에요"라고 아우디에게 말했다. 그 불쌍한 천사는 실은 감기에 걸려서 천식과 심한 폐렴으로 고생하고 있었고, 그때문에 테트라사이클린이란 항생제를 복용하기 시작했다. 다행히 그 약은 상점에서 살 수 있다. 비록 아우디가 여러 해 동안 때때로 이 섬에 살았지만 적절한 의사를 결코 찾지 못했으니, 얼마나 사리에 맞는 것인가. 아우디의 체온이 거의 화씨 103도까지 올라갔다가 곧 내려서 우리는 안심했다. 우리 모두는 아이리스가 이런 일을 전혀 알지 못하는 것이 어떤 면에서는 감사하다고 생각했다. 아이리스가 근심거리나 비탄스러운 일들을 알지 못하는 것이 우리를 안심시켰다.

    혹은 그런 일들은 눈에 보이지 않는 신비스러운 방식으로 그녀의 가슴에 와 닿는다고 할까. 한때 매우 좋아했던 아우디의 고양이들에게 그녀는 이제는 무관심한 것 같다. 그녀는 고양이들을 무심코 쓰다듬는다. 애지중지할 정도로 한때 사랑했던 피터와 짐의 개 클라우디는 이제 그녀에게는 먼 곳에 있는 일반적인 천사인 것 같다. 조용히 잠시 눈물을 흘릴 때 아이리스는 당황해서 그것을 숨긴다. 그녀는 신체의 어느 다른 면에 대해서도 더 이상 당황함을 느끼지 않는데 말이다.

예전에는 마치 운다는 것이 온정과 친절을 증명할 수 있고 증명하는 형태라도 되는 것처럼 그녀는 공공연하게 울곤 했다. 지금 그녀는 마치 부끄러운 듯이 울다가 내가 눈치채면 곧 울음을 그치는 모습을 보게 된다. 과거와는 너무나 다르다. 그러나 또 다른 면에서는 걱정스럽다. 그녀가 지금 자신에게 일어나고 있는 현상을 은밀히 그러나 완전히 의식하고 그것을 내게서 숨기고 싶어한다고 내가 느끼도록 한다. 아이리스가 그런 사실에서 나를 보호하려고 할 수 있을까? 내가 어렸을 때 우리 어머니께서는 우시다가 나를 보면 급히 울음을 그치고 속상해하는 것처럼 보이시던 일을 기억한다. 프루스트의 작품에서 어린 마르셀을 데리고 공원을 산보하다가 약한 뇌졸증 발작을 겪게 될 때에 마르셀의 할머니는 얼굴을 돌려서 마르셀이 자신의 얼굴이 찌그러지고 주름살투성이가 되는 것을 보지 못하도록 한다.

가까운 사이에서도 의심하고 오해하고 숨기는 일이 많이 있게 마련이다. 현재와 같은 우리 상황에서도 그러한 것들은 예기치 못한 충격으로 다가온다. 그녀의 눈물은 때로는 그녀가 내게서 숨기려고 하고 감추려 하는 그녀의 내부 세계를 뜻하는 것처럼 보인다. 그럴 수가 없다는 안도감에는 무언가 무시무시한 것이 있다. 그렇지만 그녀가 아직도 그러한 내적 세계를 가지고 있다는 착각이 – 그것이 착각이라면 – 때때로 나를 엄습하는 것을 피할 수 없다. 내가 거의 그것을 반가워하는 순간들이 있다. 아이리스는 언제나 대단히 광대하고 풍요로우며 복잡 다단한 내적 세계를 지녀왔음에 틀림없다. 그녀의 그러한 내적 세계에 대해서 아무것도 모른다는 사실이 내게 대단한 즐거움을 주곤 했다. 어린아이로서 남아메리카의 지도를 바라보며, 아마존 강의 자원에 대해서, 그리고 그 곳 정글에 알려지지 않은 어떤 도시들이 숨겨져 있지나 않을까 하고 생각할 때처럼 말이다. 그러한 숨겨진 장소들이 아이리스에게 남아 있을까?

한두 해 전 아이리스는 가장 정밀한 뇌검사를 받았는데 뇌를 찍은 사진을 내게 보이면서 의사는 두뇌 꼭대기에 있는 쇠약해진 부분을 가리켰다. 의사들은 그 징후가 명백한 것에 만족스러워했다. 나는 그때 그녀의 두뇌 세계가 숨겨진 신비를 잃었다는, 그 곳에서 행해지던 숨은 생명을 모두 잃었다는, 그 옛날 아마존 강에 대해 가졌던 바보 같은 로맨틱한 생각을 했다. 그 숨겨진 생명은 '거기' 실제로 지리적으로 존재했었다. 그런데 지금 그 곳이 텅 비었다는 것이 증명되었다. 신비스러움을 유지했던 그 회색 물체는 그 곳에서 '기능'을 중지했다. 그 기능이 무엇을 하는 기능인지는 알 수 없지만 말이다.

아이리스는 두 번이나 피터 콘라디에게 자신은 지금 "어둠 속으로 항해하고 있는" 느낌이라고 말했다. 그가 그녀에게 글쓰기에 대해 부드럽게 물었을 때였다. 그녀의 그러한 말이 내가 마음속으로 생각했던 일종의 내적 지식을 나타내는 것일 수도 있다. 그 말은 현재 그녀에게 일어나고 있는 일을 기막히게 명확히 전달한 것으로 보인다. 하지만 우리가 그런 말을 할 수 있는 의식을 지니지 않고도 그런 식으로 명백하게 말할 수 있을까? 그리고 만일 의식이 그런 말을 계속하게 할 수 있다면 왜 똑같이 명백한 말들을 더 많이 하게 만들 수 없을까?

만일 내가 뇌 전문가라면 그러한 명백한 번쩍임이, 말하자면, 조용하지만 의식적이고 관찰하는 세계를 모두 나타낸다는 것을 믿기는 어려울 것이다. 정글에 있는 숨겨진 도시에서 따온 어설픈 나의 유추를 이용한다면, 그것은 번갯불에 의해서 숨겨진 도시의 모습이 드러난 후, 탐험가들이 그 곳에 갔을 때 그런 도시가 전혀 존재하지 않는다는 사실을 발견하게 되는 것과 같은 이치일 것이다. 아이리스가 그처럼 자연스럽게 그리고 명석하게 사용한 단어들이 두뇌에 조용히 쌓여 있다가 때때로 신호를 내보낼 수는 없는 것이다. 아니면, 그럴 수 있는 것일까? 아이리스가 때때로 사용하는 '어둠으로의 항해' 나 '천사를 본다' 등의 소름끼치도록 적절한 표현은 그녀 친구가 그녀를 조금 도와주면 나오는 표현 같다. 그 말들은 부모나 친구들이 기뻐하는 것을 보기 위해서 어린아이들이 불쑥 내미는 물건 같은 것이다. 하지만 무의식적으로 암시를 한 사람은 친구나 부모이다. 틀림없이 그럴 것이다.

아이리스는 그녀가 한때 친구로 삼았고 영감을 주었으며 의논의 상대가 되어 주고 위로해 주었던 절친한 친구 소설가에게서 아무런 소식을 듣지 못했다. 지금은 유명해진 그 친구가 아이리스를 떠났는가, 침묵 속에 그녀를 홀로 내버려두고? 아이리스가 그 말을 한 것은 체념에서였을까, 씁쓸한 마음에서였을까? 홀로 떠나는 어둠으로의 항해….

내가 매일 아이리스와 지낼 때에는 말이 별로 필요한 것 같지 않다. 거의 말을 하지 않는 것 같다. 우리의 말에 조리가 없기 때문에 그리고 우리말이 우리에게는 말처럼 들리지 않기 때문에, 어떤 의미 있는 말도 나오지 않는다. 아이리스가 때때로 말하게 되는 명백한 표현들은 많은 사람이 사용하도록 되어 있는 것이다. 그것은 사회적 언급이다. 그 말은 모든 불빛이 꺼지기 전에 하는 마지막 말 같은 분위기를 지녔다.

1997년 12월 1일 (일요일이었다고 생각한다)

나는 항상 일요일 아침을 좋아했다. 아이리스는 결코 일요일에 관심을 두지 않았다. 아이리스는 아직도 그렇다. 하지만 나는 지금 텔레비전이 매우 도움이 되는 것을 안다. 어슬렁거리며 잠깐 아이리스를 방문했을 때, 아이리스가 착한 아이처럼 앉아서 텔레비전에서 방영하는 일요일 아침 예배를 열심히 시청하는 것을 보고 안심한다. 그 후에도 그녀는 아직도 텔레비전을 보고 있다. 일요 예배 순서가 끝난 후 성경 이야기며 로마 병정 등을 다루는 생기 발랄한 만화 프로그램으로 있었다. 아이리스는 그 프로그램도 똑같이 열중하여 본다. 일요일 아침 텔레비전이 고맙다.

아이리스에게 우리가 했던 일이나 보았던 것을 상기시키고 싶은 소망이 매우 간절해서 희망을 가지고 그것을 상세히 설명할 때가 있다. "당신은 아마 기억하지 못하겠지만…"이라고 말하지는 않는다. 그 대신 이제 나는 내가 그녀를 위해 꾸며내고 있는 것을 그녀가 이해하려고 애쓴다는 느낌을 가지게 된다. 우리가 겨울철에 봄 이야기를 하게 되면 봄이 좀더 선명해진다. 그래서 나는 그녀에게 지난 5월 말 우리가 함께 웨일스의 카스코브에 있는 피터와 짐을 방문했던 이야기를 하고 있다. 한때 2,30명의 아이들이 공부하던 작은 학교 건물은 가파르고 좁은 골짜기가 끝나는 곳의 오르막길 언덕에 위치하고 있었다. 오래된 장소였는데, 높은 지붕이 있는 커다란 방 한 개와 여자 교장 선생님의 집이 함께 있었다. 하나는 위쪽에 하나는 아래쪽에 있었는데, 거의 맞닿을 듯하지만 별채의 건물이었다. 피터와 짐은 그 두 건물을 연결하고 약간 개조했는데 건물 구조는 고스란히 그대로 두었다. 그 건물들이 있는 언덕 꼭대기에서 아래에 있는 연못 쪽으로 내려가는 길의 경사는 매우 급했다. 연못의 중간에는 작은 섬이 하나 있었고 여름에는 거기에 오리나무와 수양버들이 우거지고 꽃들이 피어 있었다. 학교 바로 옆에 매우 오래된 교회가 있었고, 교회의 한쪽은 창문까지 거의 초록색 잔디에 묻혀 있었으며, 그래서 양들이 창 속을 들여다볼 수 있었다. 교회보다 훨씬 더 오래되고 대단히 거대한 주목나무는 그 옆에서 그늘로 검붉은 색을 띤 정글을 이루고 있었다.

이 매혹적인 곳을 방문했을 때 우리는 곧 특별한 일과를 가지게 되었다. 뒷문 바로 위쪽에 한 쌍의 딱새가 둥지를 틀고 있었다. 작은 마당에 가만히 앉아 있거나 학교 창에서 내다보면 우리는 그 새들이 드나드는 것을 볼 수 있었다. 불꽃 같은 작은 새들은 영국에서는 너무도 이국적이다. 가슴과 꼬리(고대 영어로 스티오트는 꼬리이다)는 밝은 계피빛 빨간색이고 머리는 새까만 색이며 목에는 하얀색 고리가 둘려져 있다. 자신들을 눈여겨볼 수도 있는 사람들을 경계하면서 둥지 가까이를 배회할 때 그들은 벌새만큼이나 보석 같다.

딱새를 본 후 우리의 의례적인 행사는 교회 마당으로 가는 것이었다. 거기에서 우리는 같은 종류이긴 하지만 상당히 다른 경험을 할 수 있었다. 짐은 묘지의 울타리를 이루는 관목 숲에 있는 커다란 물푸레나무 위에 새 둥지로 상자 하나를 달아 놓았다. 얼룩덜룩한 파리를 잡아먹는 한 쌍의 딱새가 그 곳에 둥지를 틀고 있다고 그는 우리에게 알려 주었다. 이 새는 앞서 말한 딱새보다 더 드물게 보이는 철새로서 중부와 남부 웨일스의 접경에만 오는 새이다. 우리는 묘비 옆에 서서 주시하고 있었다. 오랫동안 아무 일도 일어나지 않았다. 갑자기 소리도 없이 검은 색과 순수한 흰빛을 띤 단정한 작은 환영이 새 둥지 입구 옆에 나타났다. 그 새는 한동안 움직이지 않고 있더니 둥지 속으로 들어가 버렸다. 그것을 보았다는 것을 거의 믿을 수 없어서 우리는 서로를 쳐다보았다. 그 새는 마치 옛날 종교의 색깔로 옷을 입고 교회 그 자체에서 나온 유령이기나 한 것처럼 하나의 고풍스런 점 같았다.

이런 일이 있은 후 우리는 관목 숲 울타리 옆에 있는 무덤에 가지 않을 수 없었다. 그 곳은 물푸레나무 위에 있는 새 둥지에서 단지 1미터 정도밖에 떨어져 있지 않아 관찰하기 좋은 장소였다. 그 작은 새들은 마치 유령이 그런 것처럼 우리를 의식하지 못하는 것 같았다. 바삐 움직이는 그들의 동작에는 부드러운 혼령이 지니는 것 같은 고요함이 있었다. 피터와 짐은 그 새들이 작은 소리로 노래한다고 했지만 우리는 그들이 소리내는 것을 들어본 적이 없다. 우리는 그 두 마리의 새들을 다 보았고 수놈과 암놈을 구분했는데도 그들이 실제적으로 존재한다는 것을 도무지 믿을 수 없었다. 《맥베스》에 나오는 유령들처럼 그들은 그림자처럼 왔다가 그렇게 사라졌다.

겨울에 나는 아이리스에게 이 모든 이야기를 해주었고 그녀는 마치 내가 동화를 만들어내기라도 하듯이 즐겁고 참을성 있게 열심히 들었다. 그녀는 그것을 믿지는 않았지만 이야기 듣는 것을 좋아했다. 나 자신이 이러한 새에 대한 추억과 여름 햇빛, 초록색 나뭇잎들에 대한 모든 추억의 패턴이 그 당시의 실제 상황과 미묘하게 달라지는 것을 알게 되었다. 사실 내가 그 추억 모두를 만들어내기라도 한 것 같았다.

나는 웨일스의 그 지역에서 그다지 멀지 않은 곳에 살았었던 킬버트라는 빅토리아 시대의 목사님을 기억한다. 그는 매일 매일의 생활, 그가 했던 산책, 그리고 목사로서의 임무 등을 자신의 일기에 쓰는 것을 얼마나 좋아했는지, 한번은 그가 실제로 그 날 혹은 그 전 날 본 것보다 자신이 일기에 썼던 것 그리고 지금 쓰고 있는 것이 훨씬 더 현실처럼 느껴진다고 그의 일기에서 털어놓았다. 기억만이 현실을 유지시킨다. 적어도 킬버트 목사의 경험은 그랬던 것 같다. 많은 다른 작가들의 경우도 역시 그랬다. (킬버트 목사가 숭배했던) 워즈워스 같은 낭만적 인물들은 기억하고 글쓰고 하는 행위가 그들의 삶을 영위하게 해주고 또 사물을 이해하도록 해준다는 것을 발견했다. 그것에 비하면 실제 경험은 아무것도 아니어서 항상 단순히 움직이는 희미한 것 그리고 항상 사라져 가는 것일 뿐이다. 아무리 로렌스가 '삶 - 삶'이란 위대한 것이라고 선언했을지라도 로렌스나 프루스트도 틀림없이 그렇게 느꼈을 것이다. 워즈워스가 소파에 누워서 그의 내적인 눈으로 수선화들을 보았을 때에야 그는 진정으로 수선화를 본 것이었다.

내가 생각하기에 아이리스의 작가적 천재성은 좀 달랐다. 좀더 포괄적이었다. 우리는 셰익스피어가 사건이 일어난 후에 그 사건에 대해서 멋있는 비전을 창출해 낸다고 생각하지 않는다. 모든 것이 기억에 의존한다고 하는 인식은 낭만적 발견인 듯하다. 그러나 모든 일반화가 그렇듯이 그것은 약간의 진실을 나타낼 뿐이다. 작가들과 화가들 (예를 들어 베르메르)은 오래 전부터 그런 것을 알았고 행해왔지만, 그것을 야단스럽게 떠벌리지는 않았다.

아이리스를 위해서 새 이야기를 창작하고 재창작하면서 나는 아이리스의 머리 속에 어떤 생각이 오가는지 궁금했다. 그녀는 기억하기보다는 내가 만들어낸 동화를 알아보는 것인가? 그녀 정도의 능력과 깊이를 가진 작가에게는 기억보다 창작력이 훨씬 더 중요하다. 마치 창작력이 기억과 무관하게 계속될 수 있기나 한 것처럼 말이다. 그럼에도 불구하고 창작력은 기억에 의존한다. 그렇다면 창작해 낼 때 우리는 무엇을 기억하고 있는가?

중요한 것은 그녀가 내가 하는 새 이야기 듣는 것을 좋아한다는 사실이다. 새들은 그녀가 항상 함께 하는 나의 일부, 즉 오고 가는 일부임에 틀림없다. 한때 나는 그녀의 외부에, 즉 그녀 자신, 그녀의 마음, 그녀의 존재하고 창작하는 능력 밖에 있는 다른 현실에 존재했다. 이제는 그렇지 않다.

지금 나는 우리가 함께 혼합되어 있다고 느낀다. 그것이 때론 나를 오싹하게 하지만 그 사실은 위안이 되고 안심이 되며 정상적인 것 같다.

나의 소설 《빨간 모자》와 우리가 잠깐 머물렀던 헤이그에서의 행복했던 때를 내게 늘 떠오르게 하는 베르메르의 초상화가 생각난다. 우리가 헤이그에 갔을 때 나는 곧바로 베르메르 초상화에 대해 환상을 갖게 되었고, 그것을 아우디와 아이리스에게 따로따로 이야기했다고 생각한다. 아우디에게는 나의 환상이 사악한 저의가 있는 우스꽝스러운 모험적인 환상으로 들려서 함께 웃을 수 있기를 바랐다. 아이리스에게는 그녀 소설에 나오는 것과 약간 비슷한 환상이 되게 하려고 본능적으로 내가 노력했었을까? 마치 내가 그녀를 일깨우거나 고무하기 위해서, 아니면 일종의 모방을 함으로써 바톤을 계승하려는 시도라도 했던 것일까? 어쨌든 내가 환상에 대해서 쓴 이야기는 내게만 그렇게 들렸지 조금도 아이리스의 작품처럼 들리지 않았다. 그것은 내가 아우디에게 이야기한 환상과 유사한 이야기가 되었다. 1년 후 책으로 나왔을 때 아우디는 그것을 매우 즐겼다고 친절하게 말했다.

이제 우리의 삶은 우리를 "떨어져 있으면서 더욱 가깝게" 있다고 시인이 부드럽지만 모호하게 표현한 사이로 지내도록 해주지는 않는다. 매일 우리는 점점 더 가까이 함께 움직인다. 그렇게 하지 않을 수 없다. 40년 이상 결혼을 당연한 것으로 받아들였는데, 이제 결혼을 당연한 것으로 여기는 것에 싫증이 났고, 그래서 결혼놀이에 결혼이 끼어 드는 확실히 코믹한 아이러니, 음울하게 코믹하다기보다 행복하게 코믹한 아이러니가 있다. 의도적으로, 집요하게, 부지불식간에 우리의 결혼은 지금 성공하고 있다. 우리에게 아무런 선택의 여지가 없다. 그래서 나는 기쁘다.

매일 우리는 신체적으로 더욱 가깝게 있다. 생각해 보니 옆방에서 외로움을 나타내며 내 옆으로 돌아오기를 바라는 아이리스의 작은 '생쥐 울음'은 점점 덜 비참하고, 더 소박하며, 더 자연스러워 보인다. 그녀는 어둠으로 여행하는 것이 아니다. 여행은 끝이 났다. 어두운 알츠하이머병의 호위 하에 그녀는 어딘가에 도착했고 나 역시 그랬다.

한때 다윈이 어쩌면 물고기들은 자신들의 눈을 자체적으로 설계할지도 모른다고 추측했던 것처럼, 우리가 헤어져 있게 되는 데 대해서 아이리스의 근심스런 걱정을 끝내 주기 위해서 우리의 결혼 생활은 그 자체를 새롭게 설계했다. 결혼 생활에서 한때 우리는 행복하게 떨어져 있는 것을 완전히 당연한 것으로 받아들였었다. 이 새로운 결혼은 우리가 그것을 필요로 하듯이 전적으로 우리를 필요로 한다. 그러한 의미에서 이 새로운 결혼은 여전히 '당연한 것으로 받아들이기'의 문제이다.

'당연한 것으로 받아들이기'라는 표현이 내 머리에 떠오른 것은 내가 방금 일본 심리학자 다케오 도이에게서 편지를 받았기 때문이다. 아이리스의 소설을 찬양했던 그는 한때 아이리스와 서신 교환을 했으며 아이리스는 그의 생각에 관심을 가졌었다. 그들은 문필 친구로서 사이좋게 지냈으며 한번은 우리 세 사람이 도쿄에서 만났었다. 그는 《더 타임즈》의 청탁으로 내가 쓴 '결혼'에 관한 글을 읽었었다. 그 신문은 당연히 나의 글이 아이리스의 알츠하이머병에 관한 것이 되리라고 기대했다. 그러나 나는 아이리스의 소설 《잘려진 머리》에 나오는 한 인물이, 그녀의 결혼이 "성공하지 못했다"고 한탄하는 것을 인용하면서 결혼을 당연한 것으로 받아들인다는 우리의 옛날 논지를 입증하기도 했다. 이것이 그 저명한 심리학자를 감동시켰다. 그는 '아매'의 탐구자였는데, 아매란 일본 사람들을 사회적으로 응집해 주는 것으로서 그들이 당연한 것으로 받아들이는 유대감을 뜻한다. 그래서 그는 자신의 수필 제목을 〈당연한 것으로 받아들이기〉로 했으며 그 수필을 지금 내게 보내왔다. 일본의 아내와 남편은 결혼에 대해 서양식으로 법석을 떨지 않으며 당연한 것으로 받아들인다고 그는 말했다. 나는 그에게 그 글을 감사히 받았다고 하면서 이제는 우리가 결혼을 당연한 것으로 여긴다라기보다 결혼이 우리를 당연한 것으로 받아들인다고 언급했다.

예전에 그랬던 것처럼 해야 할 일이 하나도 없다. 온통 무기력함뿐이다. 그러나 '새 결혼'을 숙고하는 것은 즐거운 일이다. 새로운 노동당, 뉴딜 정책 등을 숙고할 때와 같을까? 그런 정도로 볼 수는 없다. 적어도 우리 자신에게는 개인적인 형태의 선전이 아니면서 우리의 해결을 숙고한다는 것이 어렵지만 말이다. 지금 나는 아이리스만큼이나 우리가 가까이 있는 것을 필요로 한다. 그러나 그것을 소중히 할 필요가 있다고 느끼지는 않는다. 알츠하이머병처럼 그 가까움은 그냥 주어진 것이다. 그것을 가장 잘 그리고 전적으로 의식하게 되는 것은 이른 아침이다. 이른 아침에 나는 침대 위의 아이리스 옆에서 타자기를 두드린다. 그녀가 졸면서 그 소리를 듣고 그 소리 때문에 안심한다고 느끼면서.

예전 같으면 아이리스는 일어나 자신의 서재로 가서 자신만의 세계에 있었을 것이다. 나는 내 세계에 있지만 그녀가 가까이 있기 때문에 나의 세계는 또한 그녀의 세계 같다. 그녀는 중얼거리기도 하고 얼마 동안 잠을 자기도 하는데, 그녀의 손이 이불에서 비어져 나온다. 나는 손을 그녀의 손에 얹고, 얼마나 손톱이 긴지 또 더러운지를 살펴보면서 잠시 그녀의 손톱을 다독거린다. 오늘 아침 그녀의 손톱을 깎아 주고 닦아 주어야 한다. 달이 갈수록 손톱이 빨리 자라는 것 같다. 나는 내 손톱도 그렇다고 생각한다.

1997년 12월 14일

부엌에 앉아서 무언가를 읽으려고 하는데 아이리스가 문에서 생쥐 소리를 낸다. 도대체 어디서 주웠을까? 아이리스는 거리에서 주운 코카콜라 깡통 하나, 녹슨 스패너 한 개와 구두 한짝을 들고 있다. 마치 순간적으로 홍수가 놓고 간 듯이 집안에는 구두들이 즐비하다. 짝이 맞는 구두는 결코 없다. 호젓한 구석에 물건들이 있다. 오래된 신문과 병들이 먼지에 쌓여 있다. 아이리스가 글을 쓰곤 했던 위층 방 마루 위에는 옷 더미가 있다. 잉크가 말라 버린 플라스틱 펜들이 발에 밟힌다. 몇 년 전 아이리스가 '친애하는 페니에게' 라고 쓴 종이 조각이 있다.

휘저을 생각만 없다면 잡동사니들은 긴장을 풀게 해준다. 그 잡동사니들은 우리의 생애가 다할 때까지 우리를 지켜볼 것이다. 나는 키츠의 시 〈하이페리온〉에 나오는 가을을 생각한다. '그러나 죽은 잎이 떨어진 곳에서 그 잎은 휴식한다.'

마루 위의 잡동사니들과 하루 종일 집안을 떠돌아다니는 단어들 사이에는 이상하게도 비슷한 점이 있다. 단어들은 짝 없는 구두와 똑같다.

중요한 것은 어조이다. 아이나 고양이 또는 궁가 감탄의 경우에는 모든 것이 괜찮다. "그 나쁜 고양이, 그 고양이를 우리는 어떻게 할까요?" 나는 그녀의 등을 토닥거리고 그녀가 웃기 시작할 때까지 그녀를 앞뒤로 잡아당긴다. 나는 그녀의 아버지가 "도대체 분별력이 있기나 한 거냐?"라고 정겹게 말씀하시곤 하던 방식을 흉내낸다. (아이리스가 오래 전 그 이야기를 해주었다.) 그녀의 아버지가 쓰던 화난 척하는 벨파스트 억양으로 말이다. 이런 식으로 그녀의 아버지를 언급하면 아이리스의 얼굴은 항상 부드러워졌다. 그녀는 우는 대신 미소짓기 시작한다.

나는 나쁜 아이의 계획을 이용한다. 그 계획을 쓰면 쉽사리 화난 기분을 유지할 수 있다. "이 '나쁜' 동물아! '단 일분도' 나를 내버려둘 수 없겠어!" 때때로 나는 애인을 꼭꼭 찌르는 헤다 개불러(역주: 스웨덴의 소설가, 극작가인 유한 스트린드버그의 희곡 《헤다 개불러》에 나오는 여주인공) 같은 소리를 하는 것처럼 들린다. 그러나 내가 아이 같은 어조로 말하면 아이리스는 내게 밝은 미소를 보낸다.

그 전에는 아이리스는 아이들에게 관심을 보인 적이 없었다. 지금 그녀는 실제의 아이들이나 텔레비전에 나오는 아이들 모두를 사랑한다. 너무나 적절한 일인 것 같다. 나는 아이리스에게 그녀는 네 살배기 어린아이 같다고 말한다. 멋있는 일이 아니겠는가?

*

크리스마스 업무. 그 모든 것이 다시 돌아왔다. 아이리스는 항상 크리스마스와 그에 따르는 사교 활동을 즐겼었다. 모든 활동을 하기는 하지만 명절은 항상 나를 시무룩하게 만든다. 그 모든 것에서 벗어날 수 없을까? 옛날에는 아이리스가 그러기를 원치 않았을 것이다. 지금도 그녀가 그런지 확신이 서지 않는다. 어떤 면에서는 변화란 아이리스에게 별로 의미가 없다. 마치 백설 공주가 거미줄 가운데서 깨어나, 당황하며 도망

가는 거미, 쥐, 생쥐들을 보았던 것처럼 혹은 보았음에 틀림없는 것처럼 말이다. 그러나 다른 모든 장면은 아이리스로 하여금 깜짝 놀라서 주위를 두리번거리도록 만들 수 있다. (나는 백설 공주를 깨웠던 왕자는 현명하게 어둠 속으로 걸어 들어갔을 것이라 생각한다.)

초조해하면서 경탄하는 것. 이것은 우리가 낯선 곳에 갔을 때 그녀의 얼굴에 나타나는 표정이다. 아이리스는 허무한 근심이라는 일상의 주름살에서 순간적으로 놓여난다. 변화 때문에 근심에서 벗어나는 것은 단 몇 분, 종종 단 몇 초뿐이다. 그 후에 근심이 새롭게 활기차게 돌아온다. 평상의 조용함이 더욱 가치가 있는 것이다. 그러나 실상 선택의 여지가 없다. 홉슨의 선택(역주: 제공된 것을 택하느냐 마느냐의 선택밖에 없는, 즉 마음대로 선택할 수 없는 것)과 같은 것이다. 평상적인 것은 변화를 필요로 하고 변화하면 다시 평상에서 안도감을 느낀다. 마치 단테의 지옥에 나오는 사람들이 계속해서 불에서 얼음 물통으로 던져졌다가 다시 불로 돌아오는 것처럼 말이다.

그런데 그런 정도로 나쁜 것은 아니다. 크리스마스의 중요한 점은 그것이 변화와 일상적인 것을 연결해 준다는 것이다. 1년에 단지 한 번 오는 일상적인 것, 적어도 특별한 행사라고 하는 풍습적이고 격식을 차린 일상 말이다. 여러 해 전에 브리짓 브로피와 그녀의 남편은 크리스마스 때 이스탄불에 가기로 작정했다. 그들은 "터키에서 터키(칠면조)를 먹기 위해서"라고 설명했다. 아이리스는 그때 공손히 웃었지만 실상 즐거워하지는 않았다. 사실 그녀가 오히려 충격을 받았던 것은 아닌지 모르겠다. 크리스마스는 아이리스에게 성스러운 것은 아니었지만 터키에서 터키를 먹는다는 위트 있는 말을 할 수 있는 기회라기보다는 뭔가 좀더 중요한 것을 의미했기 때문이다.

아이리스는 그때 불가피하다는, 무언가 반드시 일어나야만 하는 일이라는 생각을 받아들였다고 생각한다. 마굿간의 요셉과 마리아도 거기에 대해서 속수무책이었다. 하물며 우리가 무엇을 할 수 있으랴?

지금 나는 축복 속으로의 피신, 아니면 적어도 오랫동안 존중되어 온 일상적인 것 속으로 피신하면서 수동적인 것을 향한 본능을 부추겨야만 한다. 그 모든 것을 피하는 것에는 아무 의미가 없다. 어디 피할 곳도 없다. 마치 사마라에서의 죽음처럼 알츠하이머병은 당신을 사마라에서 만날 것이다.

그래서 우리는 여느 때처럼 런던으로 갈 것이고 마이클 형님을 방문하고 그와 함께 크리스마스 정찬을 할 것이다. 우리는 모든 일상적인 일들을 할 것이다.

1997년 12월 25일

크리스마스 아침이다. 우리는 온갖 일상적인 일을 한다. 일상적인 일과는 추억을 대신한다. 아이리스는 평소에 하던 "우리 어디에 있지요? 우리가 무얼 하는 거예요? 누가 올 거지요?" 등의 걱정스러운 질문을 던지지 않는다.

누군가, 무언가가 오고 있다. 그것이 가져오는 조용함은 아무런 요구를 하지 않는다. 크리스마스 날 아침의 런던은 으스스할 정도로 조용하다. 아무도 돌아다니지 않는 것 같다. 교회에 가는 사람들이 있고 교회에서 종이 울린다 해도 우리는 아무도 보지 못하고 아무 소리도 듣지 못한다. 고요함과 공허함이 한결 더 나은 것 같다.

우리는 인적이 드문 거리를 걸어서 켄싱튼 가든으로 간다. 그 거리의 양편에는 치장 벽토로 되어 있는, 에드워드 시대 식으로 쇠락해 가지만, 아직도 아름다운 높은 건물들의 앞면들이 있다. 헨리 제임스는 여기 왼쪽에 살았다. 좀더 가면 오른쪽에 브라우닝이 살았었다. 우리는 하얀 벽 위에 붙어 있는 그들의 이름을 쓴 장식 판을 지나친다. 몇 미터 전에 우리는 T. S. 엘리엇이 여러 해 동안 아파트를 소유했던 커다란 짙은 벽돌색 붉은 저택을 지나쳤었다. 틀림없이 그의 미망인이 지금 교회에 있을 것이다.

크리스마스 날 아침 우리가 가는 길은 언제나 똑같다. 우리는 이런 식으로 여러 해를 지냈다. 우리가 헨리 제임스, 로버트 브라우닝, T. S. 엘리엇의 유령이 서린 집을 지나쳐 갈 때에 나는 지금 여행 안내인처럼 약간 재잘거린다. 그 전에 이런 아침에는 우리는 그들의 창문을 올려다보고 그들 이야기를 좀 했었다…. 지금은 그들의 이름만 언급한다. 아이리스가 그들을 기억할까? 그녀는 약간 미소짓는다. 그들, 그들의 이름은 낯이 익다. 마치 이 아침의 고유한 고요함처럼. 오늘 아침은 아이리스 자신이 그랬듯이 그 작가들은 펜을 내려놓고 크리스마스 정찬을 학수고대하면서 그들이 응당 가져야 할 휴식을 취하고 있다. 바로 모퉁이만 돌아가면 새커리의 집인데, 미식가인 그는 특히 특별한 열망으로 그의 크리스마스 만찬을 학수고대했을 것이다.

이제 우리는 공원을 볼 수 있다. 그 너머로 켄싱튼 궁전의 멋있는 윌리엄 시대 식 앞면이 보인다. 다이애나 비가 사망했을 때 여기 잔디에는 온통 시들어 가는 꽃을 싼 셀로판 종이가 쌓였었다. 군중들 역시 조용했다. 대중 매체에서는 크리스마스 아침만큼 조용하다고 경외심을 지니고 말했다. 애도객들은 마치 잠자리에 드는 착한 아이들이 기도할 때처럼 그들의 손을 포개고 기도했다. 인적이 끊어진 길, 대개는 교통량이 많은 곳, 그리고 브로드 워크의 넓은 공간을 막연히 배회하는 우리의 크리스마스처럼 그것은 고요한 의식이었다.

여기에 있는 몇 마리의 개들은 크리스마스에는 크게 관심이 없지만 보통 때보다 더 명랑하여 고요한 주위와 대조를 이룬다. 지금 어디에선가 종소리가 달콤하게 고음으로 울리고 있다. 하늘에는 제트 비행기의 배기 자국이 고요히 움직여 가는데 평소보다 더 조용해 보이고 그 소리는 더 희미하게 들린다. 런던의 크리스마스 아침은 항상 평온하고 온화하며 밝다. 비가 오고 게다가 눈까지 약간 왔던 것은 단 한 번뿐이었다고 기억한다. 나는 아이리스에게 그 크리스마스를 기억하느냐고 물었다. 그녀는 미소짓는다. 기억을 대신하는 크리스마스의 의식이 계속되는데 기억할 필요가 없다.

라운드 폰드. 이 연못에서 명상하는 투로 서 있던 캐나다 오리들은 이번만은 아무런 요구도 하지 않았다. 평상시와 같은 길이다. 내려가면 서펀타인 폰드이다. 피터 팬 동상 앞에는 아무도 없다. 카메라를 든 일본인 부부조차 볼 수 없다. 어느 크리스마스에 우리는 뉴질랜드에서 온 두 명의 중년 여인들을 만났다. 그들은 이 동상이야말로 그들이 런던에서 정말 보고 싶었던 유일한 것이었다고 우리에게 말해 주었다.

갈색 손가락을 섬세하게 구부리고 입술에는 쌍 파이프를 물고 있는 젊은 피터 팬은 어린 시절 특유의 터무니없이 사악한 무관심을 보이고 있다. 그의 철천지원수인 후크 선장은 항상 피터 팬의 그러한 자세 때문에 신경질이 났다. 그는 피터가 알지도 못하면서 훌륭한 자세를 가졌다고 생각했다. 물론 그것은 가장 훌륭한 자세였다. 가련한 후크 선장은 이것 때문에 절망했다. 우리가 결혼하기 전인 여러 해 전에, 내가 아이리스에게 해준 이 이야기는 그녀를 웃겼다. 나는 그 책의 한 부분을 읽어 주었다. (책이 팬터마임 극보다 훨씬 낫고 더 재미있다.) 아이리스는 그 것을 대단히 즐겼기 때문에 나중에 그 훌륭한 자세 같은 것을 그녀의 한 소설에서 사용하였던 것을 기억한다.

아이리스가 느꼈던 즐거움을 피터 팬을 조각한 조각가 자신도 조용하게 공유했었을 수도 있다. 그는 빅토리아 시대의 동화 전통에 따라서 그 그룹의 밑부분을 요정, 토끼, 달팽이들로 가렸지만 윗부분에는 피터를 유혹하기 위해서 초석 위로 단호하게 앞을 다투어 가는 훨씬 더 세상적인 젊은 여인의 우아한 모습을 놓았다. 그녀는 구경꾼에게 반짝이는 구리로 된 기분 좋은 궁둥이를 보여 주고 있다. 그녀는 현대풍의 옷을 걸쳤고 몸에 꼭 맞는 에드워드 시대 스커트를 입었는데, 어쨌든 피터의 상대로는 너무나 나이가 많아 보인다. 탁월한 화가며 조각가이기도 한 조지 프램프턴 경은 이런 일에 유머 감각을 지녔다고 할 수 있을까? 확실히 그런 것 같다. 진짜 다람쥐가 동상 주위를 이리저리 뛰어다니고, 그 작은 뚱보 다람쥐들이 좀더 사람이 붐비는 평일에는 여행객들에게서 쉽게 얻을 수 있었던 땅콩을 별로 얻지 못하는 햇살 빛나는 조용한 크리스마스 아침에는 확실히 그런 것 같다.

이리저리 거닐며 황홀하게 주위를 바라보면서 나는 아이리스에게 말했다. 만약 불루벨과 수선화가 솟아 나오는 봄에 사람의 눈에 띄지 않는 골짜기를 난간 너머로 열심히 바라보면, 요정들을, 아마 피터 팬까지도 볼 수 있을지 모른다며 우리 어머니께서 나를 안심시켰다고 말이다. 나는 어머니의 말씀을 믿었다. 햇빛이 고요히 공원에 내려와 한겨울을 봄으로 만들고, 꽃과 요정들의 환상으로 가득 차게 하며, 새가 실제로 지저귀는 지금도 나는 어머니를 거의 믿을 수 있다.

아주 드문 일인데 아이리스는 귀를 기울이고 있다. 미소까지 짓고 있다. 오늘 아침에는 걱정스런 애원도 하지 않고 눈물도 흘리지 않으며 띄엄띄엄 하는 말도 하지 않는다. 그런 말에 뜻이 있다면 그것은 목소리에 깃들은 두려움과 안심시켜 주기를 원하는 것을 나타낸다는 의미밖에 없다. 무언가, 누군가가 오늘 아침 아이리스를 안심시켰다. 그래서 기도서에서 '세상이 줄 수 없는 평화'라고 부르는 것을 그녀에게 한두 시간 주었다.

아마도 크리스마스 의식이 그렇게 해주었을 것이다. 크리스마스 의식은 어딘가 가는 것인데, 비록 드물게 하는 일이긴 하지만 일상적인 일이기도 하다. 일상적이기도 하고 드문 일이기도 하다. 이제 이 크리스마스 의식은 계속될 것이다. 오늘 아침 토마스 모어 경이 한때 예배 보았던 첼시 올드 처치에서 아침 예배를 본 나의 형에게 우리는 돌아갈 것이다. 우리는 어느 음식과도 잘 어울리는 불가리아 적포도주를 한두 병 곁들여서 정어리, 소시지, 스크램블드 에그를 먹을 것이다. 그것은 우리 세 사람 모두가 즐기는 크리스마스 정찬으로서, 마이클은 그의 나무랄 데 없이 깨끗하면서도 삭막한 작은 부엌에서 1년에 단 한 번 이때 약간의 요리를 한다. 정어리는 그에게 일상적인 음식이지만 계란과 소시지는 그가 정말 양보했다는 것을 나타낸다. 우리는 포도주를 가져 갈 것이고 아이리스가 내 옆에 서 있는 가운데 내가 요리를 할 것이다.

그 후 아이리스는 졸 것이다. 그녀는 깊은 잠을 잘 것이다. 후에 우리는 캐럴과 크리스마스 음악을 듣는다. 나는 지금 알츠하이머병 환자의 운 좋은 배우자가 틀림없이 느낄 환상, 즉 삶이란 아주 같고 변한 것은 하나도 없다는 환상을 지니고 있다. 나는 지금 현재와 다른 아이리스를 상상할 수 없다. 그녀의 기억 상실은 어떤 의미에서는 나의 기억 상실이 되었다. 의심할 바 없이 불가리아 포도주 덕분에 몽롱한 정신으로 나는 크리스마스의 탄생, 그리고 한때 아이리스가 내게 인용했던 "죽음은 인간의 경험이 아니다"라는 비트겐슈타인의 말을 생각하고 있다. 우리는 그저 그날그날 살아가도록 태어났다. "인간의 삶을 짧게 보세요. 점심이나 저녁 그 이상을 생각하지 마세요." 시드니 스미스 목사의 이런 충고는 이렇게 의례화된 나날에는 가장 쉽게 받아들여진다. 오래된 크리스마스의 구원적인 일상은 오늘 우리에게 축복 위에 또 축복이었다.

번역을 마치며

아이리스 머독. 그녀는 20세기 후반부의 영국 소설계에서 뚜렷한 족적을 남긴 걸출한 소설가였다. 40년 이상을 왕성하게 소설과 철학에 관한 책 그리고 소설에 관한 이정표적인 에세이들을 출판하였다. 그녀의 소설 《종》을 읽은 이래 나는 그녀의 소설을 매우 즐겼고, 대학원에서 학생들과 현대 영국소설을 읽을 때 그녀의 소설은 늘 포함되어 있었다. 언젠가는 그녀가 노벨 문학상을 차지하는 것은 아닌가 하는 기대도 하고 있었다. 그래서 1996년 겨울 오스트레일리아의 멜버른에 있는 모나쉬 대학에서 연구년을 보내고 있던 중 접한 아이리스 머독의 알츠하이머병과의 투병 소식은 내게는 크나 큰 충격으로 다가왔다. 그처럼 명석한 철학자이자 소설가인 그녀가 아무 것도 기억하지 못하게 되었다니. 한동안 도서관 창밖을 응시하다가 나는 그 소식을 전하는 기사를 다시 한번 읽었다.

어느새 내 생각은 1983년 그녀를 처음 만났을 때로 되돌아가고 있었다. 화창한 10월의 가을날이었다. 고려대학교의 초청으로 한국에 온 아이리스 머독과 베일리 교수 부부는 참으로 까다롭지 않은 인상을 풍기는 초로의 부부였다. 특히 아이리스 머독은 말수가 적었다. 나는 어쩌다가 조선호텔에서 〈비극의 도덕성〉이란 연제로 아이리스 머독이 행한 공개 강연의 통역을 맡기로 되어 있었다. 공개 강연의 통역 경험이 없었던 나는 강연 원고를 미리 받으리라고 기대했었는데, 무슨 영문인지 아주 늦게, 강연이 있기 몇 시간 전에야 먹지를 넣어서 타자로 친 복사본 원고를 받을 수 있었다. 카피된 원고 자체가 매우 흐렸는데, 여기저기 많은 부분이 연필로 그어지고, 여백에 다시 연필로 쓴, 읽기가 매우 어려운 어지러운 원고였다. 눈앞이 캄캄했지만 우왕좌왕하는 사이에 강연 시간이 다가왔고, 나 자신 정리되지 못한 상태에서 통역에 임했다. 그 결과는 두고두고 한동안 나를 부끄럽게 한 졸역이었다. 그 후 머독의 그 원고는 한국영어영문학회의 요청으로 학회지 《영어영문학》의 겨울호에 실렸다.

그러한 머독과의 쓰라린 인연은 나로 하여금 더욱더 그녀의 소설세계에 관심을 갖도록 해주었다. 머독의 소설을 읽는 학생들도 흥미롭고 독특한 인물들로 이루어진 그녀의 소설세계에 빠져드는 것을 볼 수 있었다. 머독의 소설이 상당히 많은 독자를 지녀서 언제나 많은 부수가 팔려나가고 재판에 재판을 거듭하는 것은, 그녀의 소설이, 베일리 교수가 지적하듯이, 셰익스피어처럼 누구에게나 호소할 수 있는 요소를 지녔다는 것을 입증한다고 볼 수 있다. 《잭슨의 딜레마》를 마지막으로 우리가 더 이상 그녀의 새로운 소설을 읽을 수 없게 된 것은 너무나 안타까운 일이다.

그녀의 독특한 소설세계와 독특한 인물들은 언제나 내게 여러 가지 궁금증을 불러일으켰다. 그러던 차에 그녀의 남편 존 베일리 교수가 1998년 말에 출판한 《아이리스》를 2000년 2월 멜버른에서 발견하고 읽기 시작했을 때, 나는 그 책을 내려놓을 수가 없었다. 마운트 뷸러의 아름다운 경치를 옆에 놓아두고 나는 호텔방에 틀어박혀 계속 그 책을 읽었고, 책을 덮었을 때는 마치 아이리스의 소설에서, 또 그들의 생활에 대해서 들은 이야기에서 느꼈던 오래된 수수께끼의 일부가 속 시원히 해결된 것 같은 시원함을 느꼈다. 이 책은 신비스럽기까지 한 아이리스의 소설을 이해하는 데 좋은 열쇠가 될 수 있다고 생각했다.

그러나 그런 것보다도 나를 더욱더 사로잡았던 것은 지적으로 탁월할

뿐 아니라, 각각 소설가로서 또한 옥스퍼드의 저명한 교수로서 명망 높은 이들 부부가 긴 세월 동안 나누었던 깊고 폭넓은 사랑이었다. D. H. 로렌스는 진정한 사랑, 진정한 남녀관계는 상대방을 있는 그대로 받아들이고 사랑하는 것이라고 수필과 소설들을 통해서 말하고 있다. 그렇게 서로를 있는 그대로 받아들이는, 알츠하이머라는 엄청난 질환을 만나서도 변함없이 상대방을 있는 그대로 받아들이고 사랑하는 부부로서의 모습이 내 마음을 감동으로 사로잡았다. 이들 부부의 사랑을 세기의 사랑이라고 부르지 않을 수 없다는 생각이 들었다.

베일리 교수는 이 책에서 아이리스와의 삶을 크게 "그때"와 "지금"으로 나누고 있지만, 실제로 이 책을 읽으면서 우리는 익식이 흐름을 따르며 과거와 현재를 오가는 그의 혼잣말을 듣는 것 같다. 마치 제임스 조이스의 《율리시즈》에서 블룸 씨의 내면을 들여다보는 것처럼 말이다. 2003년에 출판된 피터 콘라디 교수의 《아이리스: 전기》에서 우리는 아이리스에 관한 모든 것을 더욱 자세히 알 수 있지만, 이 책 《아이리스》에서는 아이리스와 그녀의 소설세계에 대한 이해를 도와줄 뿐 아니라, 베일리 교수가 진솔하게 회고하는 이들 부부의 모습에서 이 세상의 모든 부부들에게 많은 생각꺼리를 제공해 주는 훌륭한 메시지가 가득 들어 있다고 생각된다. 나는 그러한 것을 우리나라의 독자들과 나누고 싶었다.

번역을 시작한 지는 상당히 오래 되었지만 이런저런 일로 해서 진전은 매우 느렸다. 번역이란 항상 많은 좌절감을 느끼게 하는 작업이라고 나는 생각한다. 특히 베일리 교수 부부처럼 최고의 지적 수준을 지니고, 세계의 많은 지역을 여행하면서 폭 넓은 문화적인 경험을 했던 사람들의 이야기를 우리말로 옮기는 데에는 여러 가지로 어려움이 있었다. 간단한 문장으로 쓰다가 만연체로 이어지기도 하며, 풍부한 어휘가 아름답게 구사되는 베일리 교수의 문체를 우리말로 옮기는 작업은 언뜻 보기에는 쉬울 것처럼 느껴졌었다. 그러나 나는 곧 그것이 대단한 오산이었음을 알게 되었다. 아무리 간단한 표현이라 해도 한 언어의 표현을 다른 언어로 옮겨놓을 때 그것이 지닌 원래의 맛을 유지하기가 쉽지 않기 때문이기도 하고, 나의 우리말 구사가 어눌한 탓도 있으리라. 가능한 한 원문에 충실한 번역을 하려고 노력하였다.

번역이 진행되면서, 베일리 교수가 이 회고록에서 언급하는 수없이 많은 작가들과 화가들, 그들의 작품, 그리고 여러 지명들에 대한 이해를 돕기 위하여 역주가 필요하다고 생각될 때도 많았지만, 꼭 역주가 필요하다고 판단되는 부분만 역주를 달아 그 수를 최소화하였다. 이제 책을 출판하게 되니 우선 부족한 것만 눈에 띄고, 과연 베일리 교수의 의도나 느낌들, 회고의 사실들이 한국 독자들에게 얼마나 잘 전달될 수 있을는지 두려움이 앞선다.

이 책이 나오기까지 많은 분들의 도움을 받았다. 번역된 원고를 읽고 기탄없는 의견과 격려를 아끼지 않았던 남편과, 원고의 컴퓨터 입력과 교정에 기꺼이 도움을 준 아주대학교의 김정미, 임연정 조명숙 조교들께 진정으로 감사드린다. 이 책의 출판을 위해 그리고 더 나은 번역서가 되도록 세심한 배려를 아끼지 않은 도서출판 소피아의 장진한 주간님과 김명준 사장님께도 깊은 감사를 드린다. 여기에 일일이 밝히지는 못했으나 이 번역본이 빛을 보기까지 도움을 주신 많은 분들께 똑같은 감사의 뜻을 전하고 싶다.

2004년 2월

김설자